康熙常宁县志

［清］张问明　主修

郭华清　校注

世界图书出版公司
广州·上海·西安·北京

图书在版编目（CIP）数据

康熙常宁县志 /(清)张问明主修；郭华清校注. —广州：世界图书出版广东有限公司，2019.12
ISBN 978-7-5192-7056-8

Ⅰ. ①康… Ⅱ. ①张… ②郭… Ⅲ. ①常宁—地方志—清代 Ⅳ. ①K296.44

中国版本图书馆CIP数据核字（2019）第273862号

书　　名 **康熙常宁县志**
KANGXI CHANGNING XIANZHI
著　　者 [清] 张问明主修　郭华清校注
责任编辑 韩海霞
装帧设计 SAM
出版发行 世界图书出版广东有限公司
地　　址 广州市海珠区新港西路大江冲25号
邮　　编 510300
电　　话 (020) 84451013
网　　址 http://www.gdst.com.cn/
邮　　箱 wpc_gdst@163.com
经　　销 新华书店
印　　刷 广州小明数码快印有限公司
开　　本 889mm × 1194mm　1/16
印　　张 17.25
字　　数 272千字
版　　次 2019年12月第1版　2019年12月第1次印刷
国际书号 ISBN 978-7-5192-7056-8
定　　价 120.00元

《康熙常宁县志》编纂委员会

名誉主任　刘达祥

主　　任　吴乐胜

副 主 任　黄含茂　梁宇琦　唐高峰　段　鸣　郭秀清

委　　员　（以姓氏笔画为序）

王元春　吕晓毛　江月华　许智维

李运喜　吴　豪　吴　攀　易泽忠

周永雄　唐雍钧　彭小冬　廖爱国

校注领导小组

组　　长　段　鸣

副 组 长　吕晓毛　吴　豪

成　　员　傅建平　阳　芳　张泽湘　陈洁英　段云席

《康熙常宁县志》编辑部

主　　编　吴　豪

副 主 编　傅建平　阳　芳　张泽湘（执行）　陈洁英

封志良

总 校 注　郭华清

校　　对　刘斯翰　唐丽云

编　　辑　段云席　彭岳兰　雷文佳　傅　琦

重版说明

康熙朝《常宁县志》是一部记载常宁县自明嘉靖年间至清康熙初年历史的志书，也是常宁有史以来第一部较为系统地记载本区域内的自然、政治、经济、文化和社会诸方面的综合志书。该志书成书于康熙十二年（1673），由时任常宁知县张问明主修、殷铭纂修、刘纶编订。全书共十三卷。因年代久远，保存不善，该志现仅存八卷，即第一、二、三、四、十、十一、十二、十三卷；而第五、六、七、八、九卷已经亡佚。该志虽然已佚失多卷，但仍然具有重要的史料价值，为今人研究明末清初常宁的历史提供了宝贵的史料。由于该志书用文言文著就，未用标点符号断句和标点，且有大量生僻字词，使人读起来晦涩难懂。为传承、保护和利用历史文化遗产，以达到以古鉴今、古为今用之目的，中共常宁市委、常宁市人民政府决定重版康熙朝《常宁县志》，聘请专家对原版（即康熙十二年版）进行校注。在完全尊重原著的前提下，使用现代标点符号断句和标点，并对生僻晦涩的词句和历史典故等进行注释，使一般具有中等文化程度的读者能够读懂或利用该志。

基于此目的，2018年6月，常宁市地方志编纂室特聘请广州大学历史系教授郭华清对该志进行校注，并多次组织人员赴湖南省图书馆、南京市图书馆、台北图书馆等藏书单位，查阅古版本，认真比对分析。经郭华清教授和编纂室史志工作者一年多时间的艰辛努力，现终于完成校注，并以《康熙常宁县志》之名付梓出版，此为发掘、传承常宁历史文化之大事、幸事。

《康熙常宁县志》记载了常宁明中叶至清初时期百余年的历史，沉淀着常宁悠久的历史文化，是前人留给我们的一笔宝贵的精神财富。此次校注再版，力求与原著保持一致，印刷精美，装帧美观，使之成为宣传常宁的一张名片，成为人们收藏之珍品，真正实现其存史、资政、教化之功用。

常宁市地方志编纂室

2019年6月

校注说明

康熙朝《常宁县志》修竣于康熙十二年（1673）。该志用文言文著就，无标点符号断句、标点，异体字较多，有的地方印刷模糊，字迹不清，读起来晦涩难懂，给对文言文比较生疏的现代读者带来很大的困难。针对这些问题，校注主要做了以下工作：

一、根据《中华人民共和国国家标准标点符号用法》对原著（即康熙十二年版）进行断句和标点。

二、对原著涉及的重要历史人物，注明其字、号、籍贯、生卒年、官位、著作等。

三、校正原著中的讹错。

四、解释原著中较为生僻的字和词汇。

五、对原著中一些典故加以注解，并指明其出处。

六、注解原著中涉及的古籍，注明著者、主要内容、著作年代等。

七、将原著的繁体字、异体字改为规范的简化汉字。

八、对原著中的缺字和模糊无法辨认的字，以□代之。

九、将原著的竖排改为横排。

古籍整理、校注是一项细致、严谨的工作，具有较强的专业性。由于校注者水平有限，经验不足，错误在所难免，敬请广大读者批评指正。

常宁县志序

志，非史也。而所以基史者，非志乎？志为纪事之书，编类分次，上进于天子，太史采其事而合断之，以成一代之书，故曰基也。志载事宜广，讲求有限则弗遍；列事宜平，意见先入则多偏。上下千百年间，展卷帙而读之，是非得失，如苍素[1]之各别者。然一言当否，世世从之。甚矣，载笔者之难也！我朝廷车书一统[2]，文教诞敷[3]，政典籍[4]修明[5]之日，恭奉上檄，征取邑志，合刻全集，诚盛典也。明[6]以庸才，谬[7]膺[8]兹土，其何敢陨越[9]为简册。羞而旁搜旧文，类[10]皆甲乙混淆，鲁鱼[11]莫辩，前之人曾为之，亦往事之残缺焉耳。是用礼聘殷子浴日[12]操觚[13]，从事纂修，而又有阮子鄂、崔子瓒、殷子立鹤，相与搜采[14]、参订。诸如山川、土田、城郭、宫室、人物、风俗数大端，区类而分析之，卷十有三，卷各冠以一论。论者何？所以辩道也，非以耀文也。条

---

①苍素：指两种不同的颜色。苍，深青色，深绿色或灰白色；素，指白色。
②车书一统：书同文，车同轨。形容天下统一。
③诞敷：遍布。《尚书·大禹谟》："帝乃诞敷文德。"
④籍：假借。通"借"。
⑤修明：整治清明。
⑥明：此序作者张问明自称。
⑦谬：错误。作者自谦。
⑧膺：接受，承当。
⑨陨越：比喻失职。
⑩类：大抵，大都。
⑪鲁鱼：语本《抱朴子·内篇·遐览》："书三写，鱼成鲁，虚成虎。"后指因文字形似而致传写或刊刻错误。
⑫殷子浴日：即本志纂修殷铭，字浴日。子，是古代对人的尊称。后面的阮子、崔子等皆同。
⑬操觚：指执笔作文。觚，木简，古人在木简上写字。
⑭搜采：搜集，采集。

首系以纲宗、纲目也，中各详其事，仿记事也。其他因浅仍俗，发群蒙而顺方性也。而无稽之听，勿询之，庸所弗为矣。或曰：志以示劝也，而未必惩，而非也！风[1]之感人也，于《羔羊》[2]见善应焉，于《蟋蟀》[3]见俭德焉，于《淇澳》[4]见君子，而于《柏舟》[5]见贞妇焉。而惩恶之意，即寓于温厚和平之中，志其史之基乎！善读志者，夫亦可以溯源而得《诗》矣，孰谓志非惩恶之书哉？宁为衡下邑，泉涸而土瘠，士朴而民愿[6]。山川土田如故也，而城郭宫室之建置，人物风俗之异同、先后，实迹昭然，具见考之纪载之文，咨之士庶之口，非工于用众也，抑拙于用独已耳。宁之人怀前贤而思媲美，仰高山而切景行[7]，训方型俗，其亦有藉于兹志也夫！

时康熙癸丑[8]季夹钟月[9]既望[10]文林郎
知常宁县事南隆张问明谨序

①风：指《诗经·国风》中的民俗歌谣。
②《羔羊》：《诗经·国风·召南》中的一篇。《孔丛子》第一卷《记义》："孔子读《诗》及《小雅》，喟然而叹曰：吾于《柏舟》见匹夫执志之不可易也；于《淇奥》见学之可以为君子也……于《蟋蟀》见陶唐俭德之大也……于《羔羊》见善政之有应也……。"
③《蟋蟀》：《诗经·唐风》中的一篇，写勉励人们及时努力，但不要及时行乐。
④《淇澳》：即《淇奥》，《诗经·卫风》中的一篇，歌赞卫武公的文采品德。
⑤《柏舟》：为《诗经》中的篇名。在《邶风》《鄘风》中都有《柏舟》。《鄘风》中的《柏舟》写女子对爱情的忠贞。柏，柏树。柏木为舟曰"柏舟"。
⑥愿：老实谨慎，恭谨。
⑦景行：高尚的德行。
⑧康熙癸丑：康熙十二年，即1673年。
⑨夹钟月：农历二月。
⑩既望：既望就是农历每月十六日，表示满月后一天。望即望日，指农历每月十五。

序

古人于志，一事一义，而必详之，犹聚众材以备作室，非徒侈纪载之文，抑亦经世之大法也。邑乌[①]可无志？邑无志则政绩不彰，欲媲美先哲者，何以酌古而济今？邑无志则懿德弗传，欲思齐前贤者，何以景行而仰止[②]？且其间山川之奇秀，风俗之异同，财赋之登耗，以及关梁、邮舍、文事、武备诸大端，皆邈[③]乎其弗见焉，杳[④]乎其莫闻焉，邑乌可无志？宁之志其来已久，万历初，华亭陶公[⑤]续修后，虽经增刻，然编次失伦，简略未备[⑥]，浸淫[⑦]迄今，散佚无存。况运际鼎新[⑧]，礼乐政教，代各不同。曩者[⑨]张鹿翁[⑩]先生宰[⑪]是邑，以文学博雅之儒，而出拊循[⑫]贞干[⑬]之略，八年内，政简刑清。吏治之暇，亦尝采旧志披阅，得残缺遗本，常欲取而更新之，然时会难逢，有其志未克举也。辛亥岁[⑭]，奉檄

①乌：表示反问的语气，相当于“何”“安”“哪里”“怎么”。
②《诗经·小雅·车舝》：“高山仰止，景行行止。”意为：向着那高山仰望，望着那大道走去。
③邈：遥远。
④杳：消失，不见踪影。
⑤华亭陶公：指陶敬图。明万历初年为常宁知县。
⑥备：完备，详备。
⑦浸淫：指时间的迁流。
⑧鼎新：去旧，更新，革新。这里指清朝取代明朝。
⑨曩者：以往，从前。
⑩张鹿翁：指张芳。字菊人，号鹿床，江南句容人，顺治十一年（1654）以进士知常宁县事，在常宁居官八年。
⑪宰：主管、主持。这里指为县令。
⑫拊循：亦作“拊巡”。安抚，抚慰，护养。
⑬贞干：负重任、成大事的贤才，忠贞干练。
⑭辛亥岁：康熙十年，即1671年。

修志，荷峩翁张父师[①]集多士于湘寺，谋所为编录以应上命。聚处久之，而阁笔含毫，相视不断。岂同人之乏撰次哉？无亦念世途之多碍，知实笔之难载耳！未踰月而催檄叠至，同人以其事相属。夫铭[②]也，鄙钝之性，庸劣之才，而又穷愁困厄，无以见于时，操觚[③]之任，铭则何敢！已而复奉帀命，不得已，勉为论定，竭意经营，始得成帖。夫学问、文章非铭所长，管窥[④]浅俚[⑤]不足言矣！独是上述往古，下纪近今，录其事而善恶形乎其中，或微或显，惟求义理之所安而已！志成，合[⑥]刻于郡。然郡志之略，不若邑志之详，且传本以数计，邑人士见者绝少。我父师喟然曰：一代典章见于志，幸纂述有完篇，而顾因循以听其若亡若存，可乎？于簿书鞅掌[⑦]间，毅然以邑志寿梓[⑧]。首自封域，终及方外，分类别义，为卷十三，俾观者不崇朝[⑨]而极名胜，不移晷[⑩]而谋百年。读彭、杜[⑪]诸名宦善政美绩，千祀不祧[⑫]，而知鹰鹯之不可为，鸾凤之必可传也；读袭、王[⑬]诸君子怀仁抱义，横冠古

①峩翁张父师：指张问明。张问明，字还城，号峨辉，四川峨眉人，举人，康熙七年（1668）至十七年（1678）以文林郎任常宁知县，共十一载。

②铭：本序作者殷铭自称。

③操觚：执笔作文。

④管窥：比喻见解局限、偏颇、肤浅，多为自谦之辞。

⑤浅俚：浅显粗俗。

⑥合：应该。

⑦鞅掌：谓职事纷扰烦忙。

⑧寿梓：付梓，把稿件交付排印。梓：木头雕刻成印刷用的木板。

⑨崇朝：终朝。从天亮到早饭时。有时比喻时间短暂，犹言一个早晨。亦指整天。崇，通“终”。

⑩移晷：日影移动。犹言经过了一段时间。晷：日影。

⑪彭、杜：即彭燝、杜焕。本志第四卷《名宦》有传。

⑫不祧：一种古代庙制。古时把世次过远的祖先神主陆续迁于太祖庙合祭，称为“祧”。只有创业的始祖是永不迁移的，称为“不祧”。后比喻永久不废。

⑬袭、王：即袭盖卿、王居仁。袭盖卿，生卒不详，字梦锡，南宋常宁县（今湖南常宁市）人。乾道五年（1169）以明经中进士，授右正言，以直道事君，从朱熹学。又与王居仁同时执经于张栻之门，潜心研究理学。因“庆元学禁”，朱熹被逐，遂退居常宁故里，于城南门外学宫之后双蹲石前设馆授徒，开常宁创建书院之先河。嘉泰二年（1202），朝廷解除学禁，重被起用，累迁国子监司成。著有《正性篇》《反诚篇》等。王居仁，生卒不详。南宋湖南常宁县人。曾与袭盖卿同时执经于张栻之门，潜心研究理学。乾道八年（1172）中进士。张南轩殁，发明师说，引掖后学，以格致为先，诚正为本。因“庆元学禁”，绝意仕进，筑室常宁西关鹅湖塘畔，创办鹅湖书院，教授生徒，学者称“习隐先生”。著有《质疑篇》等。

今，而知蜉蝣[1]之不可生，仙骥之必可永也。则奋兴百世，兹刻之有造于宁，岂浅鲜哉！铭因是而益叹吏道之难。其人也以武健治者，尚严酷；以文网治者，贵综核[2]，皆于循良无取焉。称循良者，其惟温良上德之儒乎。静以修身，俭以养德，淡泊以明志，宁静以致远。其兴利也，若春气之生草木；其除害也，若川渎之泻大海。求之今日，邈焉鲜俦[3]。吾宁当严酷综核之余，而享优游和平之福，洵[4]非治行第一，不至此。虽然，建树者一时，著述者千载，德业固云盛矣，使非垂之简册，即其后遗爱存诸父老，而传闻异词，何如见之行事之深切著明也。躬逢盛典载在纂修，则治足以光志，而志足以宣治，岂非温良上德者之有其时哉！铭故乐得而述之。

康熙癸丑仲春宜江后学殷铭序

①蜉蝣：昆虫，常在水面飞行，寿命很短，只有几小时至一星期。种类很多。
②综核：谓聚总而考核之。
③俦：匹敌，相比。
④洵：诚实，实在。

常宁县旧志序

常宁旧有志，不知草创于何时。成化中，县令羊城谢君复纂修成帙，既寿梓传布矣。无何[①]，令更代不常，而向尚[②]亦异。更季历日，收藏不严，板本渐失，久之，至无片楮[③]一字可考，良可惜矣！万历元季春[④]，华亭陶侯[⑤]至，稽政讯俗，质今求古，云惟志书可据。乃遍询士大夫，皆茫然无对。搜索旧籍，亦无墨迹可阅，侯乃叹曰：有是哉，邑可无志！乃多方访问，至悬赏以购，久之，才得刊本半部，纸敝墨渝[⑥]，虫鼠已啮[⑦]其半。复得一录本，又皆参错不伦。侯乃姑以是为纂修张本，寻与学博侯、梁二先生，及诸庠[⑧]彦[⑨]数人，聊为编次，仅成卷帙。复驰书币委余校定，余以不能辞，侯恳至再，乃拜简而展阅曰：善哉，是举也！侯可谓审大体，急先务矣，岂仅劳簿书者可同语哉！窃闻古者，列国皆有史官，掌记时事。今之为邑，视古子男[⑩]之国，而制地，则公侯之封土也，修志即所以为史也。常宁久无志，治邑者，岂以有郡志可考，斯可缓耶？不知郡志，载一州八邑之略

①无何：不久，很短时间之后。
②向尚：爱好，趣向。
③楮：纸的代称。
④季春：春季的第三个月，即农历三月。
⑤陶侯：指明万历年间曾任常宁县令的陶敬图（华亭人）。
⑥渝：变污。
⑦啮：啃，咬。
⑧庠：古代称学校。
⑨彦：古代指有才学、德行的人。
⑩子男：子爵、男爵。封建制度五等爵位（公侯伯子男）的第四、第五等。

而不备，备一邑之事，在邑志也。侯甫[①]下车[②]，即慨然有志于缺典，旁搜博访，必欲知数十年应载之事，乃仅得前几职官之名，而所谓兴革、灾祥，无可问焉。岂非往事之可怪叹者耶！余也荒昧，编纂非所长，第闻之人曰：志，记也，记事贵详，与人贵恕。又曰：志，犹史也，然终与史异。史主劝戒，故辞多严，志主采摭[③]，故辞必博，其不同有如此者。说者又谓：志与史相近，志列山川、封域、形胜，《史记》《汉书》之有《河渠》《沟洫》《食货》也。志列《人物》《名宦》，犹《史记》之有《世家》《年表》《列传》也，是则又若相通而不甚异者，要之皆史官之职，特其中有严恕之别耳。余实不知载笔，第奉侯之命，成侯之志，则又终不敢以不文，重违故循往牒[④]，漫为编次卷帙如此。若曰起凡之精，立例之密，去取斟酌，详略之当，则限于才识之庸，无如之何矣！侯初至，即有是志，因循至今，始克就工，独无谓耶？邑务废驰，公文迫切，沉积案牍，待侯裁结。邑无城垣，议用石甃[⑤]，费巨工难，赖[⑥]侯措置，诸所应收录者，志不可略也，故悬迟至今，有以[⑦]也。盖山川也，物产也，城郭、舆厩也，诸如此类，皆只以纪盈缩，核兴废已耳。乃若志秩官，志人物，其中徽猷[⑧]姱节[⑨]，芳躅[⑩]荃[⑪]轨，志必详书之，抑[⑫]岂漫无意义哉？盖欲

①甫：刚刚，才。
②下车：官吏到任。
③摭：拾取，摘取。
④往牒：往昔的典籍。
⑤甃：砖头。
⑥赖：依靠。
⑦以：原因，缘故。
⑧徽猷：美善之道。徽，美好的；猷，道，指修养、本事等。
⑨姱节：美好的节操。
⑩芳躅：指前贤的踪迹。
⑪荃：古书上说的一种香草。
⑫抑：文言连词。相当于或是、还是。

观者感奋而思齐焉耳。今夫睹泰华[①]者，起登临之思；履康衢[②]者，动驰骋之念，故《诗》曰：高山仰止，景行行止[③]，言恒情也。志，所志若而人者，固高山景行者也，则得之瞻仰者，有不奋然思、毅然为以求矩矱[④]之所同也哉？假令宦于斯，生于斯者，咸感于志，奋而追踪往哲焉，则彭爔、杜焕等诸贤令，袭盖卿、王居仁等诸君子，固不得专美于前，而休[⑤]有烈光于异日矣！讵非志之裨盆[⑥]耶？予固曰有风劝之道焉，夫固史之遗也。乃若睹城隍而图保障之固，稽户口而培繁衍之基，观学校而倡棫朴[⑦]之化，察物产而致撙节[⑧]之宜，于风俗思移易之，于贞节思扬励之，于桥梁舍宇思整葺之，俾河山奠位，气象增新，又在宦斯邑者，按志而加之意耳。志之益，不益巨，而志之修，不庶几乎达政体要哉？陶君令宁邑，多惠政，其修城、葺学、建仓、乘桥种种，志[⑨]志中者皆实迹，而修志亦其一节云。

万历丙子[⑩]仲冬，整饬郴桂衡永等处兵备，兼分巡上湖南道、湖广按察司副使、前监察御史、侍经筵讲、汝南练溪房楠序。

---

①泰华：泰山、华山。
②康衢：宽阔平坦的大路。
③高山仰止，景行行止：语出《诗经·小雅·车舝》。意为：向着那高山仰望，望着那大道走去。
④矩矱：规矩法度。
⑤休：美好。
⑥盆：疑为“益”字之误。
⑦棫朴：《诗经·大雅》中的篇名。该篇序称是咏“文王能官人也”，故多以喻贤才众多。
⑧撙节：节制，节约，调节。《礼记·曲礼上》有言：“是以君子恭敬、撙节、退让以明礼。”
⑨志：记载，作动词。后面的“志”字，作名词，指县志。
⑩万历丙子：万历四年，即1576年。

常宁县志凡例

一书之有例，是先定规模，而以其类属之者也。凡书皆有例，况志为纪事之书乎！兹编之分次别卷，各从其类，而区为十二①，如山川、冈岩、湖井等属之封域之类是也。遵奉上式，不敢意起。

一旧志自万历四年②邑令陶公敬图纂刊，于今七十有八年矣，虽后经徐公兆奎续修，而编次失伦，纪焉不详，且值戎马纷繁，书亦未竟。今得陶、徐二公原刻，皆虫鼠剥蚀，残缺甚多，合二本共证，简其杂错，加以条贯，其近时事迹谋诸父老之言，谘诸士大夫之口，随年纪事，咸有实据。

一赋役，出自土田。赋役有增减，土田无变迁，今土田顷亩，起于洪武之一十四年若干，至万历之九年，遂丈增若干，论内略为纪载，以明钱粮之所由始，若赋役定制，悉炤③国朝④赋役全书。

一形胜、土产、风俗，先后虽有移易，而大小、繁简、参差，不甚相远，因依旧志详加裁定。

一山川、古迹、记述、诗文及近时名人题咏，俱编入《艺文志》中，俾读者开卷成帙，不至庞杂分搜。

一奉檄成书，各卷皆有论序，括举其纲。而凡名实经纬之端，建置废兴之故，先取其事而详审之，展转徘徊，谘之于众，断之于心，始含毫茹墨从事行间，不敢苟且，庶几⑤传信。

---

①十二：应为十三。本志为十三卷。

②万历四年：1576年。

③炤：同“照”。

④国朝：指清朝。

⑤庶几：差不多，近似。

修志姓氏

主修

常宁县知县　　张问明巽辉，四川南隆人

同任

常宁县训导　　张春榜跃鳞，石门人

常宁县典史　　谢万禄懋因，浙江山阴人

纂修

候选贡生　　殷　铭浴日

编订

庠生　　刘　纶大文

搜采

庠生　　阮　鄂棘仙

崔　瓒又白

殷立鹤千仞

校正

邑人	刘登瀛吉士
	段廷衮弼菴
邑绅	刘禹智箕筹
国子监拔贡生	黄一清天锡
庠生	殷立鹄友鸿
	刘　经正则
	彭益升次寅

磨对

儒童	刘芳兰
斜梓礼书	刘淇智
	樊士俊
	萧应台

目录

①宾兴：科举时代，地方官设宴招待应举之士。亦指乡试。

卷一

常宁县知县张问明主修
候选贡生　殷　铭纂修
庠　　生　刘　纶编订

封域志

封域志论

疆理天下，封建万国，古制也。自封建废而郡县立，县之画野隶于郡，而封域仍分焉。山川之流峙，风俗之异同，及村镇乡都之广狭，俱于是乎系之。宁邑西分芝江，北带湘流，东界于白马驿渡，而山屏岭壁，则其南疆也。花封绣壤，胜迹仙踪，若星罗而棋布焉。夫乐泉源者思地德，安闾里者服农功，有不颂我王仁者乎？占分野而察形胜，考物类而辨土宜，按古知今，因往索来，庶几披[1]纪载而历历具举矣，作《封域志》。

①披：翻阅。

常寧縣輿地圖

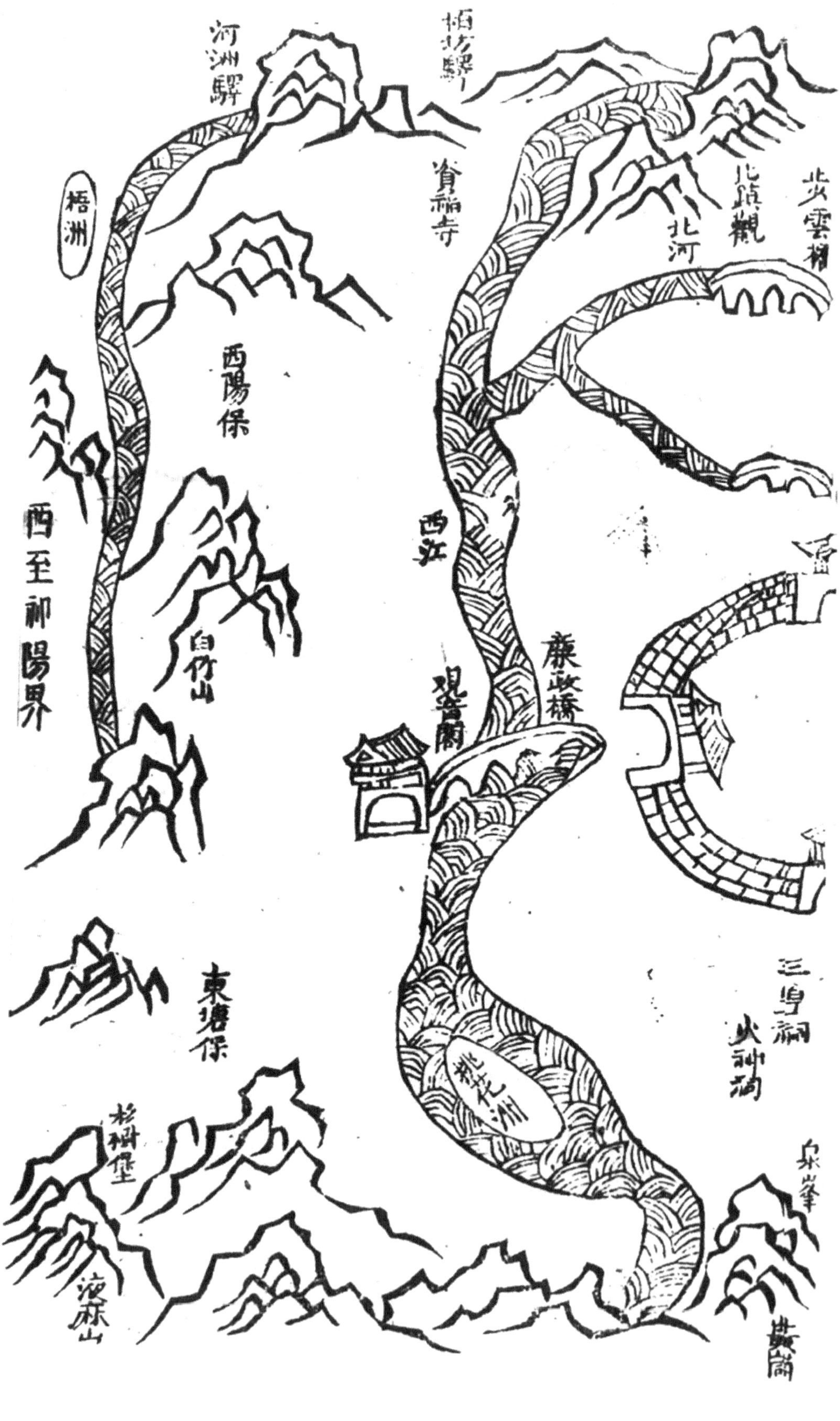

河洲驛
梧洲
資福寺
北河
步雲橋
西陽保
西至祁陽界
西江
白竹山
廉政橋
觀音閣
東塘保
三皇廟
火神廟
泉峯

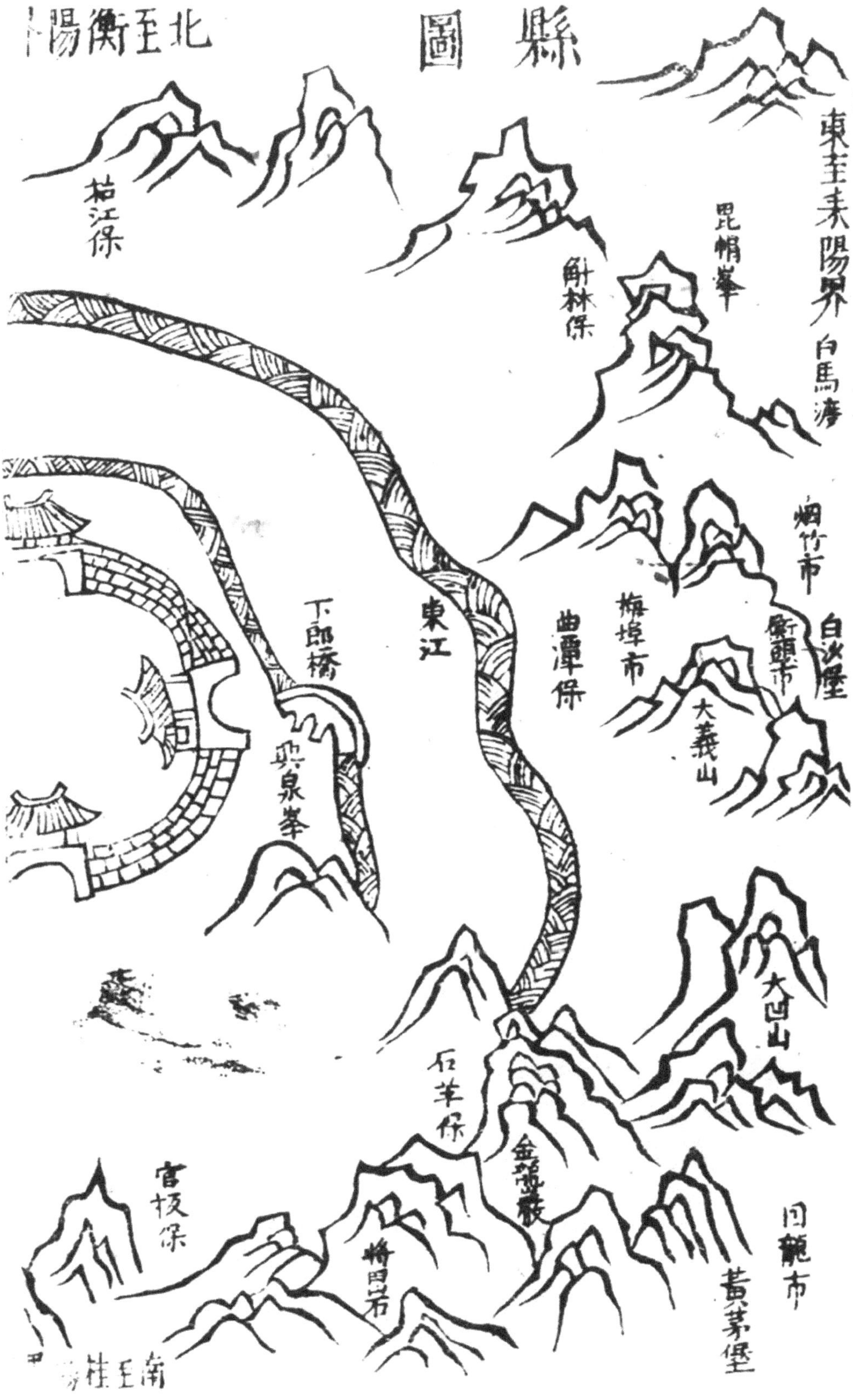
縣圖
北至衡陽
東至耒陽界
白馬渡
昆帽峯
斛林保
枯江保
東江
下郎橋
曲潭保
梅埠市
烟竹市
白沙堡
斛頭市
大義山
乳泉峯
大凹山
石羊保
金鷄巖
官坂保
同龍市
黃茅堡
南至桂陽

天開石榜

天開石榜
雲路飄香識拱
辰誰從石壁寫
江春鰲頭姓字
堪姐億直下龍
門問水濱
邑庠生阮鄂貧南
題并寫

地拱魁星

湘寺曉鐘

茭潭晚鱼

桃洲春浪

泉峯夕照

西橋夜月

西橋夜月
北山南圩漫秋

南嶺霽雪

南嶺霽雪
高天繡錯儼餘
寒喧入尋常白
眼觀一片冰心
圖畫屏花減究
映玉壺端
翁南題寫

星野

山川之精，上为星，各因其州城分野，为国符验。保章氏[①]以星土辨九州之地，所封之域，各有分星，道由此也。楚之分野，自张十七度至轸十一度，曰鹑尾之次，于辰在巳，于律为夷，则斗建在申斗，玉衡[②]第四星，主荆州。天市垣[③]二十二星，东西各列十一星，其西垣南第十星曰楚司空，镇于毕[④]北，荧惑[⑤]位于衡南。《春秋元命苞》[⑥]云，轸星散为荆州，大抵荆楚分野，诸家皆主翼轸[⑦]。夫厚生利用，制礼作乐，翼之象也；所及既远，周旋不已，轸之象也。宁仅凡[⑧]邑耳，何足以测分野？去郡百里，分野应附星之本，在地而上发于天，精气之相属也。则莅[⑨]斯土者，可不思所以发迩[⑩]而见远欤？殷铭识。

轸宿步天歌

四星似张翼相近，中央一个长沙子。

---

①保章氏：古代世守观察明显反常星象和气象活动者的职务。“保”表示“负责”；“章”表示“彰显”。没有什么现象比“反常”更“彰显”。《周礼·春官·保章氏》：“保章氏，掌天星，以志星辰日月之变动，以观天下之迁，辨其吉凶，以星土辨九州之地。所封封域，皆有分星，以观妖祥。以十有二岁之相，观天下之妖祥。以五云之物，辨吉凶、水旱降、丰荒之祲象。以十有二风，察天地之和、命乖别之妖祥。凡此五物者，以诏救政，访序事。”

②玉衡：星名。北斗七星的第五星。

③天市垣：位居紫微垣之下的东南方向，约占天空的57度范围，大致相当于西方星座中武仙、巨蛇、蛇夫等的一部分。

④毕：星座名。二十八宿之一。西方白虎七宿的第五宿。

⑤荧惑：火星。由于火星荧荧似火，行踪捉摸不定，因此我国古代称它为“荧惑”。

⑥《春秋元命苞》：书名。全称当为《春秋纬元命苞》，“苞”也作“包”，二字古代通用。汉代纬书《春秋纬》中的一种，作者不详，著作时代是西汉末至东汉初。该书假托经义，宣扬符录瑞应，但内容庞杂宏富，涉及天文、地理、历史、神话传说等各方面，卷帙很大，汉代以来传注类书引用极多，是谶纬之书中存留佚文最多的一种。全书已佚，明代以后有《古微书》《黄氏逸书考》《玉函山房辑佚书》《七纬》《纬捃》《纬书集成》等多种辑本。

⑦翼轸：二十八宿中的翼宿和轸宿。古为楚之分野。

⑧凡：平常的，不出奇的。

⑨莅：到。

⑩迩：近。

左辖右辖附两星，军门两黄近翼是。

门西四个土司空，门东七乌青丘子。

青丘之下名器府，器府之星三十二。

轸星之图

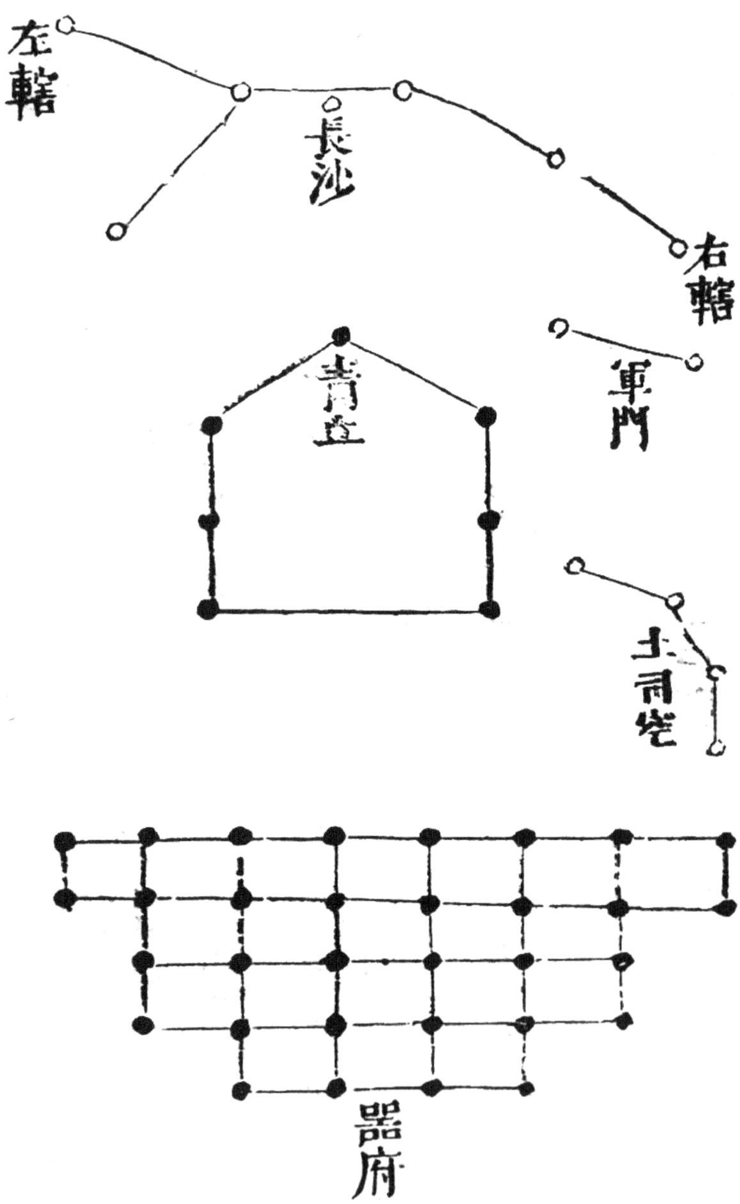

以上便是太微宫　黄道向上看取是

沿革

昔王建邑命号，类皆为百年万姓之谋，而不胶一定故势。旷则法难驭，斯合者分之；官多则禄难给，斯分者合之；俗悍而权轻必玩，斯卑者进之；地小而位尊亦亵①，斯崇者退之。至若易名，以新耳目，移治以均往来，凡以昭②国制而协舆情③也。惟是，抚有百里者，思夫建邑命号之不苟④，而致谨于临民莅⑤众之际，即世世相沿可也，否则，何取变革之纷纭为哉？

《禹贡》⑥：荆州南境。初本汉耒阳地，属桂阳郡，吴始析耒阳为新平、新宁二县。晋属湘东郡，东晋以新平并入新宁。宋元嘉⑦中，始更曰常宁。陈复为新宁，属衡州，隋属衡山郡。旧治三峒，后至此始移治麻州。唐开元元年治宜江，即今治也。天宝元年复为常宁，宋因之，属衡州。元至元丙子⑧为上县，十九年升为常宁州，属湖南宣慰司。明洪武三年复为县，属衡州府，本朝因之。

形势

读《风》至升虚望楚⑨，读《雅》至瞻彼溥原⑩，既景乃冈，而知古人度地居民，其于形势之际，诚重之也。宁不满百里，而形

①亵：轻慢，不庄重。
②昭：彰明，显著。
③舆情：大众言论与意向。
④苟：马虎，随便。
⑤莅：治理。
⑥《禹贡》：中国古代名著，《尚书》中的一篇，记载了各地山川、地形、土壤、物产等情况。其作者为何人，学界说法不一。
⑦元嘉：南朝宋文帝刘义隆年号，起止时间为424到453年。
⑧至元丙子：元世祖忽必烈至元十三年，即1276年。
⑨升虚望楚：《诗经·鄘风·定之方中》："升彼虚矣，以望楚矣。望楚与堂，景山与京。"意思为：登临那堆废墟上，把那楚丘来眺望，望着楚丘和堂邑，测量山陵与高冈。
⑩瞻彼溥原：《诗经·大雅·公刘》："笃公刘，逝彼百泉。瞻彼溥原，乃陟南冈，乃觏于京。"意思为：好公刘，去看那百条的流泉，去看那广阔的平原，登上了南边的山冈，看见那个京地方。

势秀丽。袁参岚《宜江》咏云：双流碧水悬明镜，万叠青山照晚霞。鹿床师[①]每叹为佳句，非以宁实山水合抱而成奇者耶？独念山形如旧，地势未移，考宋元以迄明正统之初，科第联翩[②]，甲于十城，而户口殷富称[③]之，盖皆形胜之为之也。乃迩[④]来人文未蔚[⑤]，闾井[⑥]萧条，君子则又抚形势而思气运矣。

邑称湖右奥区。湘江绕于西北，黄峒诸山列于西南，宜水从塔山流抱于县西，砇石水潆洄[⑦]于治后，二水相合入湘江，与泉峰雄峙东南，樟木岭耸秀西北，亦一方之胜概[⑧]也。

疆界

稽《禹贡》：秸穗粟米，异其献纳。而五百里之外，别为一区。凡以因疆内之人，授疆内之亩，土著无迁，而赋役甚便也。宁狭而硗[⑨]，民迫饥寒，辄粥。产不辞越境，故东南之阡陌多入于桂、耒，而西北之界祁、衡者，亦颇类焉，是无分域之实。而田鲜近主，有殊疆之名，而法难远加。忧逋赋[⑩]者，将操何道，而俾人与土相守，以无失画疆遗意哉？

广九十里，袤[⑪]一百二十里。东至耒阳县界五十里，南至桂阳州界五十里，西至祁阳县界三十里，北至衡阳县界三十里。东到耒阳县一百三十里，南到桂阳州一百八十里，西到祁阳县一百四十里，北到衡阳县一百二十里。

---

①鹿床师：指张芳。
②联翩：形容连续不断。
③称：相当，符合。
④迩：近。
⑤蔚：茂盛，荟聚，盛大。
⑥闾井：闾里，居民聚居之处。
⑦潆洄：水流回旋的样子。
⑧胜概：美好的境界。
⑨硗：地坚硬不肥沃。
⑩逋赋：逃避赋税。
⑪袤：长度，特指南北距离的长度。

水路至衡州一百八十里，至长沙六百六十里，至省[1]一千六百六十里，至江南三千四百二十里，至京师六千八百六十里。

陆路至衡州一百二十里，至长沙四百八十里，至省一千二百八十里，至江南二千七百八十里，至京师五千一百八十里。

乡都

古制：七万五千家得乡凡[2]六。自井亩授人，皆相亲相睦于一乡之中，厥风最醇矣！邑有先君之庙曰都。更有众同而不必庙者，故成聚之三年，亦为都。乃封建废而郡县，井田废而阡陌，而乡都名仍其旧，正以郡县立而阡陌开，赋役日趋繁，合难理，纷尤难理，此乡都之久而不废也。即偶变为里，为保，大要名异而实不殊[3]。以今日六府修[4]，三事[5]和，而古人分乡设都之意始不至荡然俱尽。否则，有捐[6]亲戚，弃坟墓，轻去其乡，如灵均[7]所云，何必怀此都者？可不惧哉！可不惧哉！

旧设三乡二十八保

礼义乡　务本乡　吉阳乡

六合保　南塘保　乌沙保　长寿保　枯木保

板桥保　黄沙保　大盛保　柿冲保　土墓保

椰塘保　查溪保　磨石保　小柏保　大冲保

百丈保　大陂保　护塘保　渭田保　宜田保

---

①省：指武昌。清初时湖南属湖广总督管辖，湖广总督治所武昌。

②凡：总共。

③殊：不同。

④六府：金、木、水、火、土、谷。

⑤三事：正德、利用、厚生。

⑥捐：舍弃。

⑦灵均：屈原之字。后引申为词章之士。

南碾保　浔田保　大田保　风背保　白沙保

山田保　土枧保　下液保　后改为七保

枯江保在县北三十里。斛林保在县东四十里。

西阳保在县西二十五里。官板保在县东南二十五里。

东塘保在县西南三十五里。石羊保在县南五十里。

曲潭保在县东北三十五里。以上共编七里。

山川

石蕴玉而山辉，水怀珠而川媚，此言山川之宝也。乃饥不可粟，寒不可襦[①]，而室家之宝不存。自井田废而沟洫堙，使山不频兴云雨，川不时资灌溉，则阡陌悉石田矣。故君子入其境，览夫高者峙而深者流，而知为财赋所从出焉。若宁之土瘠而山多，童[②]地高而水易涸。登涉之余，未尝不致慨于民生之日匮也。或谓地不饶物产，将必有特钟其灵者，则又为拭目望之。

山

塔山在县南六十里，东跨大小猛峒，西连牖石洞，南拱泗洲寨，北抱湘江，宜水从山麓而下，上有古寺一座。

大义山在县东三十五里，有寺。前令张芳[③]刻石记于其上，附《艺文志》。

盘龙山在县治东，有古刹，建自唐延祐[④]四年，名湘山寺。

逍遥山在县东六十里。　　坡山在县西三里。

环秀山在县北五里，即樟木岭。　　大平山在县西五里西阳保。

盟山在县北七十里枯江保。　　东山在县西三十里东塘保。

---

①襦：短衣，短袄。

②童：秃。

③张芳：字菊人，江南句容（今江苏镇江市）人，进士。清顺治十一年（1654）至康熙三年（1664）任常宁知县。

④唐延祐：唐无“延祐”年号，延祐为元仁宗年号。“唐”或为“元”字之误，元延祐四年为1317年。

乌髭山在县十五里曲潭保。　**憩山**在县北三十里，知县张芳有诗。

风仙山在县北三十里，上有天然石人，呼为三仙，故名。

白面山在县北三十里柏坊驿之下，为一邑水口，其山出白石。明桂藩建创，攻取日滋，而邑中风水大坏。

液麻山在县西四十五里护塘保。

白竹山在县西十五里，其山多竹，出笋如玉，相传有仙炼丹于此。

峰

泉峰在县南三十里，临黄峒诸山，耸秀过之。蜿蜒直上五里许，有庵藏修竹千竿中。登临北眺，城郭宫室，挟朝霞晚虹而来，若隐若见，潇然引人远思。泉出山巅，盛夏饮之，如释迦尊者清凉水，而中下所涌，又不足为异也。

兴泉峰在县东南，负郭耸秀，峰顶可坐百人，邑人每于重九登高，席地飞觞[①]。中有泉，故名。

昆帽峰在县东六十里，高数千寻[②]，为南岳七十二峰之一。上有庵，盖以铁瓦。

白瀑峰在县南六十里石羊保，流泉远泻，光飞银练。

岭

平山岭在县南官板保。　**东角岭**在县东曲潭保。

莲花岭在县东十五里曲潭保，岭下有寺。

岩

金龙岩在县南五十里石羊保。其岩嵚崎[③]。空峒[④]中有古观，因石就壑，棁[⑤]椽[⑥]大施。宋明诸名公游览诗刊别集。有古联云：月挂山头悬玉兔，云从水面

①飞觞：举杯或行觞。亦指传杯行酒令。
②一寻等于八尺。
③嵚崎：山高峻的样子。
④峒：山洞，石洞。
⑤棁：梁上的短柱。
⑥椽：放在檩上架着屋顶的木条。

起金龙。

浆田岩在县南三十里官板保。洞壑深秀。宋庆历中，有真慧师居之，常赐衣紫。岁时里社，至今祷雩①。有何姓名邦维者，在昔以扦边獠有功，授大简檄，官承节郎，所立碑篆犹存。

天仓岩在县南五十里石羊保，砿水之源，有古寺。

云岩在县南十五里天塘山巅，岩南向，塔山、泉峰诸冈峦，翠秀远映，如出画图。旁有古木嵯岈②，奇禽异雀，鸣舞其上，善适人意。流泉飞泻出岩顶，珠玑缤纷，沨沨③若理丝弦。邑人殷铭尝读书其中。

狮子岩在县西三十里，岩前有庵。知县张芳偕明经刘禹智、邹是礼曾游其处，有诗。

塔

阿育王塔在塔山腰，有白石七级，藏典云：昔阿育王④叠石建释迦真身舍利白玉净相宝塔，其在南赡部洲⑤者十有九，此其第九塔也。延祐庚申⑥，天旱，朝使牛良佐祷雨，有诗见刻石碑。伊山珠法嗣千忍铠禅师重兴。

云程塔在城西一里，为旧学对案。万历四十四年，知县刘自省创，因卒于任而工未竟。

水

上白水在县南，西流入湘。　樟水源出本县，合宜水入于湘。

吴水源出永州府界迳县，入湘。　西南二江水在县南四十里。

砿石水会宜水，西北流注于湘。　宜水源出塔山，一名宜溪。

①祷雩：祈雨。
②嵯岈：错杂不齐貌。
③沨沨：形容乐声婉转悠扬等。
④阿育王：古代印度摩揭陀国孔雀王朝的第三代国王。统一了整个南亚次大陆和今阿富汗的一部分，晚年笃信佛教，放下屠刀。
⑤南赡部洲：又译琰浮洲、南阎浮提、南阎浮洲等，为佛教传说中四大部洲（另有东胜神洲、西牛贺洲和北俱芦洲）之一。南赡部洲位于须弥山之南方咸海中，由四大天王之一的增长天王守卫。
⑥延祐庚申：元仁宗七年，即1320年。

江

东江在县东，其源出天仓岩，迤逦曲折，绕县治之后，与南来之水汇流湘江。

蓝江在县西东塘保。　　**黄沙江**在县南东塘保。

西江在县西门外，源出羊泉塔山诸峒，由南而北，与东江合流。

伊陂江在县南石羊保。　　**独石江**在县北桔江保。

滋陂江在县东，可容舟楫。

滩

滑石滩在县南二十里，水石搏[①]激，险不容舟。

七里滩在县三十里北，出河口，浅流飞泻，势若吕梁，滩长七里，以是得名。

鲶鱼滩在县北六十里，近大江口。

湖

倒湖在县东一里。　　**烟竹湖**在县东三十里。

琉璃湖在县东四十里。　　**沙矶湖**在县东四十三里。

龙泉湖在县东四十五里。　　**石台湖**在县四十五里。

小湖在县三十里。

井

冽井在南城内两街路口。其形似火，时多火灾。嘉靖年间，兵宪边公命工凿井，而火灾遂息。

乐井在县东三十里，徐姓之宅中。

泉

知时泉在临桂门外，夏冽[②]冬温，张天锡修砌。　　**洋泉**在城西四十里东塘保。

---

①搏：疑为“搏”。

②冽：寒冷。

陂堰

大石陂　牛石陂　龙应陂　山陂堰　厚村堰

江东堰　龙安堰　凉水堰　高桥堰　严家冲堰

曾成堰　新塘堰

以上枯江保

老江陂　衡头堰　贺家塘堰

以上斛林保

洪溪陂　黄土陂　洪陂堰

以上西阳保

东山马陂堰　沿溪堰　板桥堰　洲边上堰　官陂堰

以上官板保

留陂堰　高 陂　斜陂堰　上值堰　洋泉大陂堰

以上东塘保

雷侯陂　胡陵陂　龙虎陂　樟木陂　沿溪陂　石璧陂　小江陂

以上石羊保

牛石陂　长江堰　东陂堰　山塘堰　邓家小堰　水江堰

以上曲潭保

潭

茭潭在学宫左，为八景之一，有诗附别志。

曲潭在县东十里。

洲

桃花洲在城南江心，为八景之一。原李氏建有书院，久废。前令张芳仍名，课士曰桃花会业，有序。

涪洲在县西二十五里，有古寺。

池

应龙池在城南山巅，对峙泉峰，四时不涸。

四十八池在城东十五里曲潭保。

塘

龙　塘　红　塘　大泉塘　文　塘　荷叶塘

监冲塘　新石塘　泉　塘　山田塘　水灌塘

过路塘　天风塘　到阡塘　谭　塘　蒋子塘

打石塘　白露塘　大源冲塘　顶冲塘

以上桔江保

虎头塘　大源塘　罗陂塘　彝陂塘　西岭塘

石　塘　湾子塘　耙　塘　山家塘　大门塘

田螺塘　上下塘　梅陂塘　官冲塘　山冲塘

衡头塘　上官塘　杨公塘　荷叶塘

以上斛林保

大泉塘　毛江塘　池　塘　冲　塘　水头冲塘

岩亚塘　石　塘　壁　塘　樟木塘　高马塘

大湖长平塘　茅山塘　社公塘　渡头塘

山　塘　荷叶塘　杨　塘　茅　塘　上栗山塘

白香塘　月　塘　荷叶塘　难　塘　第山塘

菱角塘　高公塘　白水塘　牛栏塘

以上西阳保

后村塘　班竹塘　银　塘　烟竹塘　朱栗井塘

有　塘　山荒塘　羊　塘　道方塘　坛　塘

荷叶塘　山溪塘　柘逻塘　新　塘　何家冲塘

周亚塘　张天塘　尘皮塘　小平塘　洞官楼塘

杞　塘　老英塘　杲　塘　芦泉塘　洲边大塘

何家塘　山中塘　山陂塘　道方塘　横冲下塘

邹家塘　车　塘

以上官板保

谷元塘　茅　塘　泉　塘　鲁草塘　严家冲塘

枯江塘　圆亚塘　走马塘　大车塘　曲市泉塘

老红塘　欧源塘　社公塘　牛亚塘　张亚洲塘

曲市上浯塘　寨下塘　天　塘　蒋荣塘

茶田岭背塘　龙　塘　上东塘　上值塘

小茅塘　铁炉塘　巴　塘　曹家塘　鲁草塘

欧青观音塘　长　塘　泉　塘　过路塘

张亚洲新塘　坦　塘　琏　塘　耙　塘

茅　塘　祖下塘　铁屎塘　荷叶塘　鸦鹊塘

以上东塘保

陈困两头沙塘　祖下塘　大秧塘　白沙南塘

洲边大塘　水碓塘　沙　塘　贺兰保塘

以上石羊保

沙　塘　上长塘　长渡塘　南　塘　下长塘

圆亚塘　天蕨塘　界　塘　庙背塘　大升塘

水　塘　泉　塘　大陂塘　油榨塘　瓦礶塘

中心水口塘　石花塘　石溪塘　雷公塘

八十亩对塘　杉树塘　梅　塘　宇各塘

瓦礶上洪陂塘　鱼罗塘　平田弯里塘

贺兰保塘　满竹塘　香花塘　龙家塘

以上曲潭保

古迹

迹非人不传，不奇亦不传。于理学则洞，而白鹿[1]也；于仙

①白鹿：指南宋时期朱熹建立的白鹿洞书院。

幻则楼，而黄鹤[①]也；高隐有严子之钓台[②]；伟伐有武侯之阵图[③]也。他若岳阳铁笛，堪泣妇于孤舟。鹄矶[④]石镜可照人于隔岸，舜岩玉磬能发声于数里也。大固荣夫编简，小亦骇乎见闻，事出非常，动垂不朽。乃间有迹，不必从同，而因形取义，即景命名者，一日牙根千年耳食，并为采录，或可助逸士之雅谈，资骚人之清咏。

双蹲石在旧文庙之后，奇石俯对，若蹲踞状，隶镌“双蹲”二字，有诗，附别志。

虎头石在县南五里，其石似虎头，临宜江之滨，有诗。

古柏在旧明伦堂后，古干苍翠，郁郁[⑤]干[⑥]霄，有诗。

八景

天开石榜　地拱魁星

湘寺晓钟　茭潭晚鱼

桃洲春浪　泉峰夕照

西桥秋月　南岭霁雪

八景诗附《艺文志》

义冢万历三十九年，署印推官李汝登见枯骨暴露，鬻民间地于东西南北之近处，有《碑记》。

①黄鹤：指黄鹤楼，在武昌。
②严子之钓台：东汉严光与汉光武帝刘秀为同学，朝廷屡次征召不应，隐居富春山。山下有滩称严陵濑，为严光钓鱼处。
③阵图：八阵图。
④鹄矶：黄鹄矶。在今武汉市蛇山西北，其上有黄鹤楼。鹄，通“鹤”。
⑤郁郁：浓烈的样子，旺盛的样子。
⑥干：冲。

卷二

常宁县知县张问明主修
候选贡生　殷　铭纂修
庠　　生　刘　纶编订

营建志

营建志论

帝王创有天下，凡所以固圉[1]养尊、妥神便民者，莫不有崇宏之规以肃观瞻而昭体统，未有为民惜应供之财力，而弛不得已之役者也。京畿[2]有之，邑亦宜然。宁自宋元来，其间巨细兴作，历有成制，兵燹[3]而后，得毋尚有缺焉者乎？而宜创宜修，百废具举，以润色大平。民不虞寇盗，吏不亵[4]规模，以及理幽治明，乘传表节，上追乎盛世之休[5]，亦有心者之所宜然也。《诗》曰：民亦劳止，汔可小息[6]，事苟有裨[7]于民，无损于治，营建亦所不废焉，作《营建志》。

城池

金汤者，有形之险也，众志者，无形之险也，一若可恃，一若不可恃。然王公必设之以守者，其制然也。夫《易》设险之辞[8]，不系于乾兑之金，震巽之木，坤之土，离之火，而系于坎。坎者，水也，又互为山。宁之城左绕兴泉诸峰，已有因陵而高之势。右临砿石，众流更自有不凿而深者，其甚得先王设险之意也。

---

①圉：防御。
②京畿：国都及其附近的地区。
③兵燹：因战乱所造成的焚烧、破坏。
④亵：轻慢，冒犯。
⑤休：美好。
⑥民亦劳止，汔可小息：出自《诗经·大雅·民劳》。意为：人民也真劳苦，该让他们都歇一下。
⑦裨：增添，补助。
⑧《易》设险之辞：《周易·坎卦·彖》：“地险山川丘陵也，王公设险以守其国，险之时用大矣哉。”

夫陶公[①]之绩，洵[②]云不朽，修葺而崇起之，今幸有继陶公而兴者矣！黄一清识。

常宁旧无城。自洪武二十八年，峒寇奉虎晚、夏奇等生，发攻劫地方，乃奏调衡州卫中所官军剿镇。本所副千户邓旺议设排栅，正统八年，邓旺子邓英易栅筑城。天顺八年，副千户胡纲乃改用石甃[③]，而城制差备。成化二十三年，正千户方政重修。万历元年，知县陶敬图更新修筑，内外俱用青石，上用盖石，以为永久。城周围六百七十四丈，城脚厚十丈二尺，城身连垛口[④]高十丈五尺。四门城栱、城楼、敌台、窝铺[⑤]俱备。扁其门，东曰青阳，南曰临桂，西曰西江，北曰望湘。万历四十三年春，水泛涨西北，十带俱崩，知县刘自省捐俸重修。崇祯十一年，矿贼劫掠，城楼俱已煨[⑥]烬。顺治十二年，知县张芳修缺补坠，俸经屡捐。康熙七年，知县张问明莅任，见城垣、垛口倾颓过半，随即设措修理。又见城楼久废，椽无一存，复捐俸命匠构造，次第成功。楼之废也，迄今三十有三年矣。幸复旧制，诚一方之金汤[⑦]哉！

廨署

临百官以治天下，莅兆姓而抚方州，尊卑虽殊，体统则一。长吏之廉隅[⑧]，可不严饬乎？出治之规模，可不弘整乎？堂室馆库，贵其轩翔，此非侈一人之绮丽[⑨]，实以崇万姓之观瞻焉！《诗》

①陶公：指明朝万历初年常宁知县陶敬图。
②洵：确实，诚然，实在。
③甃：砖。
④垛口：城墙上呈凹凸形的短墙。
⑤窝铺：临时支搭以避风雨的营寨或棚子。
⑥煨：在带火的灰里烧熟东西。此处指火烧。
⑦金汤：比喻防守坚固的城池。
⑧廉隅：棱角。比喻人的行为、品行端方不苟。
⑨绮丽：鲜艳美丽。

曰：如翚斯飞，君子攸跻①，亶②其然乎！黄一清识。

县署在城西门内。正统初，知县赵忠建立，成化二十三年，知县谢廷举重修。万历元年，知县陶敬图、典史潘永朴更修。崇祯十一年，复遭兵火，知县徐兆奎重建。岁久，内外倾颓过半。康熙九年内，知县张问明捐俸修造，次第告成。

正堂三间　抱厅三间　左军器库一间

幕司厅一间　黄册库□间　君子堂三间

后二堂五间旧系竹柱茅盖，久而风雨飘淋，知县张问明捐俸鼎建，竹木平买，不费民间铢黍，扁其额曰：无逸堂。

后三堂三间栋桷颓敝过半，知县张问明捐俸重修。

东西六房各三间西三房全颓，东三房瓦椽少存，知县张问明捐俸新建、整修。

甬道牌坊一座顺治十二年，知县张芳新建，题其额外曰：式敷民德③，内曰：俨④思安定。复铭曰：勿恃己听，勿恃己明。天视天听，惟显兹民。勿恣我喜，勿恣我怒。一赏一罚，明神匪恕。勿尽锱铢，勿委泥沙，民财民力，裨尔邦家。守位曰仁，服官曰敬，勤惜分阴⑤，敢告作令。

东西脚门二间　左土地堂三间

左迎宾馆三间久废。右内监房十间

铺监房五间在县治屏墙外街左。前门三间

知县宅后衙五间　左右书房各三间

云霄庙在县宅后。典史宅正厅三间

川堂一间　后衙二间　耳房六间

旌善亭　申明亭二亭在县治左右，知县吴景明建。后知县陈勋合为劝惩

①如翚斯飞，君子攸跻：此语出自《诗经·小雅·斯干》。意思为：檐呀，像野鸟儿展翅膀，人呀，一步步地来升堂。

②亶：实在，诚然，信然。

③式敷民德：出自《尚书·盘庚下》。意思为：向民众布施恩德。

④俨：恭敬，庄重。

⑤分阴：比喻极短的时刻。

亭，在县治屏墙外街右，中列二扁，一曰：流芳百世，一曰：遗臭万年。举其善恶之尤者，列名于上，善人三名：黄帆、聂廷凤、夏应松。

阴阳学在按察司街南，知县吴景明建。 医学在按察司街南，知县吴景明建。

布政司 正堂三间 后堂三间 川堂三间

厢房三间 仪门三间 前门三间以上在县治南。正统七年，知县赵忠创，成化二年，知县谢廷举修，旋[1]废。后知县吴景明重建，今废。

按察司 正堂三间 后堂三间 川堂三间

东西厢房各三间 东西厨房各三间

仪门一座俱久废。 前门三间以上在县治北，洪武六年县丞梅焕创。成化二十年知县谢廷举修，旋废。顺治十六年，知县张芳左右各建积谷仓三间，又官厅三间，惟前门独存。

府公署 正堂三间 川堂三间 后堂三间

厨房三间 仪门一座 前门三间以上在县治西。洪武三年，知县宋维创，成化十九年，知县谢廷举重修，久废。

夫马厂三间在县治前门外左街，七里粮排共建。崇祯十四年，知县陈振藻重修。

僧会司在湘山寺。 道会司在北真观。

四城兵马司万历四年城墙修完，知县陶敬图查出军民侵占墓地，重造，每门三间。

所堂在县治东街，明正千户吕祖岩建。 抱厅三间 头门三间

竹亭一座 书房一间俱衡州卫守备李时阴建。 铁局在南城内，久废。

柏坊驿在县北三十里，原设驿丞一员，今裁，衙废。 官厅三间 头门三间

水次仓东西各七间 中建官厅三间 头门一间

河洲驿在县西二十五里，原设驿丞一员，今奉裁革，衙厅久废。

养济院在县治北城外。洪武六年，县丞梅焕创，成化二十三年，知县谢建[2]举重修，复废。万历四年，知县陶敬图重创，瓦房三间，前门一间。

---

①旋：不久。
②建：疑为“廷”。

坛壝

《周礼·地官·大司徒》：设其社稷之壝①。而坛之名历代不改。邑以二列人知为神也，几忘乎其为民矣！民以食为天，稷非土不生，土非稷无以见生生之效。故祭社必及稷，均利齐功而养人攸②赖也。山兴宝藏，川资灌汲，与夫雷动风散，云行雨施，罔非佐社稷以全民。天者也，厉③之于民，比田鼠田豕之干苗为患适同。然彼祭猫虎以制之，此藉坛以妥之，皆可不为民害，是坛壝之设，不亚于庠序。一以为养，一以为教也。圣王先成民而后致力于神，抑亦信于神而始可忠于民耳。坛维三而义则一，一者何？曰敬百姓。

社稷坛在北城外，坛四面各二丈五尺，高三尺，东南西北，陛④各三级。社有石主，长二尺五寸，方一尺一寸，剡⑤上阔下，埋其半立坛中，而稷不建主符，为一坛，左社右稷，以岁春秋仲月⑥上戊日致祭。

祭品

帛二　羊二　豕⑦二　爵⑧三

登⑨一　铏⑩二　笾⑪四形盐枣　蕘⑫鱼栗

①壝：古代祭坛四周的矮墙。
②攸：所。
③厉：祸患，危险。
④陛：台阶。
⑤剡：削，刮。这里指狭小。
⑥仲月，指每季的第二个月，即农历二、五、八、十一月。春秋仲月，即农历二、八月。
⑦豕：猪。
⑧爵：盛酒的礼器，形似雀，青铜制，有流、两柱、三足，用以温酒或盛酒，盛行于殷代和西周初期。
⑨登：古代祭器名。
⑩铏：古代盛羹的小鼎，两耳三足，有盖。
⑪笾：古代祭祀和宴会时盛果品等的竹器。
⑫蕘：干的食物。

豆[1]四韭葅[2]鹿醢[3] 菁葅醯醢[4] 簠[5]二黍稷 簋二稻粱 乐用鼓吹

风云雷雨山川坛在南城外。旧制，天下郡邑，得祀封内山川。明洪武间，令祭风云雷雨、境内山川之神并城隍，共为一坛。而设三位，中祀风云雷雨之神，左祀境内山川之神，右祀城隍之神，以岁春秋仲月上巳日致祭。

祭品

帛七 羊三 爵三 铏二

笾四 豆四 簠二 簋二 乐用鼓吹

邑厉坛在北城外。祭期以岁清明、中元[6]及十一月朔日[7]，凡三祭。先期迎城隍之神于坛上，祭之日，榜[8]无祀鬼神，于坛下左右而祭之。

祭品

坛上 羊一 豕一 坛下左右 羊各一

豕各一 菓四 爨饭

冥衣数百具

社稷山川祭用鼓吹，兹不用鼓吹，所以别尊卑也。

祠庙

《祭法》[9]：以死勤事，以劳定国则祀焉。能御大灾，能捍大患，则祀焉。其得胪[10]以俎豆[11]者，即其得崇以榱[12]桷[13]者也。城

①豆：古代盛肉或其他食品的器皿，形状像高脚盘。
②韭葅：是指以酰酱腌渍之韭菜。
③鹿醢：鹿肉制成的酱。
④醯醢：指鱼肉做成的酱。
⑤簠：古代盛食物器具，圆口，双耳。
⑥中元：农历七月十五（在广大南方地区俗称“七月半”）。
⑦朔日：农历每月初一。
⑧榜：张贴出来的文告或名单。
⑨《祭法》：《礼记》中的一篇。
⑩胪：祭祀。
⑪俎豆：俎和豆，都是古代祭祀用的器具。
⑫榱：椽子。
⑬桷：方形的椽子。

隍显祐于一邑，御灾捍患昭[1]其灵，祠所以云报也；忠义英烈于千古，死事劳国著其功，祠所以示劝也。推之，而凡立祠以彰劝报，皆不名滛[2]。则虽构土木之繁，饰丹涂之彩，固可与夏禹、泰伯[3]诸祠永存不朽。否且难免于仁杰[4]之奏而毁之，胡颖[5]之过而焚之也，奚所取于营建而并志之为？

城隍庙在县治南街西。洪武三年，知州宋维始建。正统七年，知县赵忠重修，岁久复坏。成化二十二年，知县谢廷举重创。万历四年，知县陶敬图鼎建。万历四十三年，知县刘自省增修。

正庙三间　左右道房十间　川堂一间

寝庙五间　右边厨房一间　拜亭三间

左右回廊十间　丹墀内左边钱库一座，右边拜亭一座。

左官厅一间　官房□间新官上任，于此斋宿。

后殿玉皇阁楼三间　头门牌坊一座久颓，康熙九年知县张问明捐俸鼎建。

关帝庙在县治后北城内。万历三十九年，署印推官李汝登建牌坊一座于街口，扁曰：忠义坊。万历四十三年，敕封三界伏魔大帝神威远镇天尊，知县刘自省复新神像一座，有扁。

旗纛庙在县治北所堂之后，衡州卫守备李时荫建。

三皇祠在南城外。前殿立三皇像，后有雨华堂三间，像、殿、堂渐颓，知县张问明重修。住持僧从训。

水府祠在西桥之右。

---

①昭：表明，显示。
②滛："淫"的讹字。指名不副实。
③泰伯：又称吴太伯，吴国第一代君主，东吴文化的宗祖。姬姓，父亲为周部落首领古公亶父，兄弟三人，排行老大；两个弟弟分别是仲雍和季历。父亲传位于季历及其子姬昌，太伯和仲雍避让，迁居江东，建国勾吴。
④仁杰：唐朝时任武则天宰相的狄仁杰，曾毁淫祠。
⑤胡颖：南宋名吏，曾杀蛇，毁淫祠。

荧惑祠在县南城外。万历三年，知县陶敬图见时有回禄[①]之灾，建祠以禳[②]之。知县张问明重修。

五显祠在南城内，预备仓后。崇祯六年，千户崔陛重建。祠后创立宝华庵，久为兵火颓废。

七即祠在县东城内，兵火久废。康熙五年，庠生吕左盈纠众复建。

柳仙祠在县治前大街。

龙祖庙在西阳保。元时开创，洪武七年，庙祝唐贵修造。

梓潼庙在西城外上街，久废。

通天庙在县北二十里有栖霞山，高数千丈。庠生阳生色建庙其顶。庙前后松柏丛茂。四时常有烟霞，为庠生刘纶读书处。顺治十二年，知县张芳过之，赠以联云：居由不负士心，呼吸可通帝座。

驿铺

驿铺之于国家诚重矣！王人之纶綍[③]，官司之羽檄[④]，胥[⑤]于是乎通焉。其在都会与郡邑，繁简不同，况瘁[⑥]无异。独念供亿劳矣，当思何以忘其劳驰递困矣，当思何以恤其困，是在留心民瘼者尔黄一清识。

本县所辖铺舍一十二处，创自洪武初年，至正统七年，知县赵忠重建，成化二十一年，知县谢廷举重修。

每铺正厅三间　东西耳房各三间　邮亭一座

前门一间　门前过路亭三间　县前总铺

金塘铺　东冲铺　沙江铺往耒阳县　大陂铺

①回禄：相传为火神之名，引申指火灾。
②禳：祈祷消除灾殃。
③纶綍：指天子的诏书。
④羽檄：古代军事文书，插鸟羽以示紧急，必须迅速传递。
⑤胥：皆，都。
⑥况瘁：劳累。

长冲铺　黄茅铺　石盘铺　弥勒铺往桂阳州

玉水铺　蓝田铺　柏坊铺往衡阳县

润泽坊冷铺一间　南门外冷铺一间

知时泉冷铺一间　儒学前冷铺一间

西河冷铺一间

关市

周制：门关谨出入，辨之以节，杜乱萌也。弃繻[①]真伟人，鸡鸣之诈，未可不防。宁无四塞之固，虽击柝足待暴客[②]，而重门未表天关。乃若贸迁[③]化居[④]，义取日中[⑤]。先王重厥制，于朝宫、祖[⑥]社[⑦]间过者第[⑧]其罚。后世不务本[⑨]而逐末[⑩]，市且棋布矣。然而五都之牣[⑪]，于宁何有？倘命纳价[⑫]于大史[⑬]，庶其免于滛僻[⑭]乎！

烟竹湖市在县东三十里。　梅埠桥市在县东三十里。

客铺市在县东三十里。　衡头市在县东五十里。

阳隔洲市在县东六十里。　招源市在县东七十里。

---

①弃繻：典出《汉书》卷六十四下《终军传》。繻，帛边。书帛裂而分之，合为符信，作为出入关卡的凭证。“弃繻”，表示决心在关中创立事业。后用为年少立大志之典。

②击柝足待暴客：柝：打更用的梆子。设置重重门户，并派更夫巡夜。指严加戒备，以防不测。《周易·系辞下》：“重门击柝，以待暴客。”

③贸迁：贩运买卖。

④化居：谓居货为贾。化，古“货”字。

⑤义取日中：《易经·系辞下》：“日中为市，致天下之民，聚天下之货，交易而退，各得其所。”意思为，在中午开设市场，召集各地的民众，聚集了各地的货物。交易之后，各自得到了想要的东西就离开了。

⑥祖：始庙。

⑦社：古代指土地神和祭祀土地神的地方。

⑧第：尽管，只管。

⑨本：农业。

⑩末：商业。

⑪五都之牣：流通于都市之间的货物很多。牣：满满的，很多。

⑫纳价：纳税。

⑬大史：疑有误。可能为“太宰”。

⑭滛僻：即“淫僻”。滛，“淫”的讹字。淫僻，即邪恶不正。

白沙堡市在县东七十里。 回龙市在县南五十里。

河洲市在县西二十五里。 江口市在县西北三十里。

柏坊市在县北三十里。

津渡

水为地之筋脉，所以别疆画野也。于气为太柔，而化[①]物之走，迅激淼茫[②]，固未易冲波而去。即天根[③]见而水涸[④]，亦有难于徒涉者。舟楫之利，以前民用，斯非王者之器乎？

柏坊渡在县北三十里衡阳界。 白马渡在县东五十里耒阳界。

河洲渡在县西二十五里祁阳界。

桥梁

卧影波流之中，辐辏驰骋于其上，若坦坦而履道。然古所称安舟者，非乎？徒杠[⑤]、舆梁[⑥]，岁时继兴，纪政体也。水之浒，江之滨，无徘徊于道阻，弗致叹于一方，则偿民粟以修圯覆[⑦]，治绩之懋[⑧]，亦其一节云。

廉政桥在县西门外。宋淳祐甲辰[⑨]岁建，至元皇庆癸丑[⑩]，达鲁花赤[⑪]金刚奴

①化：古“货”字。
②淼茫：因没有把握而难以预期。
③天根：星名。即氐宿。东方七宿的第三宿，凡四星。《国语·周语中·单襄公论陈必亡》：“天根见而水涸。”“见”，同“现”。
④涸：水干。
⑤徒杠：可供人行走的小桥。
⑥舆梁：能够行车马的桥。
⑦圯覆：圯，桥；覆，塌坏，倒塌。
⑧懋：美。
⑨淳祐甲辰：南宋淳祐四年，即1244年。
⑩皇庆癸丑：元皇庆二年，即1313年。
⑪达鲁花赤：头目、领袖。元代在中外各官署主管以外，都设置达鲁花赤一员，由蒙古人担任，以监视汉官。

敦武[①]重建。事详元进士宗道传《记》[②]。成化二十一年，洪水冲倒。二十三年，中所正千户[③]方政、知县谢廷举重易以石。天启元年，知县樊来聘捐俸重修，有记。

通津桥在西门外一丈许[④]。因廉政桥在县治之右，为白虎手，故另凿此桥，以杀其势。

见龙桥在县南儒学之右，嘉靖壬戍[⑤]知县萧铠建，久废。

步云桥在县治北门外。元科甲捷音至日，父老俱于此候其归，遂名步云。岁久颓塌。成化十六年，知县吴景明、中所千户胡海重修。崇祯九年，通判[⑥]摄[⑦]县事薛之奇重修，又名曰薛公桥。

北门桥在县北门外壕上。成化二十二年，千户方政建。天启七年，知县卢梯重修。康熙十二年春，桥左崩丈余，知县张问明捐俸助修。庠生刘纶有募修。引附《艺文志》。

曲潭桥在县治东。成化二十二年，知县谢廷举重修，上有亭。知县许肇、赵泮各有诗，入府志。康熙十一年春，水泛涨，倾塌一栱，知县张问明给银二十两，纠[⑧]庠生李良槱、李良枢、李长舒、长发、长旦、长秋、长秀等捐资鸠工[⑨]，共襄厥成。

宁石桥在儒学左，久废。

南石桥在南城外一里。成化二十二年知县谢廷举重修。

益后桥在县西一里。成化十三年建后，洪水冲颓，邑民李广重修，今名李广桥。

---

①金刚奴敦武：人名。
②本志卷十《艺文志》有宗道传写的《廉政桥记》。
③中所正千户：千户，官名，金朝始置，为世袭军职。初专授予汉人降臣，后也用以称女真军事组织猛安。成吉思汗统一蒙古后封功臣，也用此名，又称千夫长，共九十五人。元朝于各路设千户所，置千户为长官，隶属于万户，下领百户。以统兵数量分为上、中、下三等。七百人以上为上千户所，五百人以上为中千户所，三百人以上为下千户所。明朝沿置为千户所长官，正五品。隶属于卫，下设百户。
④许：表示约略估计的词，意思为大约、左右。
⑤嘉靖壬戍：嘉靖无壬戍年，只有壬戌年，“戍”或为“戌”之误。嘉靖壬戌，为嘉靖四十一年，即1562年。
⑥通判：官名。在州府的长官下掌管粮运、家田、水利和诉讼等事项，对州府的长官有监察的责任。又名同判。
⑦摄：代理。
⑧纠：集合。
⑨鸠工：意思为聚集工匠。

下廊桥在县东门外。成化十年千户吕祥重建。

兴隆桥在县西十五里，成化二十三年千户方政建。

小陂桥在县东四十里斛林保。万历二年，知县陶敬图重建，有碑。

洪宁桥在县北二十里。弘治四年知县许升重建，有古碑，建亭其上，扁曰憩亭，后为火焚。康熙八年，知县张问明捐俸复建。

土陂桥在县西三十里。崇祯六年孟春，邑民黄廉政重修，知县刘绍璇捐俸助之，有碑记[①]。

泉江桥在县南十里。崇祯四年，邑民黄廉政重建。

山坊桥在县东十里。邑民贺正贤募建，知县刘绍璇有碑。后李长舒重修。

文家桥在县西五里。成化二十二年千户方政建。

亭台

接官亭在县北五里。万历三十九年，本府推官李汝登署县事创建，今颓倾。

憩亭在县北十五里。顺治九年，知县朱瑛建于洪宁桥之上，扁曰憩亭，后为火焚。康熙八年，知县张问明重建。

观德亭在旧学儒林坊之南。成化十九年，知县谢廷举创建，今颓倾。

楼阁

迎旭楼在东门外。本县迎春，旧无坛宇，每逢阴翳[②]，官吏、师生俱衣朱紫立风雨中，祀事苟简。万历二十四年，乡耆刘麓议建春亭。工竣，知县陈勋题其扁，曰：迎旭楼。

仰廉楼在城西廉政桥之下，万历十九年，知县陈勋创建。

观音阁在廉政桥西岸。

青云阁在城东下廊桥之左。

①收入本志第十卷《艺文志》。
②翳：阴霾，阴云。

坊表

君子高其行，远其志，深其根本。根本固，则世故之风雨不摇。舞翼凌云，展足度涧，逍遥与日月并流，宁[1]区区[2]藉坊以表异哉！虽然，大朴[3]之风邈[4]，则高标不可以不显；道义之气微，则勋节不可以不彰。故训方型俗，静一流竞[5]，坊表亦所必纪焉殷铭识。

澄清坊在县治东，按察司前。

集贤坊在县西。

中和坊在县治南街。

润泽坊在县治南。

孝敬坊在县治北街。

儒林坊在旧学右。

文润坊在旧学左。

平政坊在县前。

绍芳坊在旧学南街。

世科坊在县治东。

宣化坊在县前西。

承流坊在县前东。

忠义坊在关帝庙巷口。

贞节坊钟氏夫死，不嫁，守节坚贞。知县吴景明，申详[6]院道，题请奏可。行文司府，建立石坊，以表其节，坊在北城楼左。

善民坊成化十二年，岁大饥，廖璜输粟赈济，有司申请奏立牌坊，今见存下液保。

---

①宁：岂，难道。
②区区：（数量）少；（人或事物）不重要。
③大朴：即“太朴”，原始质朴的大道。桓温：《荐谯元彦表》：“太朴既亏，则高尚之标显。”
④邈：高远，超卓。
⑤流竞：（为官职）奔走争逐。
⑥申详：向上级官府详细呈报。

卷三

常宁县知县张问明主修
候选贡生　殷　铭纂修
庠　　生　刘　纶编订

赋役志

赋役志论

古国用无定制也，岁杪[①]而后成之。要皆因乎其地，视乎其时，而丰歉盈绌[②]之数剂焉。则是赋役者，以无制为有制，而所泽[③]于民者大也！宁邑幅员百里，明初田仅八百五十顷三十六亩有奇[④]耳。至万历之九年，户口日增，人满土稀，遂丈，增二千三百七十四顷四十九亩零数[⑤]，几[⑥]两倍焉。其时海内殷庶[⑦]，民未苦追呼[⑧]。及经兵燹[⑨]之余，土满人稀，田卒汙莱[⑩]。且地僻而瘠，无大江之涉，可利商贾。民无赢余，而止治稼穑[⑪]。夫稼穑之所获几何哉？丰年谷登[⑫]，瘦亩亦仅二三石耳。岁课资其中，衣食、宾客、丧祭，资其中，而夭厉[⑬]疾札[⑭]无论焉。夫以有限之入，供无穷之出，职司牧[⑮]者而欲上之有以足乎国，下之有以裕于民，调剂之道，斯为难耳！作《赋役志》。

①杪：指年月或四季的末尾。
②绌：不足，不够。
③泽：恩泽，恩惠。
④奇：多一点。
⑤零数：以千、百等为完整计数外的余额。
⑥几：将近，相去不远。
⑦殷庶：富裕，富足，殷实。
⑧追呼：指收税官吏的追喊、呼叫。
⑨兵燹：因战乱所造成的焚烧、破坏。
⑩汙莱：谓田地荒废。莱，指田废生草。
⑪稼穑：耕种收获。泛指农业劳动。
⑫登：谷物成熟。
⑬夭厉：亦作“夭疠”。因遭疾疫而早死。
⑭札：夭死。
⑮司牧：管理，统治。

田赋

原额田二千一百二顷七十四亩七分二厘五毫。内：

上田五百八顷一十八亩九分八厘一毫每亩科秋粮民米五升一合[①]五勺[②]二抄[③]二圭[④]六粒八粟。该米二千六百一十八石二斗七合五勺每石并新加颜料，共派银四钱九分三厘三毫三丝[⑤]二忽[⑥]八微[⑦]六尘[⑧]三纤[⑨]一渺[⑩]九漠七茫。该银□千二百九十一两六钱四分七厘八毫二忽四微二尘八渺五漠每亩科官米一合四勺五抄八撮[⑪]七圭二粒二粟。该米七十四石一斗三升八合七勺每石照前则例派征。该银三十六两五钱七分五厘五丝七忽一微四尘四纤六渺每亩科夏税米一合三勺五抄五撮七圭。该米六十八石八斗九升九合五勺每石派银四钱五厘二微一纤。该银一十七两九钱四厘四毫一丝二忽。

中田七百六十二顷五十四亩八分六毫每亩科秋粮民米四升二合。该米三千一百二石七斗一合八勺每石照前则例派征。该银一千五百七十九两九钱九分八厘四丝八忽九微六尘二渺每石科官米一合四勺五抄八撮七圭二粒二粟。该米一百一十一石二斗三升九合五勺每石照前则例派征。该银五十四两八钱七分八厘一毫一忽四尘二纤□渺每亩科夏税米一合三勺五抄五撮七圭。该米一百三石三斗八升八合七勺每石照前则例派征。该银四十一两八钱七分二厘四毫四丝四忽三微。

下田六百五十顷四十六亩五分四厘六毫每亩科秋粮民米三升二合。该米二千八十一石四斗八升九合五勺每石照前则例派征。该银

①合：中国市制容量单位，一升的十分之一。
②勺：中国市制容量单位，一升的百分之一。
③抄：匙子，小勺。
④圭：古代容量单位，一升的十万分之一。
⑤丝：计量单位名，十忽是一丝，十丝是一毫。
⑥忽：重量单位。
⑦微：古代极小的量度单位。一寸的百分之一，或一两的百万分之一。
⑧尘：重量单位。十埃为“尘”。
⑨纤：古代计量单位，一寸或一两的千万分之一。
⑩渺：古代计量单位，数量极轻微。后面的“漠”“茫”也是。
⑪撮：容量单位，等于一升的千分之一——用于可用手或工具撮取的粉粒状物。

一千二十六两八钱六分七厘一毫七丝四忽七微四尘九纤五渺每亩科官米一合四勺五抄八撮七圭二粒二粟。该米九十四石八斗九升四合八勺每石照前则例派征。该银四十六两八钱一分四厘七毫二丝三忽四微七尘六纤五渺每亩科夏税米一合三勺五抄五撮七圭。该米八十八石一斗九升三合六勺每石照前则例派征。该银三十五两七钱一分九厘四毫二丝五忽七微。

山乡田一百八十一顷三十四亩三分九厘二毫每亩科秋粮民米二升六勺四抄四撮五粒□粟。该米三百七十四石三斗六升七合四勺每石照前则例派征。该银一百八十四两六钱八分七厘七毫四丝一忽三微二尘九纤六渺每亩科官米一合四勺五抄八撮七圭二粒二粟。该米二十六石四斗五升九合一勺每石照前则例派征。该银一十三两五分三厘一毫四丝三忽五微六尘六渺每亩科夏税米一合三勺五抄五撮七圭。该米二十四石五斗八升五合八勺每石照前则例派征。该银九两九钱五分三厘五毫四丝。

原额地四十四顷一十一亩八分七厘五毫每亩科桑丝一钱五分二厘九毫一丝四忽六微。该丝四十二斤二两六钱四分每斤派银五钱八分九厘九毫二丝五忽二微七尘五渺。该银二十四两七钱九分二厘三毫三丝七忽。

原额塘二百二十七顷六十二亩七分六毫。内：

上塘四十三顷三十四亩一分三厘七毫每亩科秋粮民米四升二合。该米一百八十二石三升三合七勺每石照前则例派征。该银八十九两八钱三厘二毫六忽四微一尘九纤三渺每亩科官米一合四勺五抄九撮五粟。该米六石三斗二升三合五勺一抄每石照前则例派征。该银三两一钱一分九厘五毫九丝五忽二微九纤四渺每亩科夏税米□合三勺四抄九撮八圭□粒八粟。该米五石八斗五升三勺每石照前则例派征。该银二两三钱六分九厘三毫七丝二忽。

中塘一百一顷六十亩三分一厘六毫每亩科秋粮民米三升一合九勺九抄九撮九圭。该米三百二十五石一斗二升九合一勺每石照前则例派征。该银一百六十两三钱九分六厘八毫六丝九忽八微一尘二纤七渺每亩科官米一合四勺五抄九撮。该米一十四石八斗二升三合九勺每石照前则例派征。该银七两三钱一分三厘一毫一丝七忽三尘七渺每亩科夏税米一合三勺四抄九撮八圭一粒八粟。该米一十三石七斗一升四合六勺每石照前则例派征。该银五两五钱五分六厘六毫六丝。

下塘八十二顷六十八亩二分五厘三毫每亩科秋粮民米二升六勺四抄四撮。该米□百七十石六斗八升九合八勺每石照前则例派征。该银八十四两二钱六厘八毫八丝七忽七微五尘五纤五渺每亩科官米一合四勺五抄九撮。该米一十二石六升三合四勺每石照前则例派征。该银五两九钱五分□厘二毫七丝一忽六微六尘一纤九渺五漠每亩科夏税米二合三勺四抄九撮八圭一粒八粟。该米一十一石一斗六升六勺每石照前则例派征。该银四两五钱二分五毫四丝六忽。

以上田、地、塘共二千三百七十四顷四十九亩三分六毫。

共科秋粮官民米九千二百九十四石五斗六升一合七勺一抄。

额征并新加颜料银四千五百八十五两三钱一分二厘七毫四丝五微七尘三纤五渺。

科夏税米三百一十五石七斗九升三合一勺。

额征银一百二十七两八钱九分六厘四毫。

料[①]桑丝四十二斤二两六钱四分。

额征银二十四两七钱九分二厘三毫三丝七忽。

田地荒芜

国朝顺治年间，时因兵燹，田地荒芜，合县呈报荒秋粮，除开垦外，实荒秋粮夏税米一百五十八石六升三勺一抄六圭二粒。

除无征银七十五两八钱五厘三毫四丝七忽九微四尘八渺。

实存成熟并开垦秋粮夏税米九千四百五十二石二斗九升四合四勺九抄九撮三圭八粒，实征成熟并开垦银四千六百三十七两四钱三厘七毫九丝二忽六微三尘二纤七渺。

康熙九年内，知县张问明奉抚院卢通察捏报垦荒之积弊并逃亡荒粮之包赔，本县共册报顺治十四五六八年，康熙二三四年捏

①料：应为“科”。

垦秋粮米四百六十五石一斗四升三合三勺三抄四撮八圭二粒五粟。又册报康熙二三年逃亡荒秋粮米六百七十四石六斗五升一合四勺八抄四撮，蒙抚院卢具题[①]，奉部复久豁除可垦之田外，实捏垦逃荒包赔粮九百五十八石三斗二升四合八勺一抄八撮八圭二粒五粟。

实成熟秋粮夏税米八千四百九十三石九斗六升九合六勺八抄五圭五粒五粟。

一地亩另派九厘辽饷[②]

万历四十六七八年，加增九厘正扛饷银二千七百三十八两五厘二毫四丝六忽二微。

除荒银四十五两九分六厘四毫五丝一忽七微三尘四纤二渺。

又除捏垦逃荒包赔银二百八十二两三钱四厘六毫九丝一忽九微八尘八纤一渺。

实征银二千四百一十两六钱四厘一毫二忽四微七尘七纤七渺。

南粮

额征江南本色正米二千一百三石二斗每秋粮一石派征米三斗三升三合八勺七抄二撮六圭五粒二粟。每正米一石派征二五耗二斗五升，该米七百七十五石八斗每秋粮一石派征米八升三合四勺六抄八撮一圭六粒五粟。共正耗米三千八百七十九石除荒无征米六十二石四斗八升七合八勺五撮八圭四粒六粟，又豁除捏垦逃荒米三百九十九石九斗四升八合六抄三撮。实征正耗米三千四百一十六石五十六升四合一勺三抄一撮一圭五粒四粟，另正米一石，派征驴脚米一斗五升每秋粮一石，派征米五升八

①具题：题本上奏。
②辽饷：亦称“新饷”，明朝后期加派的税赋名。

抄八圭九粒八粟。该米四百六十五石四斗八升奉文每石折银一两。该银四百六十五两四钱八分内以二钱给解役。该银九十三两九分六厘除荒银一两四钱九分九厘七毫一忽六微二尘七纤六渺，又豁除捏垦逃荒包赔银九两五钱九分八厘九毫三丝四忽八微二尘五渺八漠。实征银八十一两九钱九分七厘三毫六丝三忽五微五尘一纤八渺二漠八钱充饷。该银三百七十二两三钱八分四厘除荒银五两九钱九分八厘八毫六忽五微一尘七渺，又豁除捏垦逃荒银三十八两三钱九分五厘七毫三丝九忽二微八尘二纤三渺二漠。实征银三百二十七两九钱八分九厘四毫五丝四忽二微六纤九渺八漠。

漕粮

额征兑军本色正米一千四百三十七石三斗每秋粮一石，派征米一斗五升四合六勺三抄八撮八圭一粒二粟。每正米一石派征四耗米四斗，该米五百七十四石九斗二升每秋粮一石派征米六升一合八勺五抄五撮五圭二粒三粟。共正耗米二千一十二石二斗二升除荒无征米三十二石四斗一升五合三勺六抄五撮四圭七粒三粟，又除捏垦逃荒包赔米二百七石四斗七升一合八勺九抄四撮三圭六粒五粟。实征米一千七百七十二石三斗三升二合七勺四抄一圭六粒二粟。

另正米一石派征里纳盘脚米二升，船脚米七升每秋粮一石派征米一升三合九勺六撮七圭三粒。该米一百二十九石三斗五升七合除荒无征米二石一斗八升二合二勺二抄五撮九圭三粒，又除捏垦逃荒包赔米一十三石三斗三升三合八勺七抄三撮四圭七粒二粟。实征米一百一十三石八斗四升九勺五圭九粒八粟，又于康熙十一年奉文每漕粮正米一石，题复原载全书内。二耗赠贴米二斗，共该米二百八十七石四斗六升每秋粮一石派征米三升九勺二抄七撮七圭六粒三粟。除荒米三十四石一斗六升九合六勺八撮五圭四粒八粟。实征米二百五十三石一斗九升三勺九抄一撮四圭五粒二粟。

人丁

原额人丁二千二百八十一丁。

额征银八百九十五两九钱八分三厘八丝九忽二微。

新增人丁七丁，征银二两九钱二分九毫一丝二忽二微二尘五纤。

新增颜料三十六两七钱三分一厘八毫二丝，额征并新加共银九百三十五两六钱四分四厘二毫二丝一忽五微二尘五纤。

康熙十年内，知县张问明具详抚院卢题请，奉部复久豁除康熙二三两年逃过人丁五百六十一丁，豁除逃丁包赔银二百二十九两三钱九分六厘四毫一丝九忽二微九尘三纤二渺。

实在人丁一千七百二十七丁。

实征丁银七百六两二钱三分九厘七毫二忽二微三尘一纤八渺。

以上共地丁二项条辽并南漕脚米，折除优免外，共额征银八千八百七十七两一钱二分二厘八毫四丝五忽二微九尘八纤五渺。

除荒银一百二十八两四钱三毫七忽八微一尘三纤三渺又豁除捏垦逃荒包赔丁粮银一千三十四两七钱二分三厘七毫二丝七忽九微九尘七纤七渺。实征银七千七百一十三两九钱九分八厘八毫九忽四微八尘七纤五渺。

起运

地丁钱粮，并康熙六年议裁河洲、柏坊二驿俸食及额外新增人丁共银五千五百八十四两二钱二分四厘二毫九丝九忽五微九尘八纤五渺除荒银四十七两四钱二分八厘二毫八丝一忽七微三尘四纤二渺，又豁除捏垦逃荒包赔银六百六十两八钱六厘三毫二丝七忽九微二尘三纤四渺。实征银四千八百七十五两九钱九分一厘六毫八丝九忽九微四尘九渺。

各部寺解费银一十九两四钱八分五厘六毫一丝九忽除荒银四钱八分七厘八毫一丝三忽三尘一渺，又除捏垦逃荒包赔银二两九分七厘八毫六丝四忽三尘五纤一渺。实征银一十六两八钱九分九厘九毫四丝一忽九微三尘四纤八渺。

随漕浅船并驴脚克饷共银八百二十一两四钱九厘九毫八丝五忽除荒银一十六两四钱一分八厘四毫九丝四微三尘七渺，又豁除捏垦逃荒包赔银七十五两五分八厘五毫八忽五微四尘四纤五渺二漠。实征银七百二十九两九钱三分二厘九毫八丝六忽二尘四纤七渺八漠。

江济水夫银一百六十一两一钱四分二厘三毫四丝五忽除荒银三两六钱八分七厘三毫四丝二忽六微，又豁除捏垦逃荒包赔银一十二两七钱六分五厘九毫九丝四忽三尘。实征银一百四十四两六钱八分九厘八忽三微七尘。

拨运存留

官役俸薪工食驿站夫马祭祀并驴脚给解役共银二千二百九十两八钱五分八厘五毫九丝六忽七微除荒银六十两三钱七分八厘三毫八丝一尘八纤三渺，又豁除捏垦逃荒包赔银二百八十三两九钱九分五厘三丝三忽四微六尘四纤六渺八漠。实征银一千九百四十六两四钱八分五厘一毫八丝三忽二微一尘七纤二漠。

丁粮外派

黄蔴线胶正扛银一十五两二钱三分七厘六毫三丝四微系鱼户出办。

黄峒□[①]丈徭田山花银一十五两系徭田出办。

本县商税钞银一十两四钱二分三厘五毫七丝三忽系铺户出办。

班匠银一十四两四钱系匠户出办。

新征麂皮京扛银四钱九分六厘八毫豁除捏垦逃荒包赔银六分四厘七毫三丝五忽。实征银四钱三分二厘六丝五忽。

①原文字迹模糊不清。

优免

原额生员每名免粮二石，丁二丁。

国朝[①]仍照例优免由单内载。有免粮二百九十石九斗九升二合六勺每石免银二钱一分九厘五毫一丝七忽九微六尘八纤四渺。共免银六十二两八钱七分八厘一毫奉文扣解充饷。有免丁一百九十三丁每丁免银三钱一分一厘六毫九丝一忽三微七尘九纤六渺。共免银六十两一钱五分六厘四毫四丝除免本身一丁外，余银扣解充饷。粮丁杂徭概免。

按旧例，有十年一轮之大差，里胥视小民为奇货，网罗包贴，扼吭[②]而食，不大餍[③]所欲不止，苦累久之。康熙十一年奉大中丞卢公咨询利弊，士民公议兴革，撤去大差，举行均徭，具呈本县，申详诸上宪[④]，屡经批，久在案，复勒石于仪门外，从十二年一甲为始，永遵定制。是役也，穷檐蔀[⑤]屋，靡不私相庆祝，曰起敝扶衰，端赖斯举。安得继起者皆清白吏，护持善法，毋为奸胥伺意旨、侈奉献，以长享于春台夏屋中也，子孙丰豫[⑥]系之矣。

赋役箴

段　铭

赋一也，而赋之之法不一。爱民者以轻为德，残民者以重为

①国朝：这里指清朝。
②扼吭：扼住喉咙，夺走吃的东西，比喻使人处于绝境。扼，用力掐着；吭，同“亢”，咽喉。
③餍：满足。
④上宪：指上司。
⑤穷檐蔀屋：指穷人。蔀：指搭棚用的席。
⑥丰豫：谓非常舒服安逸，富盛安乐。

威。夫爱之弃之，民亦惟邑长是听耳，独不闻夫东野毕之御乎[①]，求马不已，穷其力，势将佚，括民之财何以异此！宁，瘠邑也，厥田为中下，而农之所生，仅一稻，以视夫三农生九谷者有差。虽然，土地之所出有厚薄，令长之所入有繁简。简可以济薄，繁则虽厚勿裕也。由今日以思往昔，其为田卒汙莱者何地乎？其为鸿雁干[②]飞者何时乎？其为竭泽而渔者，苛其制，迫其期，征其耗，挺险走利，若水之趋下，流四方亡[③]择焉，伊谁氏之烈哉？夫民者，天之所生，生之斯爱之矣。民不生，则天气为之舛错。故残民以逞者，天必报之。况乎反裘负薪[④]，皮尽而毛无所傅，人事又寻相至也。良令之于民何如哉？罢不艺[⑤]之征，无追呼之扰，出其心计以与民谋，罔[⑥]非厚本而重农。畇畇[⑦]原隰[⑧]，土物惟爱，殆谓是欤！滋货贿则沦弃于时，赋从其重也；好清修则显荣于世，赋从其轻也。轻重荣辱之间，可不慎哉！

①东野毕之御乎：《孔子家语·颜回第十八》：鲁定公问于颜回曰："子亦闻东野毕之善御乎？"对曰："善则善矣，虽然，其马将必佚。"定公色不悦，谓左右曰："君子固有诬人也。"颜回退，后三日，牧来诉之曰："东野毕之马佚，两骖曳两服入于厩。"公闻之，越席而起，促驾召颜回。回至，公曰："前日寡人问吾子以东野毕之御，而子曰善则善矣，其马将佚，不识吾子奚以知之。"颜回对曰："以政知之。昔者，帝舜巧于使民，造父巧于使马，舜不穷其民力，造父不穷其马力，是以舜无佚民，造父无佚马。今东野毕之御也，升马执辔，衔体正矣，步骤驰骋，朝礼毕矣，历险致远，马力尽矣，然而犹乃求马不已，臣以此知之。"公曰："善！诚若吾子之言也，吾子之言，其义大矣，愿少进乎。"颜回曰："臣闻之，鸟穷则啄，兽穷则攫，人穷则诈，马穷则佚，自古及今，未有穷其下而能无危者也。"这个典故告诫统治者，要慎用民力，不要对老百姓剥削太甚。

②干：竭尽。

③亡：无。

④反裘负薪：形容贫穷劳苦。

⑤艺：极限。

⑥罔：无，没有。

⑦畇畇：形容田地平均整齐。

⑧原隰：平原和低下的地方。《诗经·小雅·信南山》："畇畇原隰，曾孙田之。"

卷四

常宁县知县张问明主修
候选贡生　殷　铭纂修
庠　　生　刘　纶编订

学校志

学校志论

学校为风化本原之地，德业文章所由出焉。国家右①文崇儒，往往他务未遑②，而惟以建学释奠③为急，非徒竞浮饰④，亦以隆先圣，俾人假观瞻而生敬勗⑤也。故殿庑⑥必期崇宏⑦，而凡系于学之典制与附于学之创造，无不完且备焉。宁庠⑧建自宋、元，期间递⑨废递兴，几历年代，即有奋然更始，榱桷⑩一新，犹未免有名存而实亡者。兹已备一时文物之观，而彰盛世崇儒之治，其肯曰异人任乎？若夫条教典籍，非梯荣⑪之具，俎豆⑫笙琴，悉养德之资。一切崇先型而翼⑬雅化者，实于行谊⑭事功有深求之义，多士⑮尚崇正学，励实修，以无负朝廷储才意哉。作《学校志》。

文庙

在县治南门外，宋建，元末毁于兵。洪武八年，县丞金彦和

---

①右：崇尚，重视。
②未遑：无暇，未及。
③释奠：古代在学校设置酒食以奠祭先圣先师的一种典礼，出自《礼记·王制》。
④浮饰：浮华。
⑤勗：同“勖”，勉励。
⑥庑：堂下周围的走廊、廊屋。
⑦崇宏：高大宏伟。
⑧庠：古代称学校。
⑨递：轮流，交替。
⑩榱桷：屋椽。
⑪荣：富贵，显达，光耀，光荣。
⑫俎豆：“俎”和“豆”，都是古代祭祀用的器具；俎豆也有奉祀、祭祀、崇奉的含义。
⑬翼：帮助，辅佐。
⑭行谊：品行，道义，事迹，行为。
⑮多士：古代指众多的贤士。也指百官。

重创。历久颓敝，成化十九年，知县谢廷举重修。万历七年，知县吴景明重修。万历四十三年，知县刘自省重建正殿、两庑、两斋①。崇祯九年，知县徐兆奎重修，更新建棂星门，周围增砌石坡。顺治十七年，知县张芳加意作人，取士子而课训之，八年间如一日，时人文称盛焉。而科甲寥落如故，爰捐俸改建。文庙旧向寅申，易取甲庚，教谕张我昌、庠生蹇叔裔、黄国泰董②其事，栋桷③榱④楹⑤，焕然一新。明伦堂方兴工而去任。越六载，为康熙之七年，知县张问明始莅⑥任，遂动扶衰起敝之心，季有考，月有课，士之受其冶绳⑦者，亦自有黼黻⑧王猷⑨之具。经三载而淹滞如故，康熙十年，遣聘往豫章，请堪舆⑩游久鏻，相形审势，择于城内县治之北，左为庠生詹象鼎原买阳氏地基，议以旧学基址丈量抵换，益以白镪⑪。右为庠生陈云汉地基，出券捐助，不受价值。申详诸上宪改建文庙于兹地焉。是役也，董其成者，殷铭、黄一清、段廷衮、李笃生、张朝纶、李友菊、李长秀、蹇叔裔、刘纶、贺国昌，土木石甃，所费不下二百余金，悉皆张公问明之捐俸也。

文庙旧制

正殿三间　东庑五间　西庑五间　庙门五间　棂星门三道

先师神主原系素板，教谕张我昌捐俸易以镂金，圣龛⑫并加丹涂　库房

①斋：屋舍，常指书房、学舍。
②董：监督管理。
③桷：方形的椽子。
④榱：椽子。
⑤楹：堂屋前部的柱子。
⑥莅：到。
⑦冶绳：教导，管教。
⑧黼黻：衣裳绘绣的花纹。比喻文章。
⑨王猷：犹王道。猷：计谋，打算，谋划。
⑩堪舆：相地，看风水。
⑪白镪：古代当做货币的银子。白镪，白银。
⑫龛：供奉佛像、神位等的小阁子。

三间

宰牲房三间　神厨二间

启圣祠在圣殿后，万历二十三年重修。

魁星亭在儒学后，宋开禧年建，邑人黄庚记。岁久倾废。景泰年，训导张懋复创，成化乙巳[①]知县谢廷举重修，训导李穆记，并有诗。

二贤祠即高明亭，在儒学后，为祀程朱[②]二夫子而立，元大德年建，学正何定记。万历二年知县陶敬图重建，训导李穆有诗。

明伦堂三间在先师庙之左，嘉靖巳未[③]知县赵泮建，郡人朱炳如记。

高明斋三间　广大斋三间　会馔堂六间久废。

生员号房十五间久废。　儒学门一座久废。

学仓三间在明伦堂后，久废。

教谕宅在学右，前至街，后至山，左至文庙，右至墙。

训导宅在学左，前至街，后至山，左至明伦堂，右至宅墙。

司训宅后裁减。原在学右外，前至街，后至塘，左至彭宅，右至段宅，今改为民房，赁[④]人居，输税于学。

卓尔亭在儒学后，宋天历[⑤]戊辰建，澧州路学教授宜江阳明复记，训导李穆诗。久废。

大成殿乐亭嘉靖十年建。

新学正殿规制悉如旧式，告成，其余亦次第兴建。

至圣先师

汉平帝称宣尼公，和帝封褒尊侯，北魏孝文帝称文圣宣父，后周宣帝封邹国公，隋文帝称宣师尼父，唐高宗赠太师，武后封道隆公，玄宗谥文宣王，宋真宗谥元圣，又改至圣。元武宗号大

---

①成化乙巳：明宪宗成化二十一年，即1485年。

②程朱：宋儒程颐及朱熹，合称为“程朱”。其学皆以主敬存诚为主，世称“程朱之学”。

③嘉靖巳未：嘉靖无“巳未”年，只有“己未”年。“巳”或为“己”之误。嘉靖己未，乃嘉靖三十八年，即1559年。

④赁：租。

⑤天历：“历”字疑误。宋无“天历”年号，有宋真宗天禧、宋仁宗天圣等年号。天禧无戊辰，天圣有戊辰，为公元1028年。因此，“天历”很可能为“天圣”之误。

成至圣文宣王，明嘉靖九年，更号曰至圣先师。孔子始制木主，今因之。

按嘉靖九年，定先师木主，高二尺三寸七分，阔四寸，厚七分。座高四寸，长七寸，厚三寸四分，朱地金书〇四配主高一尺五寸，阔三寸二分，赤地墨书，启圣公主同之〇十哲两庑主高一尺四寸，阔二寸六分，厚五分，座高一寸六分，长四寸，厚二寸，赤地墨书。凡从祀贤儒，书姓名、位次于主背，以防混乱，附实录。 嘉靖九年十月，礼部议曰：人以圣人为至，圣人以孔子为至。宋真宗称孔子为至圣，其义已备，今宜革去王号及“大成”“文宣”之称，而称至圣先师。孔子庙宇称庙，不宜称殿。其四配称：复圣颜子①，宗圣曾子②，述圣子思③，亚圣孟子。十哲④以下及门弟子，皆称先贤某子。左丘明以下皆称先儒某子。凡一切公、侯、伯不宜复称，以混成周封爵之制。一章服之加，起于塑像，今宜钦遵我圣祖。国子监规制，制木以为神主，仍拟定大小尺寸，著为定式，其塑像即令屏撤⑤，勿得存留，使先师先贤之神，不复依土木之妖，以别释氏之教；一乐舞笾豆⑥。每遇春秋祭祀，遵照国初旧制，用十边十豆。天下府州县八边八豆，其乐舞止用六佾⑦，以别郊庙之祭；一配享。父子大伦，不容紊乱，宜别立一祠，中祀叔梁纥⑧，题称“启圣公孔氏神位”，以颜无繇⑨、曾

---

①颜子：颜回，字子渊，孔子最得意的门生。

②曾子：曾参，孔子的晚期弟子。

③子思：孔伋，字子思，孔子的嫡孙，孔子之子孔鲤的儿子。

④十哲：又称作四科十哲。孔子弟子，分为“德行”“言语”“政事”“文学”四类别（科）。十哲是根据《论语·先进》：“子曰：从我于陈、蔡者，皆不及门也。德行：颜回、闵子骞、冉伯牛、仲弓。言语：宰我、子贡。政事：冉有、季路。文学：子游、子夏。”

⑤撤：原文为“撤”，不合语义，今改为“撤”。

⑥笾豆：笾和豆。古代祭祀及宴会时常用的两种礼器。竹制为笾，木制为豆。借指祭仪。

⑦佾：古代乐舞的行列。

⑧叔梁纥：孔子父亲。

⑨颜无繇：颜路，颜回的父亲，父子俩曾先后在孔子门下求学。

点①、孔鲤②、孟氏③配，俱称先贤某氏。从祀之贤，万世瞻仰，所系诚重，不可不考其得失，以清祀典。申党即申枨④，位号宜一。公伯寮、秦冉、颜何、荀况、戴圣、刘向、贾逵、马融、何休、王肃、杜预、吴澄宜罢。林放、蘧瑗、卢植、郑玄、服虔、范宁，宜各祀于其乡。后苍、王通、欧阳修、胡瑗宜增入。疏⑤入，皆报可。

按绘像始自汉灵帝。光和元年，画先圣及七十二弟子像。唐玄宗开元八年，特为曾参塑像，坐于十哲之次，图七十弟子及二十二贤于庙壁。此外又有《燕居小影》⑥、吴道子《杏坛⑦小影》、顾恺之《行教像》、王维《先圣画像》、蜀文翁《石室坐像》、黄梅吴道子《孔子遗像》焉。孝感杨洪才曰：此皆可宝为奇迹，不应设之庙庭也。盖有像则有冕服，唐开元间，出王者衮冕⑧服衣孔子。宋大中祥符间，加冕九旒⑨，服九章⑩，桓圭⑪一，令以玉易木。崇宁四年，加冕十二旒，服九章。金大定十四年，用冕十二旒，加服十二章，缫斿⑫九就，乃唐制，先圣与门弟子同服衮冕。元塑孔子章服，类用元制。明永乐时，虽诏命改正，而正统中，

---

①曾点：曾参之父。
②孔鲤：孔子的儿子。
③孟氏：孟子。
④申党：孔子的弟子，“七十二贤”之一。古人把申枨、申党视为一人，可是唐代以后的一段时间里又把申枨和申党当做两人。近代史学家大多认为“申枨与申党是两人”，但也有人坚持“申枨就是申党”。
⑤疏：这里指奏疏。
⑥《燕居小影》：指孔子穿着家居常服的画像。
⑦杏坛：为纪念孔子讲学而建，孔子第四十五代孙孔道辅监修孔庙时将正殿后移，除地为坛，环植以杏，名曰“杏坛”。杏坛成为教育的象征，现在多指教书育人的地方。
⑧衮冕：即衮衣和冕，是古代皇帝及上公的礼服和礼冠，是皇帝等王公贵族在祭天地、宗庙等重大庆典活动时穿戴用的正式服装。
⑨九旒：古时官冕上的九串垂珠。
⑩九章：古代帝王冕服上的九种图案。
⑪桓圭：古代帝王与公、侯、伯、子、男五等诸侯于朝聘时各执玉圭以为信符，圭有六种，代表不同的爵秩等级，桓圭为公爵所执。
⑫斿：旌旗之流。《周礼·夏官·弁师》：“诸侯之缫斿九就。”注：每缫九成，则九旒也。

山西绛县博士张干犹然[①]以厘正章服请，则像服之存者，固多矣。宋濂[②]云：古者造木主以栖神，天子、诸侯之庙皆有主，大夫束帛以依神，士结茅为蕝[③]，无有设像之事。今因开元之制，抟[④]土而肖像焉，则失神而明之[⑤]之义矣。丘濬[⑥]曰：《北史》有造铜人、泥人之律，则泥人固非礼法所许，况以祀圣人耶！又况后世郡邑，丰瘠异貌，老少殊状，无当于圣容耶！李之藻[⑦]云：赞吾夫子者，至祖述宪章[⑧]数语而尽。唐睿宗后，虽代有褒赞，然而绘天者难为工也。七十子言行多不可考，亦人各为赞，则又诬矣。公侯王者之号，既不可加于圣人，则冕服无从而定，绘画既易以木主，则冕服何从而著？况服制自相矛盾，如冕用天子，而服用上公；或冕、服用天子，而缫斿用上公，尤为悖戾[⑨]。明洪武十五年，命宋讷撰敕，撤南京太学及天下郡县学像。成祖八年，驾幸北京国学，因元时塑像犹存，不忍遽[⑩]毁。而齐宁长山诸邑，章服不古，有诏改正。天顺中，苏州知府林鹗，始因泥像剥落，易以木主，至世宗厘正通行，而北雍古像尽撤矣。

考唐高祖武德时，以周公为先圣，南面坐，孔子为先师，西牖[⑪]坐。贞观二年，升孔子为先圣，停祀周公，而孔子坐仍其旧。开元二十八年，始正南面。明宋濂犹拘汉章，西面再拜。及开元

①犹然：仍然，照旧。
②宋濂：元末明初著名政治家、文学家。与高启、刘基并称为“明初诗文三大家”。被明太祖朱元璋誉为“开国文臣之首”。
③结茅为蕝：结茅，编茅为屋，谓建造简陋的屋舍。蕝，堆聚，特指把木材堆聚在灵柩的周围，引申为停放灵柩。意指搭建简陋的茅屋停放灵柩。
④抟：把东西揉弄成各种形态。
⑤神而明之：出自《周易·系辞上传》：“神而明之，存乎其人。”意为，要真正明白事物的奥妙，在于各人的领会。
⑥丘濬：明朝政治人物，官至户部尚书、武英殿大学士。
⑦李之藻：明末官员，曾任光禄寺少卿，科学家。
⑧宪章：法度典章。
⑨悖戾：违逆，乖张。
⑩遽：急，仓猝。
⑪牖：窗户。

献官西向之说，谓北面非神道，尚[1]右之义则迂矣。故南面于礼为宜，而自开元后，历代皆因之。

配享从祀位次

四子配享，自元丰、咸淳始也。坐庙堂中两楹间。十哲升配，自开元间始也，坐庙堂两壁间。两庑从祀，自开元间始也诸书所列位次参差不一，今依《嘉靖祀典》所定图于左：

①尚：尊崇，注重。

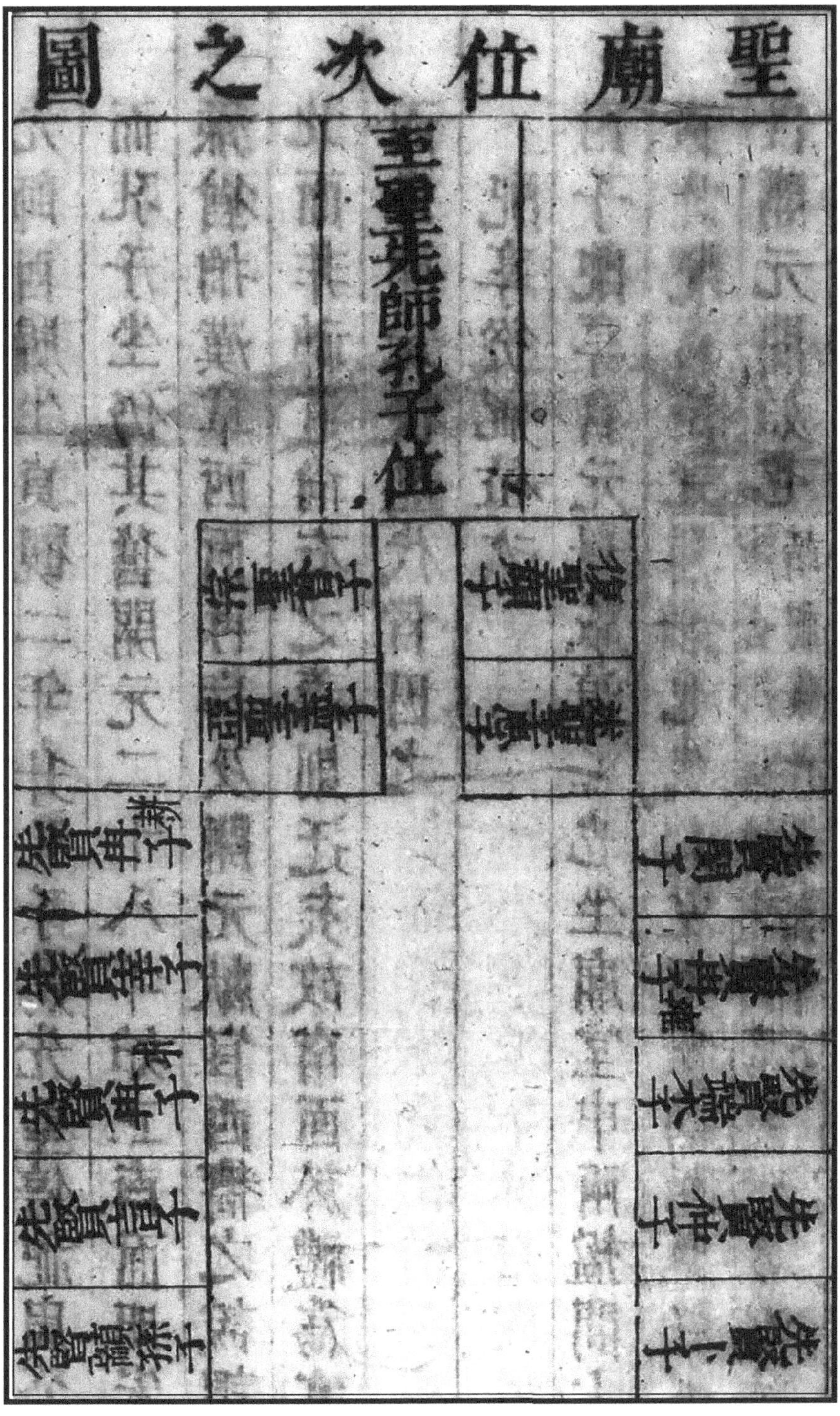
聖廟位次之圖
至聖先師孔子位
復聖顏子
述聖子思子
宗聖曾子
亞聖孟子
先賢閔子
先賢冉子雍
先賢端木子
先賢仲子
先賢卜子
先賢冉子耕
先賢宰子
先賢冉子求
先賢言子
先賢顓孫子

四配姓字

颜回字子渊，鲁人。　曾参字子舆，鲁人。

孔伋字子思，鲤之子。　孟轲字子舆，《汉书》作子车，邹人。

十哲姓字

闵损字子骞，鲁人。　冉耕字伯牛，鲁人。

冉雍字仲弓，鲁人。　宰予字子我，鲁人。

端木赐字子贡，卫人。　冉求字子有，鲁人。

仲由字子路，一字季路，卞人。　言偃字子游，吴人。

卜商字子夏，卫人。　颛孙师字子张，阳城人。

聖廟

東廡先賢位次

澹臺子　滅明
原子　憲
南宮子　适
商子　瞿
漆雕子　開
樊子　須
公西子　赤
梁子　鱣
冉子　孺
伯子　虔
冉子　季
漆雕子　徒父
漆雕子　哆
商子　澤
任子　不齊
公良子　孺
奚容子　蒧
顔子　祖
句井子　疆
秦子　祖
榮子　旂
左人子　郢
薛子　邦
原子　亢
廉子　潔
狄子　黑
孔子　忠
公西子　蒧
秦子　非
申子　棖
顔子　噲

西廡先賢位次

虙子　不齊
公冶子　長
公析子　哀
高子　柴
司馬子　耕
有子　若
巫馬子　期
曹子　卹
公孫子　龍
秦子　商
顔子　高
穰駟子　赤
石作子　蜀
公夏子　首
后子　處
公肩子　定
鄡子　單
罕父子　黑
公祖子　句茲
縣子　成
燕子　級
顔子　之僕
樂子　欬
叔仲子　會
邽子　巽
公西子　輿如
施子　之常
陳子　亢
琴子　張
步叔子　乘

东庑先贤姓字考

澹台灭明字子羽，武城人。　原宪字子思，《檀弓》①作仲宪，宋人。

南宫适《史记》作南宫适。《家语》②作南宫韬，字子容，鲁人。

商瞿字子木，鲁人。　漆雕开《家语》字子若，蔡人。《史记》字子开，鲁人。

樊须字子迟，《家语》鲁人，郑③云齐人。　公西赤字子华，鲁人。

梁鳣《史记》注作鲤，字叔鱼，齐人。

冉孺《史记》字子鲁。鲁一作曾，《家语》作冉儒，字子鱼，鲁人。

伯虔《家语》字子楷，一作子析。《史记》字子析，鲁人。

冉季字子产，鲁人。　漆雕侈字子敛。《史记》作漆雕哆，鲁人。

漆雕徒父《家语》作从父，字子文，一作子期，鲁人。

商泽字子秀，《史记》作子季，鲁人。　任不齐《家语》字子选，《史记》字选，楚人。

公良儒《史记》作儒，字子正。一作子幼，陈人。

奚容蒧《家语》字子楷，《史记》字子析。文翁《图》④鲁人。《正义》⑤卫人。

颜祖字子襄，《家语》作襄，鲁人。

句井疆字子疆，《史记》作句井，《正义》作钩井，《阙里志》字子野，《山东志》字子孟，卫人。

秦祖字子男，鲁人，郑云秦人。　荣旂《史记》字子祈，《家语》作祺，字子祺⑥，鲁人。

左人郢《史记》字行，《家语》作左郢，字子行，鲁人。

---

①《檀弓》：《礼记》中的篇名，分上、下两篇。

②《家语》：指《孔子家语》。《孔子家语》卷第九《七十二弟子解》有孔子七十二弟子介绍。

③郑：指郑玄，汉代经学家。

④文翁《图》：指文翁的《孔庙图》。

⑤《正义》：指《史记正义》，唐代张守节所撰，对《史记》按照条目加注释（正义）的形式进行注解。

⑥原文与此处有异。此处根据《史记》卷六十七《仲尼弟子列传》以及《孔子家语》卷第九《七十二弟子解》校改。

郑国《家语》作薛邦，《史记》讹薛为郑。又避汉高祖讳，以邦为国，字子徒，鲁人。

原亢字子抗，《家语》作元亢，字子藉。《史记》作原亢籍，《正义》亢作亢，鲁人。

廉洁《史记》字庸，《家语》字子庸，卫人。 狄墨《家语》字晢之，一字子晢，卫人。

孔忠字子蔑，《史记》作孔子兄孟皮之子[①]，《家语》作孔弗[②]。

公西葴字子尚，《史记》作子上，鲁人。 秦非字子之，鲁人。

申枨《史记》作申党，字周。《家语》作续，字子周。文翁《图》作堂，后汉《碑记》作棠，郑作续。

颜哙字子声，鲁人。

东庑旧有颜何、孔颖达，以为字画相似，故黜[③]。曾点、孔鲤皆改入启圣祠。

西庑先贤姓字考

虙不齐字子贱，鲁人。

公冶长字子长，《家语》作苌，鲁人。《史记》齐人，范宁[④]云，字子芝。

公析哀字记沈，《史记》作公晢哀，字季次。《索隐》[⑤]作公晢，齐人。

高柴字子羔，《史记》卫人，《家语》齐人。

司马耕字伯牛，《家语》作司马黎耕，与《史记》俱字子牛，宋人。

有若《史记》字子若，《家语》作子有，鲁人。

巫马期字子期，《史记》作巫马施，字旗，陈人。

颜辛《史记》作幸，字子柳，鲁人。

曹卹字子循，蔡人。

---

①《史记》卷六十七《仲尼弟子列传》表述为：“孔忠。”

②《孔子家语》卷第九《七十二弟子解》表述为：“孔弗，字子蔑。”

③黜：降职或罢免。

④范宁：东晋大儒、经学家。

⑤《索隐》：即《史记索隐》，由唐代司马贞撰写，运用大量的文献作校勘材料，保存了丰富的历史文献，使一些书目得以流传下来，也考证了《史记》中的人名、史实、司马迁生平等等。

公孙龙《家语》作宠，卫人。郑云，楚人。孟[1]云，赵人，字子石。

秦商《史记》字子丕。《家语》字丕兹，鲁人。郑[2]云，楚人。

颜高字子骄,《家语》作颜刻，鲁人。

穰驷赤《家语》字子从,《史记》穰作壤，字子徒，秦人。

石作蜀字子明,《家语》作石子蜀，秦人。

公夏守《史记》作首，字子乘，鲁人。

后处《史记》后处子，字子里,《家语》作石处子，字里之，齐人。

公肩定《家语》字子仲,《史记》作公坚定，字子中，鲁人，或曰晋人。

鄡单《史记》字子家,《家语》作县亶，字子象，徐广[3]作鄡单。

罕父墨《史记》字子索,《家语》作宰父墨，字索，一字子黑，鲁人。

公祖句兹《家语》作公祖兹，字子之，鲁人。

县成字子期,《家语》作悬成，字子横，鲁人。

燕级字子思,《史记》作伋，秦人。

颜之仆《家语》字子叔,《史记》字叔，鲁人。

乐欬《史记》字子声,《正义》鲁人,《家语》作乐欣，秦人。

叔仲会字子期，文翁《图》作会,《家语》鲁人，郑云晋人。

邽巽字子敛,《家语》作邦选。《史记》讹邦为邽，文翁《图》避汉讳，以邦为国，鲁人。

公西舆如字子上，鲁人。

施之常字子常,《史记》作子恒，鲁人。

陈亢字子禽，陈人。

琴牢《家语》字子开，文翁《图》字子张，卫人。

步叔乘字子车，齐人。

西庑旧有公伯寮，以谗仲由，黜；秦冉、孔颖达以为字画相似，黜；遽瑗、林放，非弟子，改祀于其乡。颜无繇改入启圣祠。申党即申枨，以重出，削。

---

①孟：指孟子。
②郑：郑玄。
③徐广：东晋至南朝宋时期学者、官员。

王氏守仁　陳氏獻章　許氏衡　蔡氏沈　呂氏祖謙　朱氏熹　羅氏從彥　楊氏時　程氏顥　司馬氏光　邵氏雍　胡氏瑗　王氏通　范氏甯　孔氏安國　高堂氏生　穀梁氏赤　左丘氏明

東廡先儒位次

西廡先儒位次

公羊氏高　伏氏勝　董氏仲舒　毛氏萇　杜氏子春　韓氏愈　歐陽氏修　周氏敦頤　張氏載　程氏頤　胡氏安國　李氏侗　張氏栻　陸氏九淵　眞氏德秀　薛氏瑄　胡氏居仁

两庑先儒姓字考

左丘明鲁人。

公羊高齐人，生周末。

穀梁赤尸子[1]作俶，颜师古[2]作喜，字元始，鲁人，生周末。

伏胜字子贱，邹平人，生秦汉间。

高堂生《索隐》字伯，鲁人，生秦汉间。

董仲舒广川人，生汉景帝时。

孔安国字子国，孔子十一世孙[3]，生汉武帝时。

毛苌赵人，大毛公享之子，生汉武帝时。

后苍字近君，东海剡人，生汉宣帝时。

杜子春河南人，生汉哀帝间，至明帝时。

王通字仲淹，隋龙门人。

韩愈字退之，唐修武人。

胡瑗字翼之，海陵人，生宋太宗癸巳。

欧阳修字永叔，庐陵人，生宋真宗丁未。

邵雍字尧夫，范阳人，徙河南，生宋真宗辛亥。

周敦颐字茂叔，营道人，生宋真宗丁巳。

司马光字君实，夏县人，生宋真宗已未。

张载字子厚，郿人，生宋真宗庚申。

程颢字伯淳，洛阳人，生宋仁宗壬申。

程颐字正叔，颢弟，生宋仁宗癸酉。

杨时字中立，将乐人，生宋仁宗癸巳。

胡安国字康侯，崇安人，生宋神宗甲寅。

罗从彦字仲素，南剑州人，生宋神宗元丰。

李侗字愿中，剑蒲人，生宋哲宗癸巳。

---

①尸子：战国时期思想家，先秦诸子百家之一。

②颜师古：唐朝初年著名经学家、训诂学家、历史学家，曾注《汉书》。

③十一世孙：有说十世孙，有说十二世孙。

朱熹字元晦，婺源人，生宋高宗庚戌。

张栻字敬夫，绵竹人，生宋高宗乙卯。

吕祖谦字伯恭，婺州人，生宋高宗丁巳。

陆九渊字子静，金谿人，生宋高宗巳未。

蔡沈字仲默，建阳人，生宋孝宗丁亥。

真德秀字景元，一字希元，宋浦城人。

许衡字仲平，元河内人，生宋宁宗时。

薛瑄字德温，河津人，生明太祖乙巳。

陈献章字公甫，新会人，生明宣宗戊申。

胡居仁字叔心，余干人，生明宣宗甲寅。

王守仁字伯安，余姚人，生明宪宗壬申。

按从祀诸儒，自嘉靖九年厘正祀典以后，龙庆[①]五年，进薛瑄；万历十有二年进王守仁、陈献章、胡居仁；三十九年，增宋儒罗从彦、李侗。

两庑从祀先儒，旧有荀况、刘向、王肃、杜预、郑铉[②]、郑众、卢植、服虔、戴圣、贾逵、马融、何休、王弼、范宁、吴澄。荀况以言性恶，黜；刘向以喜神仙，黜；王肃以党司马氏，黜；杜预以党贵要，建短丧，黜；贾逵以附会谶纬，黜；马融以贪鄙附势，黜；何休以黜周王鲁[③]，黜；王弼以旨宗老庄，黜；郑众、卢植、服虔、郑玄、范宁、吴澄，各改祀于乡戴圣亦在黜列，而诸家未详其说。今按：圣在九江，治行多不法，又以怨毁[④]何武于朝，无儒者风，其或以此黜欤！吴澄或言黜，或言祀于其乡，未知孰是。

启圣祠

叔梁纥进公而王，自宋大中祥符始也。称启圣公，自元始也。

---

①龙庆：应为隆庆。隆庆为明穆宗年号。明朝无“龙庆”年号。

②郑铉：疑为“郑玄”之误。

③黜周王鲁：汉代《公羊》学家因《春秋》用鲁记年，认为这是贬降周，而以鲁为王。何休主此说。

④毁：诽谤，说别人的坏话。

宋时颜①、曾②、子思配享堂上，颜路、曾皙、伯鱼③从祀两庑，洪迈④、姚燧⑤以为崇子抑父，熊禾⑥谓宜别设一室祀叔梁纥，而以三子配。程敏政⑦主其说。嘉靖九年，遂专祠遍天下。寻升激公宜与三子为四配，又以周辅成与程珦、朱松、蔡元定为四从。

颜无繇字路，《家语》颜繇，字季路，回之父。

曾点字皙，《家语》字子皙，《史记》作曾蒧，参之父。

孔鲤字伯鱼，子思之父。

孟孙激公宜或曰字公宜，轲之父。

程珦字伯温，颢、颐之父。

朱松字乔年，熹之父。

蔡元定字季通，沈之父。

周辅成敦颐之父。

---

①颜：指颜渊。

②曾：指曾参。

③伯鱼：孔子的儿子鲤的字。

④洪迈（1123—1202）：南宋鄱阳（今属江西省）人，字景卢，号容斋，官至端明殿学士。著有《容斋随笔》。

⑤姚燧（1238—1313）：字端甫，号牧庵，洛阳人，元朝文学家。曾官至翰林学士承旨。

⑥熊禾（1253—1312）：字位辛，号勿轩。元初著名理学家、教育家。

⑦程敏政（1446—1499）：字克勤，明朝南直隶徽州府休宁人，官至礼部右侍郎。

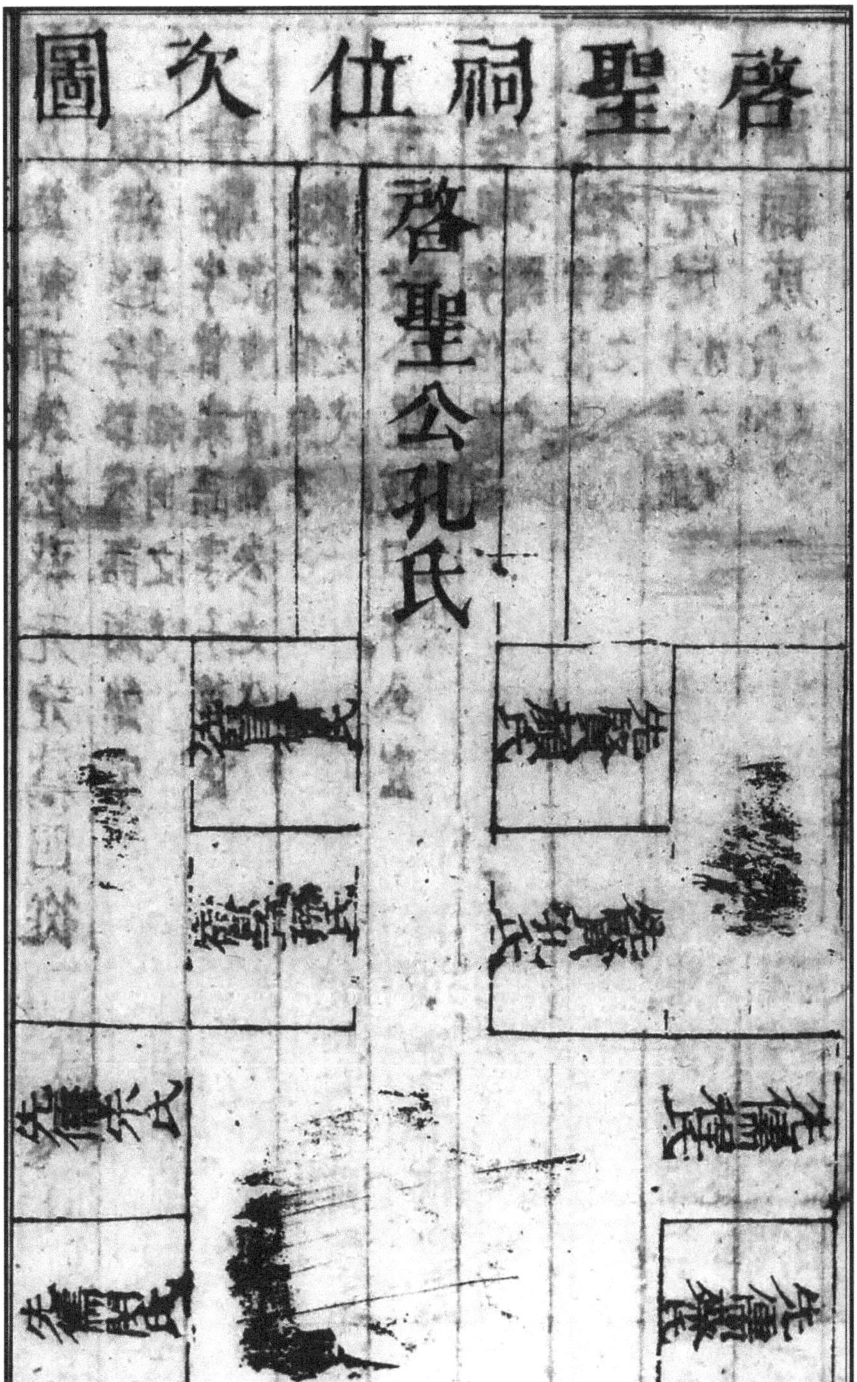
啓聖祠位次圖
啓聖公孔氏
先賢顔氏
先賢孔氏
先儒程氏
先儒蔡氏

历代祭仪

汉高祖十二年，过鲁，以太牢[①]祀孔子。后汉明帝令郡县通祀孔子于学校。章帝祀孔子以六代之乐。桓帝给酒米牛羊，诏春秋享祀孔子。

宋文帝释奠[②]舞六佾，设轩悬[③]之乐，牲牢器具如上公。后魏文成[④]勅有司行荐享[⑤]之礼。

北齐显祖[⑥]制春秋二仲释奠。

随文帝制州县学以春秋二仲月释奠。

唐太宗祀孔、颜，备俎豆、干戚[⑦]。高宗登歌[⑧]用宣和之舞，明皇诏以仲月上丁释奠。

宋真宗颁诸州《释奠仪注图》。仁宗诏释奠用登歌。徽宗更撰释奠乐章，又赐堂上太乐正声一部及礼器于阙里[⑨]。高宗加笾豆十二礼如社稷。

元成宗置先圣庙登歌乐。

明太祖更定孔庙释奠乐章，舞六佾，命制大成乐器，颁行天下府州县学，乐用登歌，朔望[⑩]命郡县以下诣学行礼。英宗令祭丁品物，非其土产者以所产代。景帝增两庑祭品，宪宗增乐舞八佾、笾豆各十二。孝宗释奠用太牢加币，世宗厘正祀典，遂永为

---

①太牢：古代帝王祭祀时，牛、羊、猪三牲全备为“太牢”。古代祭祀所用牺牲，行祭前需先饲养于牢，故这类牺牲称为牢；又根据牺牲搭配的种类不同而有太牢、少牢之分。

②释奠：古代在学校设置酒食以奠祭先圣先师的一种典礼。后成为国家和社会祭祀孔子的一种公祭形式。

③轩悬：亦作“轩县”。古代诸侯陈列乐器三面悬挂。《周礼·春官·小胥》：“正乐县之位，王宫县，诸侯轩县。”

④后魏文成：北魏文成帝拓跋濬，452—465年在位。

⑤荐享：祭献，祭祀。

⑥北齐显祖：高洋，是东魏权臣高欢次子。后禅魏称帝，国号“齐”，史称“北齐”。庙号“显祖”。

⑦干戚：盾与斧。古代的两种兵器。亦为武舞所执的舞具。

⑧登歌：升堂奏歌。古代举行祭典、大朝会时，乐师登堂而歌。《周礼·春官·大师》：“大祭祀，帅瞽登歌，令奏击拊。”

⑨阙里：指孔子居住的地方。借指曲阜孔庙。

⑩朔望：朔，农历每月初一；望，农历每月十五。

定式。春秋仲月上丁以正官为献官，佐贰教官为分献官。

明初祀典因前代，用王礼。成化十二年加笾豆、舞佾之数，祭以天子礼。嘉靖九年，改定礼制，尊孔子曰至圣先师，孔子易以木主，笾豆各损其四，舞以羽籥[1]，用六佾，惟邑行释菜礼[2]，并奠不用乐。祀用春秋二仲之上丁日二人阴丁属火，取阴火文明之象。

祭器

祝板一　爵一百三十二　登五

鉶[3]二十二　簠[4]四十一　簋[5]四十一

笾一百七十六　豆一百七十六　酒樽五

篚[6]九　酒樽桌三上作三孔　牲匣八

木盘大小二百八十一　香案十七　香炉四十五

烛台四十五　供桌四十三　毛血盆八

瘗[7]毛血盆八　帨巾[8]三　盥洗盆架各三

酒勺五　幕巾五　涤牲桶八

锅八　粎[9]盆四　庭燎随用

乐器

麾[10]幡[11]一　柷[12]一　敔[13]一

①羽籥：古代祭祀或宴飨时舞者所持的舞具和乐器。羽，指雉羽。籥，一种编组多管乐器。

②释菜礼：释者，舍也。有“舍”才有“得”，“舍”表明对先师的礼敬，然后能学到东西。宋景濂曰：“释菜无乐，释奠有乐。”

③鉶：古代盛羹的小鼎，两耳三足，有盖。

④簠：祭祀时盛稻粱的器具。

⑤簋：古代盛食物器具，圆口，双耳。

⑥篚：古代盛物的竹器。

⑦瘗：掩埋，埋葬。

⑧帨巾：也叫缡，是未婚女孩子的佩巾。周制婚礼中，由母亲将其系在即将出嫁的女儿身上，称为“结缡”。

⑨粎：粉滓。一曰粥凝。

⑩麾：古代指挥军队的旗子。

⑪幡：用竹竿等挑起来直着挂的长条形旗子。

⑫柷：古代打击乐器，像方匣子，用木头做成，奏乐开始时敲打。

⑬敔：古代打击乐器，奏乐将终时，击之使演奏停止。

琴六　瑟二　钟十六

磬十六　埙[①]二　篪[②]二

箫四　凤箫二　笙六

横笛六　搏拊鼓[③]二　应鼓二

歌工六人

舞器

引舞旌节二　籥[④]六十四　翟[⑤]六十四

已上共用乐生四十二人

舞生六十四人

省牲

先一日午后，宰牲为醢[⑥]，毛血用盆盛贮，待次早埋瘗。

取毛以告纯，取血以告杀也。

羊二　豕六

鹿一　兔十

明旧制：祭胙猪羊壹千斤

①埙：古代用陶土烧制的一种吹奏乐器，圆形或椭圆形，有六孔。亦称“陶埙”。
②篪：古代一种用竹管制成像笛子一样的乐器，有八孔。
③搏拊鼓：古代击乐器。据《释名·释乐器》：“搏拊也，以韦盛糠，形如鼓，以手附拍之也。”
④籥：古管乐器。
⑤翟：古代乐舞用的雉羽。雉羽，即野鸡的羽毛，色泽鲜艳，古人服饰仪仗常用以为饰。
⑥醢：肉酱。

至聖位前陳設圖

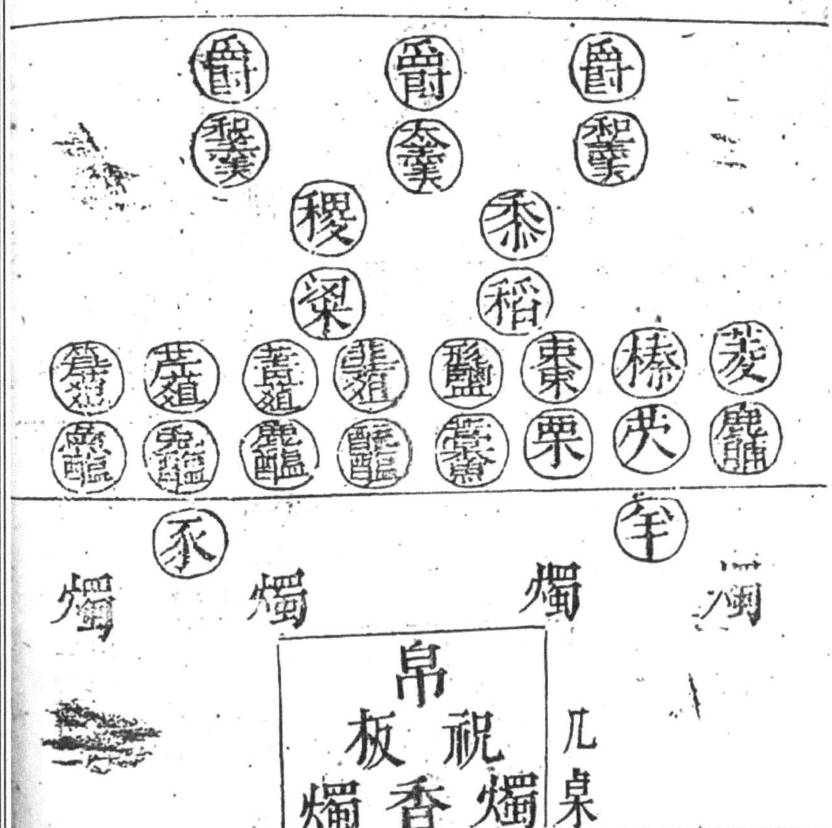

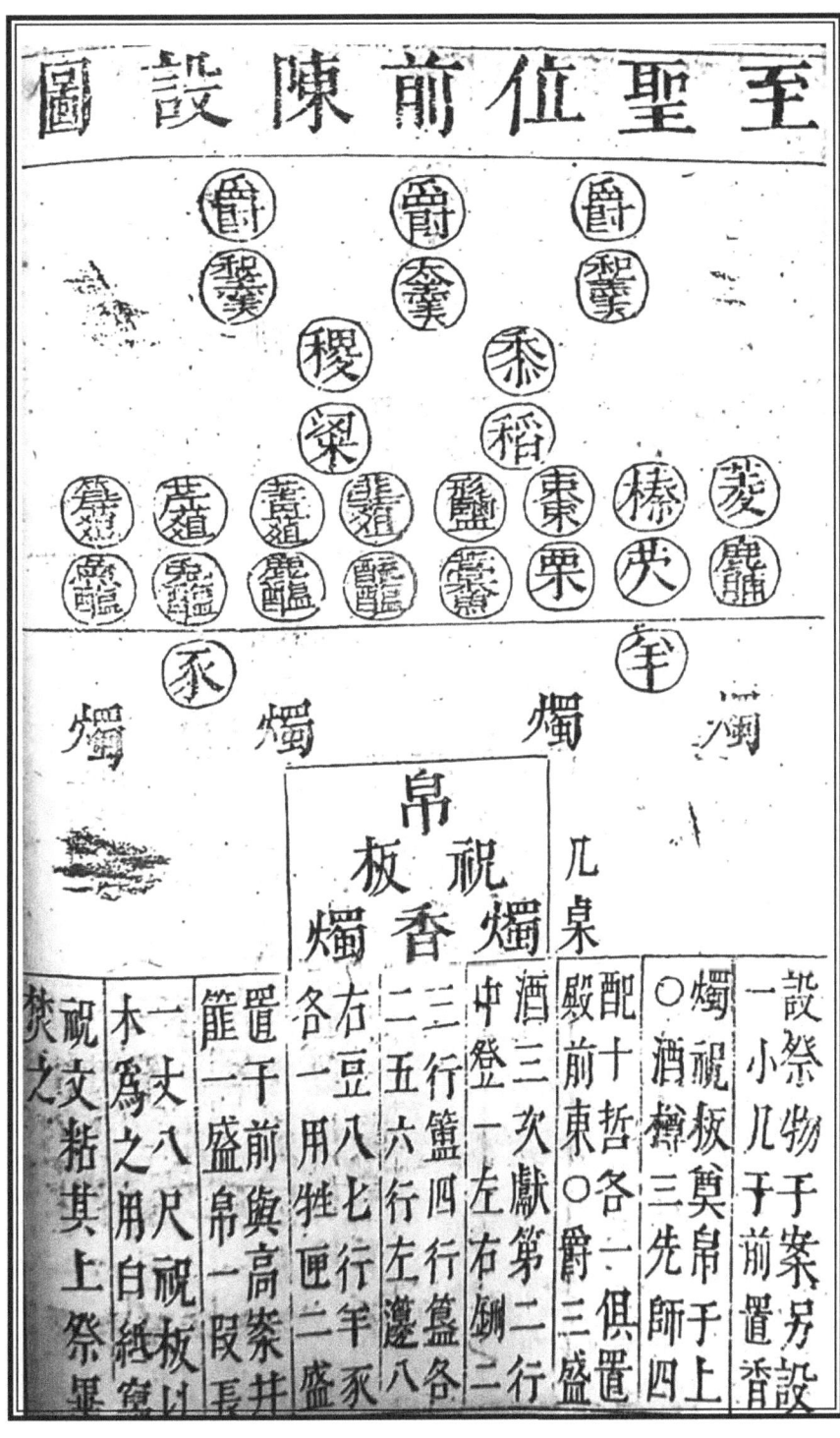

設祭物于案另設一小几于前置香燭祝板奠帛于上○酒樽三先師四配十哲各一俱置殿前東○爵三盞酒三次獻第二行中登一左右鉶二三行簠四行簋各二五六行左籩八右豆八七行羊豕各一用牲匣二盛置于前與高案井篚一盛帛一段長一丈八尺祝板以木爲之用白紙寫祝文粘其上祭畢焚之

四配陳設圖

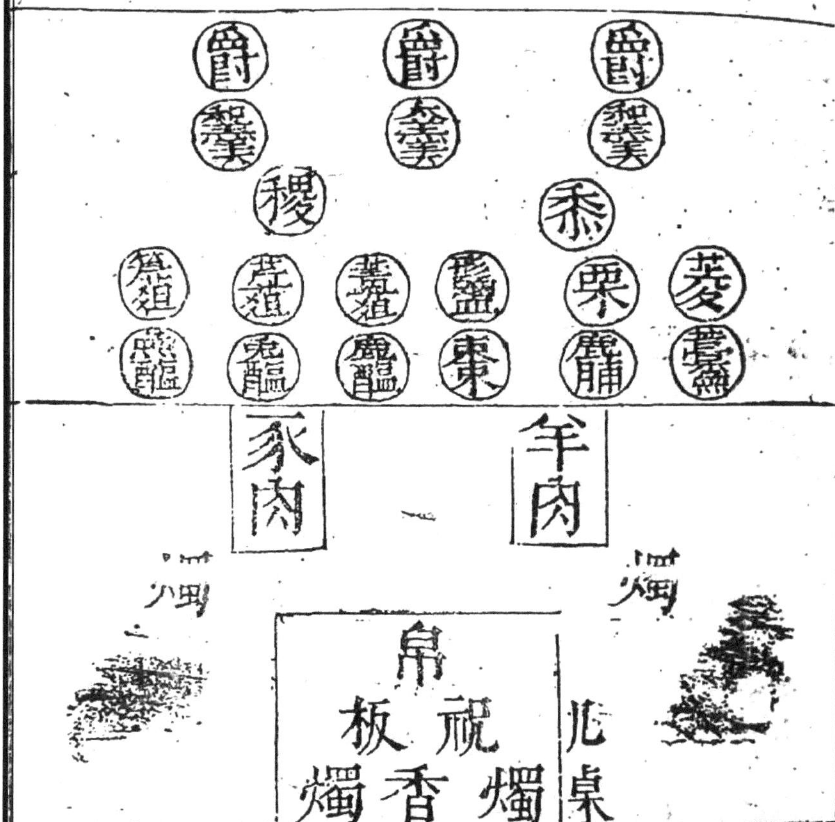

四配祭各一壇此一壇式也○計爵三登一鉶二簠簋各一左籩六右豆六羊一豕一各分作四分用方盤盛置四位前篚一盛帛一段長同前

十哲陳設圖

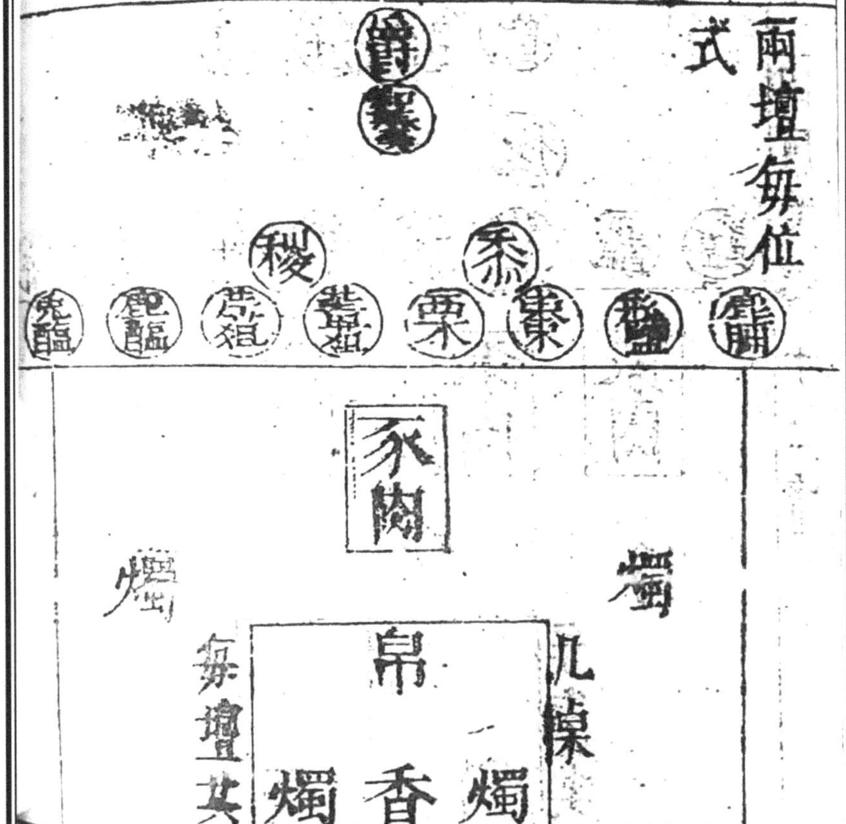

東五位共祭一壇
西五位共祭一壇
每位計一爵至行
禮時執事注酒于
爵內分獻官行禮
另獻一爵于中間
一簠一簋二左籩
四右豆四〇豕二
各分作五分用方
木盤盛置于案〇
帛每二壇各一

兩廡陳設圖

東廡共祭十二壇凡一壇式

西廡共祭十二壇

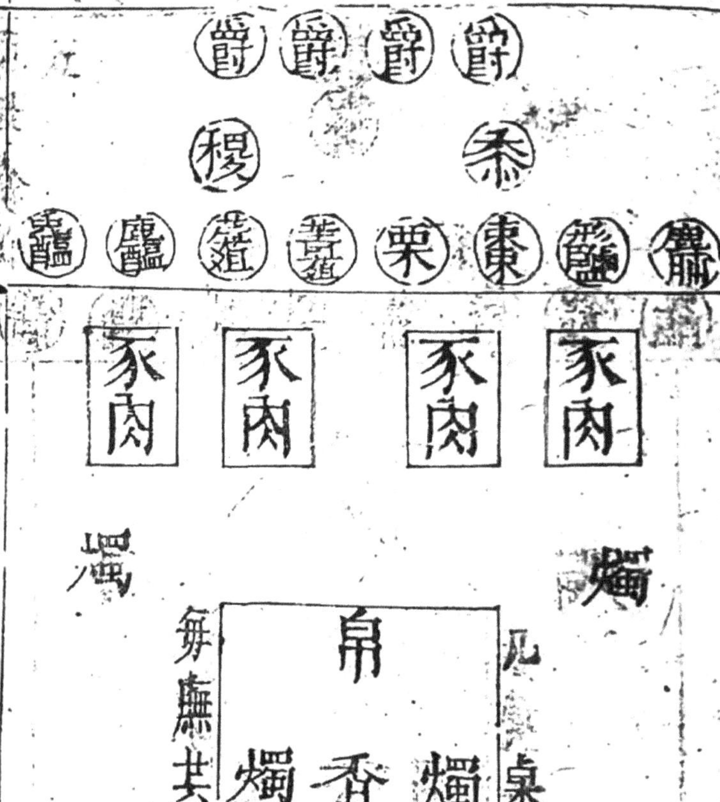

每壇四位共一桌于中間共另總設一小几置尊帛香燭于上○每桌用爵四至行禮時執事者注酒于爵內分獻官另獻一爵于中簠一簋一左籩四右豆四酒樽一○每廡用豕一解爲四十八分如先賢先儒之數每分用方木盤盛置于案○每廡帛各一

启圣祠陈设同。至圣仅少太羹[1]一登。

各配陈设同十哲。

从祀陈设同两庑。

名宦乡贤祠，祀各用豕一、羊一、帛一、爵三，杂以果品考他志，名宦乡贤祭祀陈设同，从祀诸儒四位，共祭一坛。

附释义　太羹煮肉汁，不用盐酱。　**和羹**汁用菜料，和者一云用猪腰、羊膂肉造。　**形盐**用白盐印虎形。　**菹**用本物，切去本末，取中四寸。**醓醢**碎猪肉，用盐、酒料调造。

仪注

凡祭前一日，执事者设香案牲房外，献官常服诣省[2]牲所省牲、宰牲，盛毛血少许于盘。是日，观乐，习仪，斋宿，及期质明鼓三严通赞唱：“乐舞生就位”，执事者各司其事次唱：“陪祭官各就位”，分献官、献官以次就位，赞引引献官至拜位通赞唱：“瘗[3]毛血”，执事者以毛血瘗于坎。通赞唱：“迎神舞生执羽籥”，麾生举麾，击柷乐，奏《咸和之曲》。奏毕，献官、陪祭官同四拜讫[4]，乐尽，麾生偃麾，栎[5]敔乐止通赞唱：“奠帛，行初献礼”，捧帛者各捧帛，执爵者各执虚爵赞引至献官前，赞诣盥洗所，盥毕，诣酒樽所，司樽酌酒，执事者各以次执虚爵受酒，同捧帛者在献官前，分两行由中门入，序于神案之侧，朝上立。赞引导献官从左门入，诣至圣前，麾生举麾，击柷乐，奏《宁和之曲》，跪，奠帛，献爵，俯伏，平身。诣读祝位位设于殿中香案前，麾生偃麾，乐暂止，众官跪，读祝文。读毕，俯伏，兴，平身。读祝者仍将祝文跪置于香案上，麾生举麾，乐生接舞，奏先未终之乐。诣颜子前，跪，奠帛，献爵。献毕，俯伏，兴，平身。诣曾子、子思、孟子位，俱同前仪。献毕，行分献礼，各献官诣盥洗所，盥毕，诣酒樽所酌酒，诣东西哲、东西庑神位前，俱跪，奠帛，献爵。

---

①太羹：不加五味的肉汤。

②省：检查。

③瘗：掩埋，埋葬。

④讫：完结，终了。

⑤栎：一种落叶乔木。

献毕，乐止，俱俯伏，兴，平身，复位，乐尽。麾生偃麾，栎敔乐止。行亚献礼如初献礼。但亚献奏《安和》，三献奏《景和》，无迎尸。以下诸事故礼止三献，乐止，跪、饮福受胙[1]毕，俯伏，兴，平身，复位，鞠躬，拜，兴。二平身，各官拜讫通赞唱："彻馔"。麾生举麾，击柷乐，奏《咸和之曲》，执事者稍动笾豆，司节引舞生序立。乐尽，麾生偃麾，栎敔乐止通赞唱："送神"。麾生举麾，击柷乐，奏《咸和之曲》，鞠躬，拜，兴，四平身。各官拜讫，乐尽，麾生偃麾，栎敔乐止。读祝者捧祝，进帛者捧帛，各诣瘗所望瘗。麾生举麾，击柷乐，奏《咸和之曲》。捧祝帛者诣望瘗位，献官、分献官、陪祭官至瘗所祝，一帛一段，数至九段，焚讫，乐尽，麾生偃麾，乐止，礼毕。

至圣先师祝文

维[2]某年岁次某甲子某月朔某日某甲子某湖广衡州府常宁县官某等，敢昭告于至圣先师孔子曰：惟师德配天地，道冠古今，删定六经，垂宪万世，维兹仲春/秋，谨以牲帛醴斋，粢盛[3]庶品，式陈明荐，以

复圣颜子

宗圣曾子

述圣子思

亚圣孟子配。尚飨[4]！

启圣祠祝文

年月日某官某等致祭于启圣公孔氏之神曰：维公诞生至圣，为万世王者师，功德显著，兹因仲春/秋告祀，以

先贤颜氏

先贤曾氏

先贤孔氏

先贤孟氏配。尚飨！

---

①胙：古代祭祀时供的肉。

②维：文言助词，用于句首或句中，无实义。

③粢盛：古代盛在祭器内以供祭祀的谷物。

④尚飨：表示希望死者来享用祭品的意思，多用作祭文的结语。出自《仪礼·士虞礼》。

名宦祝文

卓哉群公，懋[1]修厥[2]职，泽[3]被生灵，功垂社稷！

乡贤祝文

于惟群公，孕秀兹邦，懿[4]德卓行，奕世[5]流芳！

乐章

太哉孔子！圣道尊崇，维持王化，斯民是宗，典祀有常，精纯并隆，神其来格[6]，于昭圣容迎神！

自生民来，谁底[7]其盛。维师神明，度越前圣。粢帛具成，礼容斯称。黍稷非馨，维神之听奠帛！

太哉圣师，实天生德。作乐以崇一作崇功，时祀无斁[8]。清酤[9]维馨，嘉牲孔硕[10]。荐修神明，庶几昭格[11]初献。

百王宗师，生民物轨[12]。瞻之洋洋[13]，神其宁止。酌彼金罍[14]，惟清且旨[15]。登献维三，于嘻成礼亚献、终献同。

牺象在前，俎豆在列。以享以荐，既芬既洁。礼成乐备，人和神悦。祭则受福，率遵无越彻馔。

有严学宫，四方来宗。恪恭[16]祀事，威仪雝雝[17]。歆[18]兹维馨，神驭还复。明禋[19]斯毕，咸膺百福送神奠瘗同。

---

①懋：勤奋努力。
②厥：其，他的。
③泽：恩惠。
④懿：美好（多指德行，指有关女子的）。
⑤奕世：累代。
⑥来格：来临，到来。
⑦底：根基，打下基础，留作根据。
⑧斁：终止。
⑨清酤：清酒。
⑩孔硕：硕大。
⑪昭格：神灵对下显示吉祥；下对神灵表示感恩。
⑫物轨：众人的榜样。
⑬洋洋：盛大的样子，广远无涯的样子，众多的样子。
⑭罍：古代一种盛酒的容器。小口，广肩，深腹，圈足，有盖，多用青铜或陶制成。
⑮旨：美味。
⑯恪恭：恭谨，恭敬。
⑰雝雝：和乐貌，和洽貌。
⑱歆：飨，祭祀时神灵享受祭品、香火。
⑲禋：诚心祭祀。

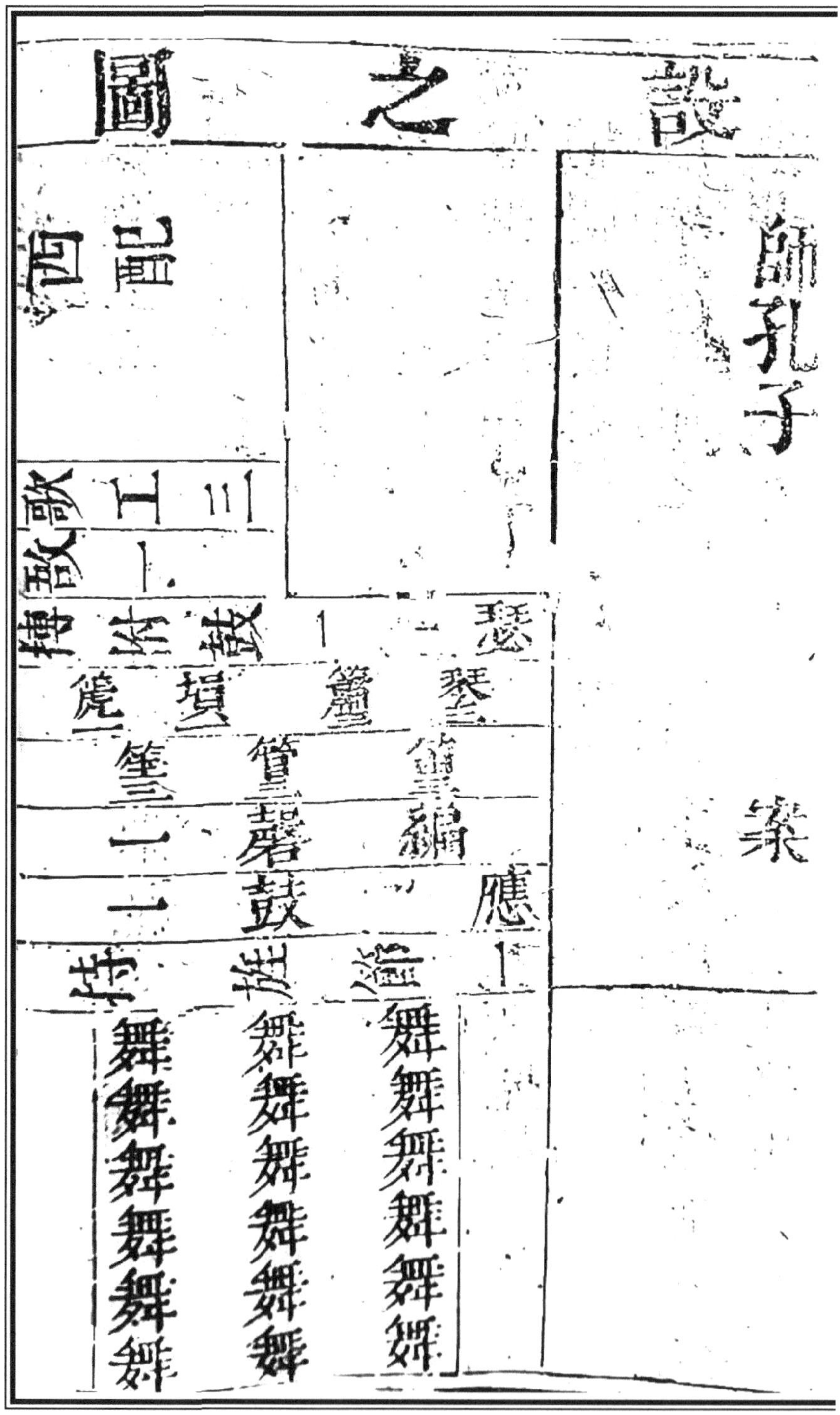
設之圖
師孔子
案
記
司
歌
敔
摶
拊
鼓
瑟
琴
簫
塤
篪
鐘
管
笙
編
磬
鼓
應
麾
旌
節
舞
舞
舞

樂舞陳

東配

麾 一
歌工 三
柷 一

拊 搏拊 敔 一 一 瑟

簫二 塤二 篪二 琴二

笙二 管二 笛二

一 鐘 編

一 鼓 應

左 旌 節 一

舞舞舞舞舞舞舞舞

舞舞舞舞舞舞舞舞

舞舞舞舞舞舞舞舞

至聖先

香 一

乐舞

起奏。乐生举麾升龙见，止奏，偃麾降龙见。

迎神。乐奏《咸和之曲》，用“大哉孔子”八句，无舞。

奠帛。行初献礼，乐奏《宁和之曲》，乐舞俱全，用“自生民去来”[1]八句，自行礼奏起，至读祝止。

初献。乐奏《宁和之曲》，乐舞俱全，用“大哉圣师”八句，自读祝毕，接奏起，至献终止。

亚献。乐奏《景和之曲》，乐舞俱全，乐用“百王宗师”八句，舞用“自生民来”八句，自行礼起，至献终止。

终献。乐奏《景和之曲》，乐舞俱全。乐同上，用“百王宗师”八句，舞用“大哉圣师”八句，自行礼起，至献终止。

彻馔。乐奏《咸和之曲》，用“牺象在前”八句，无舞。

送神。乐奏《咸和之曲》，用“有严学宫”八句，无舞。望瘗，奏乐，无舞，与送神同。

轩悬雅乐谱

金部

编钟一，簴钟十六，范金为之。击，以茱萸木为榦[2]，竹为柄。

石部

编磬一，簴磬十六，灵璧石为之，付之以牛角，竹为柄。

丝部

琴谱　琴六，皆七弦。斯乐则用第七徽。其第一弦黄钟律，合字应之，左手中指按，右手中指勾；第二弦大簇，四字应之，左手食指按，右手中指勾；第三弦林钟，尺字应之，左手大指按，右手食指剔；第四弦七徽半仲吕[3]，上字应之，左手无名指

①自生民去来：应为“自生民来”。

②榦：疑为“干”。

③仲吕：中吕。古乐十二律的第六律，又称小吕。中国古乐的十二调，即阳律六：黄钟、太簇、姑洗、蕤宾、夷则、无射；阴律六：大吕、夹钟、中吕、林钟、南吕、应钟，共为十二律。

按，右手中指勾；第五弦南吕，工字应之，左手大指按，右手食指剔；第六弦黄钟清律，六字应之，左手大指按，右手食指剔。

瑟谱　瑟二，古瑟五十弦，黄帝命素女鼓之，其声哀，故破二十五弦。长七尺，首阔一尺一寸九分，面两头各有小孔，疏通以系弦。弦长一丈，内外各十二，以朱；中一弦名君，以黄。共二十五弦，各设以柱，游移前后，以和其声。外十二弦，用右手食指鼓，内十二弦，用左手食指鼓。外第一弦黄钟律，以合字应之，用右手食指顺勾，凡鼓此字，必以内第一弦六字并鼓，清浊相应。二三弦大簇，以四字应，用右手食指连勾。六弦仲吕，以上字应，右手食指顺勾。七八弦林钟，以尺字应，用右手食指连勾。九十弦南吕，以工字应，用右手食指连勾。内一弦黄钟清律，以六字应，以左手食指顺勾。余十一弦与外弦音律指法相同。凡鼓四、上，凡工字，外、内弦亦俱并鼓，取清浊相应，以黄布囊之，各髹[①]以朱。

竹部箎二

箎谱　以竹为之，长尺四寸，围三寸三分。一孔上出，五孔向外，一孔向内，一孔在末节，共八孔。后一孔黄钟清律，以六字应。凡吹六字，止开此孔，余皆闭。第二孔南吕，以工字应。凡吹工字，此孔与下第三孔、底一孔皆开，余皆闭。第三孔林钟，以尺字应。凡吹尺字，此孔与下第二孔、底一孔皆开，余皆闭。第四孔仲吕，以上字应。凡吹上字，此孔与下一孔、底一孔俱开，余皆闭。第六底孔太簇，以四字应。凡吹四字，止开此孔，余皆闭。惟黄钟律以合字应，六孔皆闭。此乐吹生[②]大，宜用轻气吹之，其声乃和。

笛谱　笛六，用断紫竹为之，长尺四寸，七孔。其第一孔黄钟清律，以六字应。凡吹六字，下五孔皆闭。第二孔南吕，以工

①髹：用漆涂在器物上。
②生：应为“声”。

字应。凡吹工字，此孔与下四孔皆开，余皆闭。第四孔仲吕，以上字应。凡吹上字，下二孔皆开，余皆闭。第五孔太簇，以四字应。凡吹四字，下一孔开，余皆闭。第六孔黄钟，以合字应。凡吹合字，六孔皆闭，末一孔相应。

匏部

笙谱　用紫竹为之，十有七管，而列于匏中，管中各施以簧，管端参差如鸟翼，吹匏之端，则鼓舞其簧而发声。〇按第一、第三、第七、第十一管皆南吕，以工字应。凡工字，以此四管用右手大指及食指按，余孔皆开。十二、十五管林钟，以尺字应。凡尺字，以左手食指按，其余孔皆开。其第二、第十管仲吕，以上字应。第四、第八、第十一管大簇，以四字应。第十二、第十四管黄钟清律，以合字、六字应。凡吹合字必吹六字，凡吹六字必吹合字，清浊取其相合也。

土部埙二

埙部　埙以纸觔为之，布漆创金云彩[1]，围五寸半，长三寸四分。上尖底平如称锤，差大如鹅子，高三寸四分。六孔，上一、前三、后二。上孔平吹为大簇，以四字应，下五孔皆闭。向上稍仰为黄钟，以合字应，下五孔亦不开。左手中指与食指二孔为仲吕，以上字应。凡吹上字，止开此孔，余皆闭。右手食指孔并右手二孔俱开，为林钟，以尺字应。凡吹尺字，止开此三孔，余皆闭。后二孔左手大指孔南吕，以工字应。凡吹工字，此孔与前三孔俱开，余闭。右手大指孔黄钟清律，以六字应。凡吹六字，前后各孔俱开，吹者以两手无名指、小指托其底，轻用气，取声以和为佳也。

革部

应鼓　身高三尺，面阔二尺一寸，髹以朱。每奏乐一句，以

①金云彩：指金龙和云纹两种图案。

槌击者三声，但节奏从容为佳。

搏拊鼓　如鼓而小，外髹以朱，以红绒绦[①]维于人项，两手用之，或搏或拊，以节登鼓之声。

木部

柷一　以桐木为之，状如方桶，上为员[②]孔，纳椎，三面画山，一面画水，凡用，先以椎撞底，复击左右，共三声以起乐。

敔一　状如伏虎，背上有二十七钽铻[③]刻，用竹长二尺四寸破为十茎，其名曰“籈”，栎其背，以止乐。

雅乐乐生谱

迎神

大太四哉南工孔林尺子仲上，圣太四道仲上尊林尺崇仲上，维南工持林尺王仲上化太四，斯林尺民仲上是黄合宗太四，典黄合祀太四有仲上常林尺，精南工纯林尺并太四隆仲四，神黄合其南工来林尺格仲上，于林尺昭仲上圣黄合容太四。

舞谱

奠帛

(自)太四。左右舞，开翟[④]，籥[⑤]向上，起左右手于肩，垂左右手于下，跷[⑥]左右足向前。(生)仲上。开翟，籥向上，起左右手于肩，垂左右手于下，跷左右足向前。(民)林尺。左右合籥上移，左右足边交立。(来)仲上。左右转身向西东，开籥，起左右手于肩，垂右左手于膝，蹲身曲足，更加左右足虚其跟，足尖着地。(谁)太四。左右合籥向内，拱手，出左右足。(底)黄合。左右合籥，转身向外，拱手，出左右足。(其)仲上。左右合籥，躬身向上拜。(盛)太四。左右合籥，转身向西东，

①绦：用丝线编织成的花边或扁平的带子。可以装饰衣物。
②员：疑为“圆”之误。
③钽铻：栉齿状物。
④翟：古代用作舞具的野鸡的羽毛。
⑤籥：古代乐器，形状像笛。
⑥跷：脚向上抬。

躬身拱手，出左右足。维南工。左右开籥向上，起左右手于肩，垂右左手于下，出右左足。师林尺。左右开籥向上，起右左手于肩，垂左右手于下，出左右足。神仲上。左右合籥，转身向西东，蹈左右足。明太四。左右开籥，以右左手平肩，左右手胸[1]，斜身向上，头偏面西东，左右足虚其跟，足尖着地。度黄合。左右合籥向上，过左右足于右左交立。越太四。左右合籥向上，过右左足于左右交立。前仲上。左右合籥上，躬身[2]，揖。圣太四。左右合籥向上，平身立。粢仲上。左右开籥向上，起左右手于肩，垂右左手于下，跷右左足向前。帛太四。左右开籥向上，起右左手于肩，垂左右手于下，跷左右足向前。具仲上。左右合籥当胸向上，揖手于左右。成林尺。左右合籥当胸向上，揖手[3]于左右。礼黄合。左右合籥，蹈左右足，转身向上。容太四。左右合籥，蹈左右足向西东。斯林尺。左右合籥，低头向西东揖。称仲上。左右合籥，转身向上，平立拱手。黍太四。左右合籥向上，过左右足于右左交立。稷南工。左右合籥向上，过右左足于左右交立。非黄合。左右合籥，低头揖向上。馨林尺。左右开籥向上，起左右手于肩，垂右左手于膝，蹲身曲左右右左足[4]，更加右左足虚其跟，以足尖着地。维南工。左右合籥，低头揖于左右，左右足随揖蹈之于后。神林尺。左右合籥，低首揖于右左，右左足随揖蹈之于后。之仲上。左右合籥，转身向西东，南北拱手，跷左右足尖。听太四。左右合籥，复身向上拱手，跷左右足尖。

初献

太太四。左右开籥向上，起右左手于肩，垂左右手于下，跷左右足向前。哉仲上。左右开籥向上，起右左手于肩，垂左右足向前。圣黄合。左右合籥向上，过右左足于左右交立。师太四。左右开籥向上，

①左右手胸：应为“左右手平胸”，本句少了一“平”字。
②躬身：古代一种类似鞠躬的礼节。把腰弯到膝盖处，表示对他人的尊重。
③揖手：应为“垂手”。
④蹲身曲左右右左足：此语疑有误，查相关文献，应为“蹲身曲左右足”。

起右左手于肩，垂左右手于下，蹲身曲左右足，更加右左足虚跟，足尖着地。㊀实南工。左右合籥向上，躬身揖于右左，跷左右足尖。㊀天林尺。左右合籥向上，躬身揖于左右，跷右左足尖。㊀生仲上。左右合籥向上，躬身复揖于右左，随跷左右足尖。㊀德太四。左右开籥向上，起左右手于肩，垂右左手于下，蹲身曲左右足，虚肩[1]，足尖着地。㊀左仲上。作右[2]合籥，拱手向西东，出左右足。㊀乐太四。左右合籥，转身拱手向西东，出右左足。㊀以仲上。左右合籥向西东，过左右足于右左交立。㊀崇林尺。左右合籥向西东，彻右左足，虚左右足跟，拱手于上。㊀时仲上。左右开籥向上，起右左手于肩，垂左右手于下，跷左右足向前。㊀祀太四。左右开籥向上，起左右手于肩，垂右左手于下，跷右左足向前。㊀无林尺。左右合籥，蹈右左足转身。㊀斁仲上。左右合籥向西东拱手，跷左右足。㊀清黄六。左右躬身，向上开籥，双手向右左，跷左右足尖。㊀酤南工。左右躬身，向上开籥，双手向左右，跷右左足尖。㊀维林尺。左右合籥向上，低揖。㊀馨仲上。左右开籥，起左右手于肩，垂右左手于下，蹲身曲右左足，更加右左足虚跟，足尖着地。㊀嘉林尺。左右合籥，向西东拱手，出右左足。㊀牲仲上。左右合籥，向东西拱手，出左右足。㊀孔黄合。左右开籥，向东西起左右手于肩，垂右左手于下，蹲身曲左右足，更加左右足虚跟，足尖着地。㊀硕太四。左右开籥，转身向西东，起右左手于肩，垂左右手于下，蹲身曲左右足，更加左右足虚跟，足尖着地。㊀荐太四。左右合籥，躬身向上揖于右左。㊀羞南工。左右合籥，躬身向上揖于左右。㊀神黄六。左右合籥，躬身向上复揖于右左。㊀明林尺。左右合籥，复手于中，躬身拱手向上。㊀庶南工。左右开籥，躬身，左右手起舞加额，右左手随舞于后，右左足随手出，后足尖着地。㊀几林尺。左右开籥，躬身，右左手起舞加额，左右手随舞

---

①虚肩：此语疑有误。《大明释奠礼》："开籥（翟）向上，起左（右）手于肩，垂右（左）手于下，蹲身曲左（右）足，更加右（左）足，虚其根，以足尖着地。""虚肩"疑为"虚其根"之误。

②作右：此语疑有误。应为"左右"。

于后，左右足随手出，后足尖着地。㊣昭仲上。左右开籥，躬身，复以左右手起舞加额，右左手随舞于后，右左足随手出，后足尖着地。㊣格太四。左右合籥，拱手下拜。

亚终献

百仲上王南工宗林尺师仲上，生林尺民仲上物太四轨黄合，瞻黄六之南工洋林尺洋仲上，神林尺其仲上宁太四止黄合，酌太四彼黄合金林尺罍仲上，惟南工清林尺且太四旨仲上，登仲上献太四维林尺三仲上，于黄六嘻南工成林尺礼仲上。

彻馔

牺仲上象太四在仲上前林尺，俎太四豆仲上在黄合列太四。以太四享南工以林尺荐仲上，既仲上芬林尺既太四洁仲上。礼黄合成太四乐仲上备太四，人南工和林尺神仲上悦太四。祭黄合则太四受仲上福林尺，率黄合遵南工无林尺越仲上。

送神

有太四严南工学林尺宫仲上，四黄合方太四来仲上崇太四。恪黄六恭南工祀林尺事仲上，威南工仪林尺雝仲上雝太四。歆仲上兹林尺惟南工馨林尺，神仲上驭太四还林尺复仲上。明黄六禋南工斯林尺毕仲上，咸南工膺林尺百仲上福太四。

乐律

合上声四上声上平声尺平声工去声六去声。

舞仪

以上舞谱：跷左右足者，足跟着地，足指向上谓之跷；蹈左右足者，足指着地，跟蹈其胫，谓之蹈。凡曰左右者，分东西二班也。左班纪蹈左足，在右班则蹈右足；右班纪蹈右足，在左班则蹈左足。其有垂、举左右手者，仪同前说，俾左右舞仪相合而不悖。盖乐有声有容，声出于律，容娴于仪，声容并至，乐以成矣。

历代学校官署置弟子员附

汉，郡国有文学。武帝时，始诏天下郡国立学校，官置弟子员〇平帝元始三年，诏郡国曰学，县道邑侯国曰校，校学通置经师一人。乡曰庠，聚曰序，序庠各置孝经师一人。

《唐六典》[①]：魏晋以下郡县并有文学，即博士、助教之任。唐开元以后，京都学生八十人；大都督、中都督府、上州各六十人；下都督府、中州各五十人；下州四十人。京县五十人，上县四十人，中县、中下县各三十五人，下县二十人。

宋庆历四年，诏诸路州军监，各令立学。自是州郡无不有学，始置教授以经术行义，训导诸生，掌其课试之事，而纠正不如规者。熙宁六年，始诏诸路学宫兼委中书门下选差，县置博学、助教各一人，谓之主学官，则由漕司聘署，弟子无定员。

元设教授、学正、学录。学生额五十人，其盛也，至五十人受饩[②]于学。

明府设教授一员，总其教事，训导四员，分其程课。州学正一员，训导三员。县置教谕一员，视教授、训导二员。洪武十五年，令在京府县生员六十人，在外府学四十人，州学三十人，县学二十人，日给廪膳[③]，仍免差徭二丁。宣德中，增广员数如正额，而不给廪膳，谓之增广生。正统十二年，于廪膳、增广之外复选俊秀附学肄业[④]，谓之附学生。

国朝[⑤]初，府设教授一员，训导二员，州设学正、训导各一员，县设教谕、训导各一员。康熙三年内，部议裁留，每府留教授一员，州留学正一员，大县留教谕一员，中县、小县各留训导

①《唐六典》：全称《大唐六典》，是唐朝一部行政性质的法典。是我国现有的最早的一部行政法典。唐玄宗时官修，成书于开元二十六年（738）。

②饩：赠送人的粮食或饲料。

③廪膳：亦作“廪膳”。科举时代公家发给在学生员的膳食津贴。

④肄业：正在学校学习。

⑤国朝：这里指清朝。

一员，其余裁去。

顺治初，生员无定额，大县或取至百人。十二年奉旨：大学四十人，中学二十五人，小学十五人。十六年奉旨：大学十五名，中学十二名，小学七名。宁原属中学，定数十二名，外发府学三名。自康熙元年考案①失额，仅十名，府学亦未发童子之颖异②，堪进者俱为变例所限。康熙十年，奉宗师王，考试殷铭，奋兴首事，爰约同志刘登瀛、段廷衮、刘纶等，具呈本县转详学宪③，力请复额。足考，本学入十二名，外发入府学三名，共十五名，额遂如初附识。

名宦

名宦祠原在明伦堂后，祠久颓废。知县张芳改建于戟门④之左。

彭　璟宋元祐七年，知县事，创新学校，教以礼义，风俗为之丕变⑤，入名宦奉祀。

杜　焕宋绍圣元年，以右宣德郎来知县事，新学校，定规矩，以劝勉学者，入名宦。

胡　暹直隶太平府当涂县人，明永乐四年任县事，爱民律己，遗惠在人。后升知江宁，民至今称之，入名宦祠。

赵　忠四川大足县人。先任赣州府知事。明正统七年，以贤举任本县，律己端慎，治民有方，重修公署，添设豫备仓廒，入名宦祠。

陶敬图直隶松江府华亭县人，别号吴山由贡。明万历元年知县事，修建城垣、公署、桥梁，百废具兴，入名宦奉祀。有《建城记》附别志⑥。

①考案：亦作“考按”，案卷、名单。
②颖异：才能出众。
③学宪：指学政。
④戟门：设戟于门，故谓之戟门。
⑤丕变：大变。
⑥别志：即第十卷《艺文志》。其中有桂阳州守蒋学成《修城记》，记述陶敬图修建城垣之事。

阎继芳河南汝宁府孟津县人。明万历三十一年知县事。孝友性成，廉能雅著。兴学校而弦歌①有余音，均赋田而抚字留令誉②，豪强无跋扈之扰，士庶多来暮之思③，化治舆情④，功垂奕世。士民申请上宪⑤褒嘉，入名宦奉祀。

刘焘孙元至正为本州学正，湖南陷，知州以下弃城走，居民诣学请为州守，外援不至，死之，入名宦奉祀。

张　懋明景泰任本县训导，扶持名教，作兴士类，尝捐俸重建魁星亭、明伦堂，入名宦奉祀。

乡贤

乡贤祠原在启圣祠后，祠久颓废，知县张芳改建于戟门之右。

袭盖卿事详《人物志》⑥。

王居仁事详《人物志》。

师儒

元　学正

易　均延祐间任。

郑　桌至治辛酉任。

刘　华泰定甲午任。

刘焘孙事详《名宦》。

训导

萧　辅延祐初任。

---

①弦歌：依琴瑟而咏歌。引申为礼乐教化。
②令誉：好名声。令，美好。
③来暮之思：后汉蜀郡太守廉范，有惠政。百姓乃歌之曰：“廉叔度，来何暮？不禁火，民安作。平生无襦今五绔。”来何暮，意思为：为何来得太晚。见《后汉书》卷三十一《廉范传》。
④舆情：公众的意见和态度。
⑤上宪：上司。
⑥《人物志》：已佚。

刘　恢延祐中任。

明　教谕

夏宗显洪武八年任。兵火之后，凡庑殿堂斋皆其重创。

蔡　煦江西瑞州府新建人，正统初任，学行优长，士服其教。

邓　渊广东肇庆府庆州人，正统末任。

陈时敏福建泉州府南安县人。

陈　宁江西九江府瑞昌县人，成化元年任，以满去任，学者慕之。

王　辅四川重庆府邛县人，成化九年任。

戴　禧字天锡，浙江余杭县人，成化十九年任，学行老成，条教严谨。

李德治广东人，举人。

王朝臣江西安福县人，由举人升岳州府通判。

姚　睿浙江杭州府仁和县人。

马　格浙江金华县人。

冯　忱浙江湖州府归安县人。

徐　敏广东阳江县人。

邹　鲁江西金谿县人，升楚府教授。

罗尧臣四川宜宾人，升云南军民府教授。

顾　志广西临桂人，由举人升邵阳县知县。

张腾鹏四川彰明县人，升兴国州学正。

杨胜川云南云南县人，升河迷州学正。

侯邦治广西临桂县人，别号熙宇，由举人万历年任，升广东从化县知县。

谢　顺湖广武陵人，由贡[①]万历五年八月任。

黄　芳湖广江夏县人，由贡万历十二年任。

李春芳湖广靖州会同人，由贡万历十三年任。

黎应凤广东广州府增城人，由举人万历十九年任。

朱士锦湖广郧阳府竹山县人，由贡万历十九年任，升南直隶毫州[②]学正。

---

①贡：贡生。科举时代，挑选府、州、县生员（秀才）中成绩或资格优异者，升入京师的国子监读书，称为“贡生”。意谓以人才贡献给皇帝。

②毫州：疑为“亳州”。

华春选兴国人，由贡万历二十三年任。

胡可达四川眉山县人，由贡万历二十八年任。

钱祐之永州府零陵人，由贡万历三十二年任。

曹广被郴州兴宁人，万历三十四年任，升永州府教授。

陈时夏四川南充人，万历三十七年任，升本府教授。

陈大勋施州卫人，万历四十年任，升善化王府教授。

陈斯文长沙安乡人，万历四十二年任，升辰州府教授。

龙汝梗长沙湘乡人，由贡万历四十四年任，升德安王府教授。

莫尚德长沙府湘潭人，由贡万历四十五年任，历俸三载，升四川盐井卫教授。

樊良弼江西南昌府进贤人，由贡天启二年正月任，历俸三载，升江西抚州府教授。

王崇华郴州宜章人，由贡天启三年八月任，历俸三载，升广西南宁府教授。

黄大带辰州府沅州麻阳人，由岁贡天启五年任，历俸二载，升施州卫学教授。

向　学襄阳均州人，由岁贡崇祯元年任，历俸三载，升贵州安南卫学教授。

谢嘉兆宝庆邵阳人，由贡崇祯四年六月任，在任一年，升四川马湖府教授。

沈凤仪福建漳浦人，由贡崇祯五年任。

李思育辰州麻阳人，崇祯六年任。

潘　缙

车大聘宝庆邵阳人。

朱　跃江西安福人，举人。

罗象微长沙湘潭人。

训导

张　懋景泰中任，扶持名教，作兴士类，尝捐俸重建魁星亭、明伦堂，入名宦奉祀。

葛　雍直隶太平府当涂人，成化八年任。

廖　晦江西新喻人，成化十三年任。

陈　绎字有绪，四川宜宾人，成化十七年任，启迪有方，生徒悦服。

简　珂江西新喻人，成化十年任，学行优长，克勤训诲。

汪　沛浙江仁和人。

张云汉福建晋江人，捐俸以置祭器。

王　篪广西人。

黎　明

晁昌龄四川马湖府人。

林　鸾直隶当涂人，升襄阳府学教授。

王　郊四川长寿人。

周希禹四川荣昌，升榆林卫教授。

吴魁弘福建晋江人。

龙　驯广西融县人。

颜　标福建永春人。

余化鹏四川筠连人，升宜章知县。

梁　宥广西平南人，由贡万历元年任。

袁惟庆云南永昌人，举人，万历五年任，升南京国子监学正。

刘　宇湖广靖州人，由贡万历九年任。

陈世杰贵州龙里卫人，由贡万历十年任，升浙江奉化县知县。

傅　现贵州平越卫人，由贡万历十五年任。

王　年广西马平人，由贡万历二十一年任，升广东清远县教谕。

全天赋贵州石阡府人，万历二十二年任，持己端方[①]，慷慨有为，升云南保山县知县。

丘　淳襄阳宜城人，万历二十八年任，升房县教谕。

文国卿荆州懿陵人，万历三十三年任，升蕲州学正。

黄　甲永州零陵人，万历三十九年任，历俸五载，升郴州教授。

王国瑞永州零陵人，由贡万历四十四年任，历俸四年，升广西柳州府学授[②]。

---

①端方：端直方正。

②授：原文如此。疑为“教授”。

马之乾广西洛容人，由贡万历四十八年十一月任，历俸二年，升荣府教授。

刘　槽永州零陵人，由岁贡天启三年任。

俞登高贵州新添卫官籍，直隶合肥人，天启七年任，升云南新兴州学正。

尹东秩湖广应城人，崇祯四年任。

欧大遂宁远人。

陈时雨茶陵州人。

周　祉鄜县人，崇祯十七年任。

国朝教谕

邹璧明湖广随州人。

王　金字砺汝，襄阳宜城人。

张我昌字全子，湖广谷城人，督修文庙，奉裁候用。

训导

周　珏安陆景陵人。

吴　璜武昌江夏人。

张效鍊湖广蕲州人，升浙江嘉兴府平湖县县丞，康熙四年八月二十日任。

李孔茂字尔星，号北山，黄州府麻城县人，由岁贡康熙六年三月二十八日任。

张春榜字跃鳞，石门县人，由岁贡康熙十年七月二十日任。

宾兴①

国朝初，科举二十四名，遗才六名。后中式减额，科举一十六名，遗才四名。其有志赴省考遗才者，不拘定数。每名盘费②银四两，花红银九钱，酒席一钱，知县当堂簪花饯送于北门步云桥。

①宾兴：周代举贤之法。谓乡大夫自乡小学荐举贤能而宾礼之，以升入国学。科举时代，地方官设宴招待应举之士。亦指乡试。

②盘费：盘缠，是古代的路费。

举人会试，每名给长夫银二十四两，其祖饯[①]报捷照会试加隆。

附贡试

廪生[②]考贡，例用正陪一人，各给脚力银四两。既贡，官礼之如乡试，报捷礼每名路费银一十五两，花红旗匾、酒席银一十二两。

乡饮

乡饮酒者，得学校之遗意者也。虞[③]夏殷周，风尚递更，然而东序、西序，不异于上庠、下庠，虞庠[④]、东胶[⑤]，无殊于右学、左学，皆以养老为义[⑥]。今学校之名未改，而养老之制荡如[⑦]，惟是饮宾于庠之礼，设于三揖至三让升，而见其所以致尊让焉。于六十坐，五十立，而见其所以明尊长焉。于六十、七十之三豆、四豆，八十、九十之五豆、六豆，而见其所以明养老焉。夫宾主象天地，介僎[⑧]象日月，三宾象三光[⑨]，实堪本乎政教，但使举之循乎时，行之择乎人，摈相[⑩]习其文，君子达其义，谓四代[⑪]之国老、庶老，至今存可也。故曰乡饮酒者，得学校之遗意者也。

---

①祖饯：饯行。

②廪生：廪膳生员，科举制度中生员名目之一。明府、州、县学生员最初每月都给廪膳，补助生活。名额有定数。

③虞：传说中的中国朝代名，舜所建。

④虞庠：周代学校名。

⑤东胶：周代大学。周朝对贵族子弟进行教育的机构，相当于“太学”。《礼记·王制》：“周人养国老于东胶。”

⑥《礼记·王制》：“有虞氏养国老于上庠，养庶老于下庠。夏后氏养国老于东序，养庶老于西序。殷人养国老于右学，养庶老于左学。周人养国老于东胶，养庶老于虞庠。虞庠在国之西郊。”郑玄注：“皆学名也，异者四代相变耳……西序、虞庠亦小学也……庠之言养也，周之小学，为有虞氏之庠制，是以名庠云。”

⑦荡如：清除，消灭。

⑧介僎：介与僎。古代行乡饮酒礼时的辅佐者。辅宾者称介，辅主人者称僎。

⑨三光：古人称自然界发光的三种物体，分别为日、月、星。

⑩摈相：指导引宾客，执赞礼仪，出自《周礼·秋官·司仪》。

⑪四代：虞夏殷周。

《乡饮酒义》[1]曰：主人拜迎宾于庠门之外，入，三揖而后至阶，三让而后升，所以致尊让也。盥洗、扬觯[2]，所以致洁也。拜至[3]，拜洗[4]，拜受[5]，拜送[6]，拜既[7]，所以致敬也。尊让则不争，洁、敬则不慢[8]，不慢不争，则远于斗辨矣。不斗辨，则无暴乱之祸矣。斯君子之所以免于人祸也。故圣人制之以道。乡人、士、君子，镈[9]于房户[10]之间，宾、主共之共镈者，人臣卑，不专大惠，故不别设镈。镈有铉[11]酒，贵其质也，教人不忘本也本古也，古无酒，用水而已。牲用狗，烹于东方，祖阳气之发于东方也祖法也。狗所以养宾，阳气主养万物，狗主择人。羞[12]出自东房，主人共之也燕私可以自专也，共音恭。洗当东荣[13]，主人之所以自洁，而以事宾也。水在洗东，祖天地之左海[14]也。宾主象天地也，介僎象阴阳也，三宾象三光也，让之三也，象月之三日成魄[15]也。四面之坐，象四时也。天地严凝之气，始于西南而盛于西北，天地温厚之气，始于东北而盛于东南。主人尊宾，故坐宾于西北，而坐介于西南以辅宾。宾者，接人以义者也，故坐于西北。主人者，接人以仁德厚者也，故坐

①《乡饮酒义》：《礼记》中的第四十五篇。
②扬觯：举起酒器。古时饮饯时的一种礼节。
③拜至：主人迎宾上堂后，要在阼阶上面朝北行再拜礼，以对宾的到来表示感谢，叫做拜至。
④拜洗：主人向宾献酒前，要下堂为宾洗觯，洗毕上堂后，宾要拜谢主人为己洗觯，叫做拜洗。
⑤拜受：主人向宾献酒，宾要先行拜礼而后接受献酒，叫做拜受。
⑥拜送：主人献酒后，再行拜礼，以示恭敬，叫做拜送。
⑦拜既：宾饮干主人所献的酒后，要行拜礼以致谢，叫拜既。
⑧慢：怠慢。
⑨镈：《十三经注疏》等均作“尊”。《十三经注疏》，上海古籍出版社，1997年，以下版本同。
⑩户：《十三经注疏》作“中”。
⑪铉：《十三经注疏》等均作“玄”。
⑫羞：同“馐”。
⑬洗当东荣：洗，盛水器，形似今之洗脸盆，用以承接盥洗时下注之弃水。当东荣：指堂下庭中东阶东边，北当堂屋东荣的地方。荣，指屋檐两端向上翘起的部分，又叫屋翼，谓如鸟之张其两翼。
⑭左海：海在东方，立于北而面朝南视之，则在左。
⑮魄：谓月有体无光，仅有其暗淡的轮廓。

于东南，而坐僎于东北，以辅主人也。孔子曰：吾观于乡，而知王道之易易也乡，乡饮酒也。易易，谓教化之本，尊贤让齿也。饮酒之节，朝不废朝，暮不废暮，宾出，主人拜送，节文终遂焉，知其能安燕而不乱也既朝乃饮，先夕则罢，其正也。终遂谓克备也。

唐宋仪繁，不具录

明制：府、州、县每岁正月十五日，十月初一日于明伦堂行礼。以正官为主，位东南；以以[①]礼致仕官员为大宾，位西北；择年高有德之人或三人或一二人为僎宾[②]，位东北；以次长为介宾[③]，位西南。以宾之次者为三宾，位于宾、主、介、僎之后。以教官为司正，以老成生员赞礼。前一日，陈设坐次，司正率执事习礼。次日黎明，宰牲具馔，主人率僚属司正先至，遣人速[④]客。客至，出迎于庠门外，三让三揖，升堂，拜讫，就位。司正至堂中北面立，宾、主皆立，皆揖。执事者酌酒于觯，以授司正。司正举酒曰："恭维朝廷，率由旧章。敦崇礼教，举行乡饮，非为饮食。凡我长幼，各相劝勉。为臣尽忠，为子尽孝，长幼有序，兄友弟恭。内睦宗亲，外和乡里，无或废坠，以忝[⑤]所生。"读毕，司正饮酒毕，以觯授执事，司正揖，宾、僎以下皆报揖。司正复位，宾、僎以下皆坐，执事者举律令于案堂中，宾、主皆拱立，读者诣案北面读曰："《大诰[⑥]·乡饮酒礼》：序长幼，论贤良，别奸顽，异罪人。其坐席间，高年有德者居于上，高年淳笃者并之，以次序齿而列。其有曾违条犯法之人，不许干与善良之席。主者若不分别，致使贵贱混淆，察知或发觉，罪以违制。奸顽紊乱正席者，全家移出化外。"读毕复位，执事者举馔案至

①以以：疑衍一"以"字。
②僎宾：古代行乡饮酒礼时辅佐主人的人。
③介宾：古代指行乡饮酒礼时辅佐宾客之间的人。
④速：邀请，招致。
⑤忝：辱，有愧于，常用作谦辞。
⑥《大诰》：明太祖朱元璋亲自写定的刑典，明初洪武十八年（1385）十一月颁布。

客前，主人献宾，荐脯醢[①]，设折俎，宾酬主人如之。献僎、介，僎、介酬，皆如之。讫[②]，工[③]人，升歌，鼓瑟，歌《鹿鸣》[④]，饮酒，供汤。工歌《四牡》，饮酒，供汤。工歌《皇皇者华》，饮酒，供酒。笙入，笙奏《南陔》，又奏《白华》，又奏《华忝》，诗歌《鱼丽》，笙奏《由庚》，歌《南有嘉鱼》，奏《崇丘》，歌《南山有台》，奏《由仪》。于是合乐奏《关雎》《鸠巢》，又奏《葛覃》《采蘩》，又奏《卷耳》《采苹》，每诗先歌首章，饮讫，乃彻馔。宾、主两拜讫，又宾、僎、介、众宾拜讫，送宾，三揖出庠门而退。国朝乡饮酒礼如明制。

①脯醢：佐酒的菜肴。
②讫：完毕。
③工：乐工。
④《鹿鸣》：《诗经》里的篇章，以下打书名号的皆同。

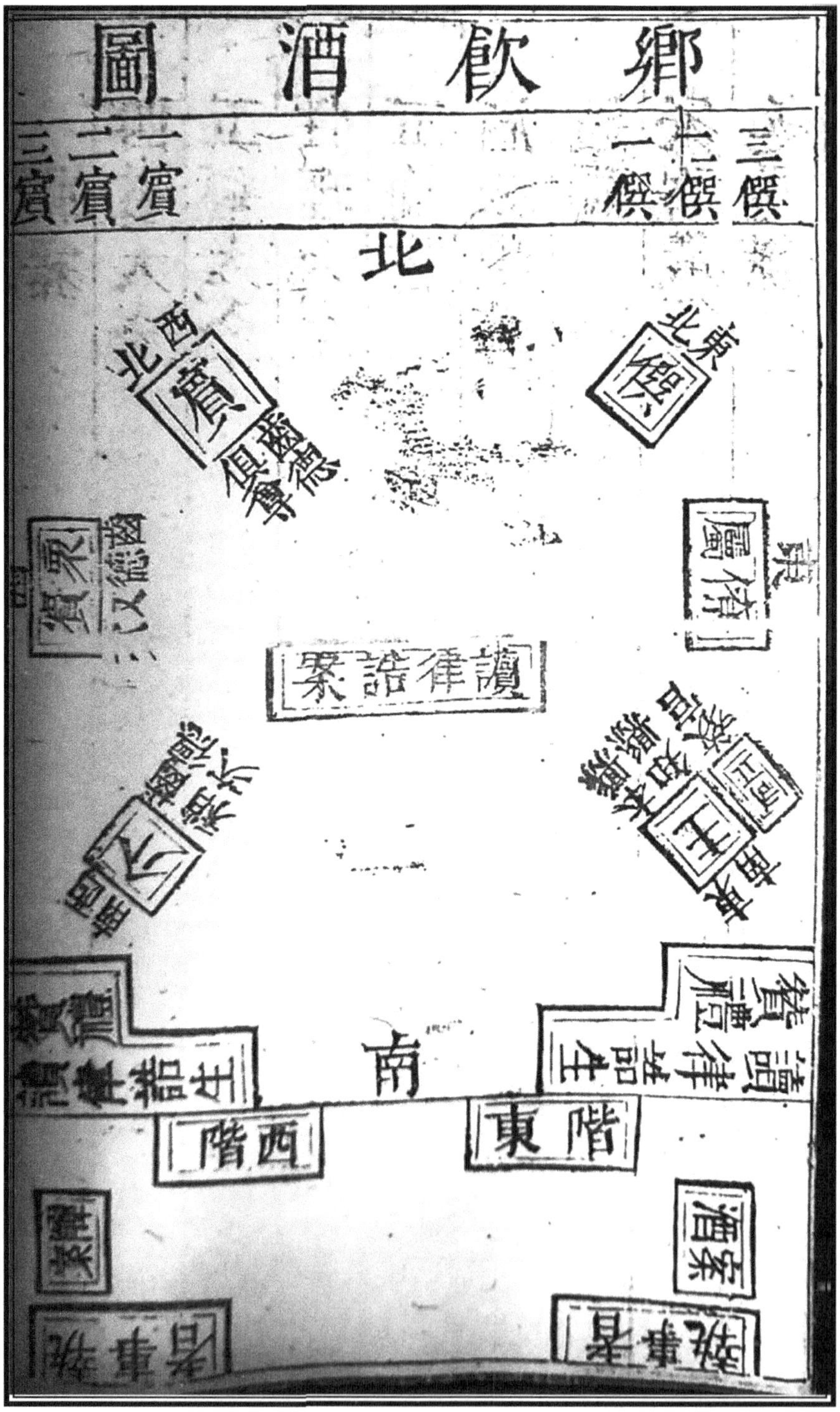
鄉飲酒圖
三僎
二僎
一僎
一賓
二賓
三賓
北
東北
僎
西北
賓
讀律誥案
主
介
南
東階
西階
酒案

载籍：

《四书大全》

《五经大全》

《性理大全》

《五伦书》

《湖湘学政》

《通鉴》

《家礼仪节》

《近思录》

学规

宋大观元年，诏布《周官》八行八刑①之法于学宫，令所在镌刻。淳祐六年，御书《白鹿教条》②颁天下学，立石。明洪武二年，令学者专治一经，以礼、乐、射、御、书、数设科分教。三年，定学校射仪。十五年，颁禁约于天下诸学，勒石于明伦堂，谓之卧碑。成化三年，令提学官躬历各学，督率教官，化导诸生。仍置簿考验，其德行优、文艺赡③、治事长者，列上等簿；或有德行而劣于经义，或有经义而短于治事者，列二等簿；经义优、治事长而德行缺者，列三等簿。若平日嘱托公事，或捏造歌谣，兴灭词讼，及败伦伤化、过恶彰著者，不必品其文艺，即行革退。嘉靖五年，世宗亲撰《敬一箴》，并著宋儒程氏④视、听、言、动《四箴》于天下学校立碑，以肃生徒。

本朝顺治九年，礼部题奉钦依条约八款，颁刻学宫，谓之新卧碑。

①《周礼·地官·大司徒》：八刑为，不孝、不睦、不姻、不弟、不任、不恤、造言、乱民之刑。

②《白鹿教条》：南宋淳熙六年（1179），刚刚出任南康军（今江西九江星子县）郡守不久的朱熹，决定在庐山东麓的白鹿洞创办书院。他亲手制定了著名的《白鹿洞教条》。

③赡：富足，足够。

④程氏：指程颐。

新卧碑

朝廷建立学校，选取生员，免其丁粮，厚以廪膳，设学院、学道、学官以教之，各衙门官以礼相待，全要养成贤才，以供朝廷之用，诸生皆当上报国恩，下立人品，所有教条开列于后：

一生员之家，父母贤智者，子当受教；父母愚鲁或有非为者，子既读书明理，当再三垦告，使父母不陷于危亡。

一生员立志，当学为忠臣、清官，书、记所载忠清事迹，务须互相讲究，凡利国爱民之事，更宜留心。

一生员居心忠厚正直，读书方有实用，出仕必作良吏；若心术邪刻，读书必无成就，为官必取祻[1]患，行害人之事，往往自杀其身，常当思省。

一生员不可干求[2]官长，交结势要，希图进身。若果心善德全，上天知之，必加以福。

一生员当爱身忍性，凡有司衙门不可轻入。即有切己之事，止许家人代告，不许干与他人词讼，他人亦不许牵连生员作证。

一为学当尊敬先生，若讲说，皆须诚心听受，如有未明，从容再问，毋妄行辨难。为师者亦当尽心教训，勿致怠惰。

一军民一切利病，不许生员上书陈言，如有一言建白，以违制论，黜革治罪。

一生员不许纠党多人，立盟结社，把持官府，武断乡曲。所作文字，不许妄行刊刻，违者听提调官治罪。

先朝卧碑附

明洪武二年，大[3]祖既诏天下立学，遂命礼部传谕，立石于学刻之，后再为刊定：

一国家明经取士，说书者以宋儒传注为宗，行文者以典实纯

①祻：同“祸”。
②干求：请求，求取。
③大：应为“太”。

正为尚。今后务将颁降《四书》《五经》《性理》[①]《通鉴纲目》[②]《大学衍义》[③]《历代名臣奏议》[④]《文章正宗》[⑤]及历代诰律典制等书，课令生徒诵习讲解。其有剽窃异端邪说，炫奇立异者，文虽工弗录。

一天下利病，诸人皆许直言，唯生员不许。今后生员本身切己事情，许家人抱告。其事不干己，辄便出入衙门，以行止有亏革退。若纠众扛帮[⑥]，骂詈[⑦]官长，为首者问遣，余尽革为民。

一习举业，即穷理之一端，四书、经文、策论，务要说理详明，不许浮夸怪诞，记诵旧文，意图侥幸。

一生员考试不谙文理者，廪膳十年以上发附近充吏，六年以上发本处充吏。增广十年以上发本处充吏，六年以上罢黜为民，未及六年发社。

一有司[⑧]朔望行香，迎至明伦堂讲书。

一各省廪膳科贡，各有定额，南北举人名数，亦有定制。近来奸徒利他处人才寡少，诈冒籍贯。或原系娼优隶卒之家及曾经犯罪问革，变易姓名，侥幸出身。访出拏问[⑨]。

一岁贡，正统六年定：府学一年贡一人，州学三年贡二人，县学二年贡一人。

一应贡生员，文理不通，另取补贡，不许伹[⑩]挨次滥补。

选贡，隆庆二年题准，不拘食粮浅深，务取文行兼优者，府学二人，州县卫学各一人，以充恩贡。

①《性理》：即《性理大全》，是明代的胡广所著，内容为宋代理学著作与理学家言论。
②《通鉴纲目》：即《资治通鉴纲目》，朱熹著。
③《大学衍义》：南宋理学家真德秀创作的政治哲学类著作。
④《历代名臣奏议》：明永乐十四年黄淮、杨士奇等奉敕编。
⑤《文章正宗》：南宋理学家真德秀所编的一部诗文选集，收录《左传》《国语》以下至唐末之作，体例包括辞命、议论、叙事、诗赋等。
⑥扛帮：顶撞。
⑦詈：骂。
⑧有司：主管某部门的官吏，泛指官吏。
⑨拏问：捉拿审问。
⑩伹：笨拙，迟钝，亦指笨拙的人。

一补贡有缺，查人文未经到部定限，本年取文学优长者一人补。

一科举定以子午卯酉年秋八月，各省直皆试士于乡。初九日初场，试《四书》义三道，经义四道，文限六百字，冗长者不得中式。十二日第二场，试论一道，表一道，判语五条。十五日第三场，试经史、时务策五道。初场须醇实典雅，二三场须明白条对，空疏敷衍者不得中式。

一学校无成，皆因师道不立。教官贤否不齐，须先察其德行，考其文学，若学问疏浅、怠于训诲者，一考再考，无进不改，送吏部别用。其贪滛[①]不肖者，不必考其文学，即送按察司问理。

会则 **张 芳**

盖闻国君圣而人文聚，五星所以开有道之祥；古书出而庠序兴，六艺[②]所以多高才之授。表圣者有江都[③]，大原大义、微言不绝。传经者有新安[④]，安定道统，儒效并彰。矧[⑤]江汉滔乎南纪[⑥]，濂溪[⑦]实导源于洛闽[⑧]。而王、袭[⑨]学乎北方，宜阳[⑩]聿[⑪]传宗于山

①滛："淫"的讹字。

②六艺：周王官学要求学生掌握的六种基本才能：礼、乐、射、御、书、数。出自《周礼·地官·大司徒》："三曰六艺：礼、乐、射、御、书、数。"

③江都：指西汉大儒董仲舒。董仲舒曾为江都王相，故称"江都"。

④新安：新安理学。是中国思想史上曾有过重大影响的学派，而在新安（后称徽州）的传播和影响尤深，其奠基人程颢、程颐及集大成者朱熹，祖籍均在新安江畔的徽州（今黄山市屯溪区），因徽州的前称为新安郡，故这一学派以"新安"定名。朱熹亦自称"新安朱熹"。

⑤矧：况且。

⑥《诗经·小雅·四月》："滔滔江汉，南国之纪。"郑玄笺："江也，汉也，南国之大水，纪理众川，使不壅滞；喻吴、楚之君能长理旁侧小国，使得其所。"后因以指南方。

⑦濂溪：湖南省道县水名。宋理学家周敦颐世居溪上。周晚年移居江西庐山莲花峰下，峰前有溪，因取旧居濂溪以为水名，并自以为号，世称"濂溪先生"。

⑧洛闽：指程朱理学。洛，指程颢、程颐，因二程为北宋河南府（今洛阳）人，故称他们的学术体系为洛学。闽，指朱熹。朱熹出生于南剑州尤溪（今属福建省尤溪县），故称朱熹的学术体系为"闽学"。

⑨王、袭：王居仁、袭盖卿。

⑩宜阳：常宁县治在宜阳。这里指常宁的学术。

⑪聿：文言助词，无义，置于句首或句中。

斗①。岂特《九辨》《九歌》，童蒙拾其香草，抑由三洗三伐，名教乐其《菁莪》②。虽昌黎③《进学》无解国子之嘲，乃横渠④至道且撤皋比⑤不懈。故相与有成惟二三子，而苟可与进有六七人。俾敛才崇德，则滓尽而清来，若鬻利于名，犹乌文而鹄⑥质。岂谓大儒风规不由后起，敢云承师绪论无预劳人。三期制锦⑦，愿以奇文异义，黼黻⑧庙廷；四季攻瑜，欲令珙璧天球，辉煌礲错⑨。会取桃花洲之地，俾俗吏毋眩美于河阳⑩，文以柳子厚⑪为师，使名流勿矜才于江令⑫。会则如左，以质雅宗⑬：

一通经

穷理而后能专经，穷经而后能通经。今人动称专经矣。经者，径也，径直修明，九逵⑭可御。能车攻乎？马良乎？讲于泰豆⑮氏之御终年而不敝乎？夫经不穷则不通，疏其训诂，正其音切，析其章句，稽其世代，察其物象，上下其行事，文无害辞，辞无匿

①山斗：泰山、北斗的合称。犹言泰斗。比喻为世人所钦仰的人。
②《菁莪》：《诗经·小雅》中《菁菁者莪》篇名的简称。指育材。
③昌黎：指韩愈。韩愈自称“郡望昌黎”，世称“韩昌黎”。他撰有《进学解》一文，自我解嘲。
④横渠：指北宋理学家张载，张载为凤翔郿县（今陕西眉县）横渠镇人。
⑤皋比：古人坐虎皮讲学。后因以指讲席。宋朱熹《横渠先生画像赞》：“早悦孙吴，晚逃佛老。勇撤皋比，一变至道。”
⑥鹄：通称天鹅。似雁而大，颈长，飞翔甚高。
⑦制锦：《左传·襄公三十一年》：“子皮欲使尹何为邑。子产曰：‘少，未知可否？’子皮曰：‘愿，吾爱之，不吾叛也。使夫往而学焉，夫亦愈知治矣。’子产曰：‘不可。……子有美锦，不使人学制焉。大官、大邑，身之所庇也，而使学者制焉。其为美锦，不亦多乎？’”后因以“制锦”为贤者出任县令之典。
⑧黼黻：修饰文辞美化。
⑨礲错：磨治。语出汉扬雄《法言·学行》：“夫有刀者礲诸，有玉者错诸。不礲不错，焉攸用？礲而错诸，质在其中矣，否则辍。”李轨注：“礲错，治之名。”
⑩河阳：晋潘岳曾任河阳县令，后多以“河阳”指称潘岳。
⑪柳子厚：柳宗元，字子厚。
⑫江令：南朝梁江淹曾为建安吴兴令和建元东武令，后世亦称“江令”。
⑬雅宗：诗文的宗主。
⑭逵：四通八达的大路。
⑮泰豆：传说中善于驾御车马的人。《列子·汤问》：“造父之师曰泰豆氏 。”

义，是穷经之法也。经穷而理一，理一而分殊[①]，分殊而道合。王逸[②]谓《易》与《春秋》如一机之织，经营天道，以成人事。景鸾[③]解诗兼取，河洛[④]以类相从。王仲淹[⑤]称《诗》《书》《春秋》皆出于史，而不可杂。晋韩厥[⑥]读《易》《象》《春秋》，并云周礼后人。又谓姬公[⑦]太平之书，《仪礼》为本，《周礼》为末，盖明其大意。六经虽殊，其归一也。不然《易》有略，《书》有故，《诗》有细，《春秋》有微。汉人说经，硁硁[⑧]者乎。若乃龙门[⑨]之记与义远矣，其事具在扶风[⑩]，而下代有藻镜[⑪]，观其彝伦[⑫]之叙，斁[⑬]与君子小人之进退得失废兴，皆经翼也。宁邑有志者，愿入吾会，必戒欲速近小[⑭]。邴原[⑮]曰：学问之事，志高者通之，故贵以通经定其志。

一看书

古人之于书，读与看俱。每读一书，必精熟正文，而后读集注。精熟集注，而后读诸家老生。熟于正文、集注，不著不察，

①理一分殊：就是说天地间有一个理，而这个理又能在万事万物之中得以体现，即每个事物中存在自己的一个理。朱熹首先是用“太极”的观点来论述这一思想的。
②王逸：东汉学者。著有《楚辞章句》。
③景鸾：生卒年待考，字汉伯，东汉著名经学家。广汉梓潼（今属四川）人。
④河洛：“河”指黄河，“洛”指洛河，河洛文化以中原地区的洛阳为中心，西至潼关、华阴，东至荥阳、郑州，南至汝颖，北跨黄河至晋南、济源一带。河洛地区，地处中原腹地，历史上是我国经济、政治、文化的中心，古有“居天下之中”的说法。据传，龙马负图出于河，神龟背书出于洛。在黄河与洛河交汇的流域形成了华夏文明源头之一的河洛文化。
⑤王仲淹：王通，字仲淹，隋朝大儒。
⑥韩厥：生卒年不详，姬姓，韩氏，名厥，因其谥号“献”，故亦称“韩献子”。春秋中期晋国卿大夫。
⑦姬公：指周公姬旦。周公制礼作乐。
⑧硁硁：鄙陋而顽固的样子。
⑨龙门：指司马迁。司马迁自称“迁生龙门”。
⑩扶风：古郡名。旧为三辅之地，多豪迈之士。
⑪藻镜：同“藻鉴”，指品藻和鉴别，引申为担任品评鉴别人才的职务。
⑫彝伦：指伦常。
⑬斁：解除，消除。
⑭近小：接近小人。
⑮邴原：生卒年不详，字根矩，北海朱虚（今山东临朐东）人。东汉末名士、大臣。

熟矣，而不精也。如《论语》，身教之书，简矣，奥矣，玩其气象，乃白得之。《学》《庸》[①]出弟子所撰述，有条贯矣。子舆[②]之出处，皆孔氏家法，其粹者乃在养气、知言。吾愿看书者，宽广以入，虚静以出，则必豁然以明，岂有疑义哉？

一讲书

古人讲学蕲[③]于行，今人讲书蕲于文。然四子之书[④]，皆以为学也，故讲习所以观摩师友变化气质。且看书既透，则意至而语至，义同瓶泻矣。然有意至而语不至者，有意与语欲至而不至者，所云心愤愤[⑤]，口悱悱[⑥]，此机神之伏也，机伏则发必疾，神伏则动必明，愿效刍尧[⑦]之愚，毋遗菲葑[⑧]之采。

一疑问

理不经积久则无全疑，疑与悟一间[⑨]耳。义不由精熟则无切问，问与学一机耳。疑欲其相深，问欲其相进，譬诸井然，汲之深，深则源泉自出；譬诸途然，履之进，进则都邑自臻。凿空[⑩]者不能疑也，剿说[⑪]者不可问也。愿诸入会者，勿举诡故之说，举一义必陈其端绪，而覆始可开。勿袭依倚之言，发一难必见其虚明，而机始可转。

一作文

帖括家言，世皆以为应制科[⑫]。然五经、四子之言，非此不著

---

①《学》《庸》：即《大学》与《中庸》。
②子舆：即孟子。
③蕲：古同“祈”，祈求。
④四子之书：即四书，指《论语》《大学》《中庸》《孟子》四部儒家经典。古代教学用书。此四书是孔子、曾子、子思、孟子的言行录，故合称“四子书”。
⑤愤愤：心求通而未得。
⑥悱悱：抑郁于心而未能表达。
⑦刍尧：割草打柴的人。认为自己的意见很浅陋的谦虚说法。后多指在野之士。
⑧菲葑：菲和葑，两种食用的植物。因其根部有时味苦，常被人丢弃。
⑨一间：(数量）一点儿。
⑩凿空：凭空无据，穿凿附会。
⑪剿说：因袭别人的言论作为自己的说法。
⑫制科：我国封建社会时期为选拔“非常之才”而举行的不定期非常规考试。

以明道也。明道则荣，求荣则辱。如荀为采色炳烺[1]以悦视听，虽见售也，终败而已矣。夫惟明道者心端而志必[2]，心端则诚著，志必则道明，然后隐则达，用则行。楚文奔轶，甲于天下，然读书不深，养气不邃[3]，聪明魄力，得而袭之，袭则伪。吾愿入吾会者无伪，则忽不自知其入于道也。无伪奈何？金子骏序郑超宗曰：超宗务特立，一意为超宗之文。徐子卿自叙曰：文有不至，所以为至。子骏楚人，子卿又楚名宦也，岂欺我哉？

一立行

将以著诚而去伪，则行立，而文从之。行为士表，则人敬之，必曰某文也不诬其行。文为国华，则人诵之，必曰某行也不诬其文。是故行者必本，文者华叶[4]。澹臺之室[5]，吾愿绾[6]声气于兰言[7]。盖卿[8]之乡人，实慕风流于矩步[9]。

一择友

好学必基于静，其不学者必浮。主静必存其诚，其不静者必妄与浮者游，则慆慢[10]萌矣。与妄者居，则险躁[11]生矣。是故同人务求之以敬，敬则明正业，务持之以恒，恒则大凡诸生与童子愿入会者听，但违约者即摈之。择年差长二人为会长，以行简举。

一简举

讲书考析义之功，作文观修词之业。书不醇，是隳[12]功也，文

①炳烺：形容文章辞采声韵之美。
②必：坚定。
③邃：深远（指空间或时间）；精深。
④华叶：花与叶。比喻表面华美的东西。
⑤澹臺之室：澹臺，澹臺灭明，孔子弟子。澹臺之室，比喻读书讲学之地。
⑥绾：挽，牵。
⑦兰言：指心意相投的言论。
⑧盖卿：指袭盖卿，常宁著名乡贤。
⑨矩步：端方合度的行步姿态。形容举动合乎规矩，一丝不苟。
⑩慆慢：怠慢，怠惰。
⑪险躁：轻薄浮躁。
⑫隳：毁坏，崩毁。

不勤，是弃业也。入吾书院者，月一赴讲，一会课[①]，一分题[②]，能不缺者即收之，否则摈之。既入会，又窥探邑门[③]者，摈之；行不信于师友者，摈之，否则收之。会长立册，简举其甚者请于学，严其谪[④]。

书院

集贤书院有记[⑤]

桃花书院有会业序[⑥]

学田

一学田，三十亩，计大小四十四坵[⑦]。该租三十担，坐落本县，久废。教场坪系儒学生员吴邦卿将地开垦成田，东南底大路为界，西底郭家田为界，北底演武亭礅为界，嘉靖十四年捐入儒学，资助生员考课之费，在石羊二甲儒学保户，久荒。

一学田地名鹅湖岭，田租五十六石，鹅湖一口，租谷四石，东底魏良松园为界，南底王寿山田为界，西底鹅湖塘尾为界，北底吴邦卿开垦学田为界，嘉靖三十一年民人黄元捐入儒学，以资生员月考之费，粮在石羊二甲儒学保户纳粮，久荒其半。

一学田地名鸭婆塘，田一大坵，该租七担五斗，坐落地名南塘板桥。隆庆二年，刘澄因民刘元定告，明送学公用，久荒。

一学田石羊保，地名玉草冲，田一十三坵，召政门首田二坵。又门首沙塘内五坵，租十三担。又官板保，地名下洞，田三

①会课：文人结社，定期集会，研习功课，传观所作文字。
②分题：旧时作诗方式之一。若干人相聚，分找题目以赋诗，称“分题”，亦称“探题”。
③邑门：衙门，窥探邑门，指企图交结权要。
④谪：谴责，责备。
⑤在第十卷《艺文志》，作者蒋学成。
⑥在第十卷《艺文志》，作者常宁知县张芳。
⑦坵：同“丘”，量词，指用田塍隔开的水田。

坵。东价猴子毛，田二坵，一节陈万通门首田三坵，秧田一坵，园内田一坵，租二十二担，通计正粮除租包收。万历四十年，耆民沈官同、男生员沈朝选申详送学考课公用，久荒。

一学田地名羊泉，田租一十七石，田主朱彦圣，粮在官板保三甲儒学保户。

一学田地名杉树，田租二十四石，田主谢忠楚，粮在东塘六甲贺成瑞户。

一本学鱼塘一口，前底旧衙地基，后底刘甫二为界，左底刘安稷为界，右底黄帻铺房为界。

一学前右大街上边学地，下边挨河，学地俱招民人居住，量纳地税，其上下各十丈，租银二两。

一本学裁革训导一员，见存衙舍基址，在学之右，前以大街为界，后鱼塘为界，左至彭万贤地为界，右至生员段世勋地为界。

附录改学公呈

呈为选建学宫，卜筮协吉，恳详上宪，以新规制，以开文运事

窃①惟圜桥璧水光灿斗牛之墟②，杏苑③槐阶④，庆洽风云之会。穿杨⑤羡玅⑥技，固由四术⑦以观成，入彀⑧夸奇髦，尤资三山而

①窃：谦辞，指自己。
②水光灿斗牛之墟：水的光芒照耀于牛、斗二星的区间。形容此地风水之妙。
③杏苑：杏树园林。泛指新科进士游宴处。
④槐阶：槐阶棘路，泛指三公九卿之位。
⑤穿杨：谓射箭能于远处命中杨柳的叶子。极言射技之精。语本《战国策·西周策》："楚有养由基者，善射；去柳叶者百步而射之，百发百中。"泛指技艺高超。
⑥玅：古同"妙"。
⑦四术：诗、书、礼、乐四种经术。《礼记·王制》："乐正崇四术，立四教，顺先王诗、书、礼、乐以造士，春秋教以礼、乐，冬夏教以诗、书。"
⑧入彀：彀中，指弓箭射程之内。后因以"入彀"比喻人才入其掌握，被笼络网罗。亦指应进士考试。见《庄子·德充符》："游于羿之彀中。"成玄英疏："其矢所及，谓之彀中。"唐太宗在端门上看见新进士鱼贯而出，高兴地说："天下英雄入吾彀中矣。"

挺秀。故胶庠为储才之重地，土脉贵察灵长，而成均[①]实造士之胜区，柱轴宜审迪吉[②]。宁邑南门城外，旧建先圣学宫，淡墨淋漓，止独摽香于明代，桂畹[③]芬蜚[④]，尚未观光于清朝。虽曰僻壤才庸，逊豹养一流人物，抑尔澒蒙[⑤]光寞，非出云有开山川。生等夙怀更新，惧有志之未逮，念切移建，望作者之有兴。奇逢大宗师[⑥]，北斗星枢，西川[⑦]文锦[⑧]，公门桃李，业已不言成行[⑨]，桑户[⑩]驽骀[⑪]，愿效鞭策共驾。念多士之久困，期黉序[⑫]之必更。荷蒙捐金，远聘地术，审龙察脉，确认旧殿之失其宜，观势相形，精选新址之别有在，取基于北门城内，为庠生陈云汉、詹象鼎之故墟。卜既云从筮，复曰吉。普天率土，何莫非王者之乡，辟雍[⑬]泮宫[⑭]，随地设莱奠之制。豪强者不得妄据，猾谲[⑮]者岂获侵私？恳乞大宗师申宪勅行，早图缔搆。曰梁曰栋，乃命匠师以求材，

①成均：相传为远古尧舜时的学校。这里指学校。
②迪吉：吉祥，安好。
③畹：泛指花圃或园地。
④蜚：古同“飞”。
⑤澒蒙：旧谓宇宙形成前的混沌之气或混沌之状。《淮南子·精神训》：“古未有天地之时，惟像无形。窈窈冥冥，芒芠漠闵，澒蒙鸿洞，莫知其门。”高诱注：“皆未成形之气也。”
⑥大宗师：指时任常宁知县的张问明。
⑦西川：张问明为四川峨眉人。“西川”作为行政区划名，开始于唐代。至757年，将原来的剑南节度使分为剑南东川节度使和剑南西川节度使，剑南东川简称“东川”，剑南西川则简称“西川”。到了宋代，又设置了西川路。从此，“西川”一词便为人们所熟知。“西川”这里指四川。
⑧文锦：张问明以文林郎任常宁知县。这里赞扬张问明文章如锦绣一样。
⑨公门桃李，业已不言成行：该语出自“桃李不言，下自成蹊”，原意是桃树和李树不招引人，但因它有花和果实，人们在它下面走来走去，便走成了一条小路。比喻实至名归。这里也含有张问明桃李满天下之义。
⑩桑户：编桑枝为门，形容家境贫穷。
⑪驽骀：劣马。比喻低劣的才能。
⑫黉序：古代的学校。
⑬辟雍：亦作“辟雝”。辟，通“璧”。本为西周天子所设大学，校址圆形，围以水池，前门外有便桥。东汉以后，历代皆有辟雍，除北宋末年为太学之预备学校（亦称“外学”）外，均为行乡饮、大射或祭祀之礼的地方。
⑭泮宫：西周诸侯所设的学宫。泛指学宫。
⑮谲：欺诈，玩弄手段。

工金工石，爰[①]合群情而动众。将见峥[②]楹峩[③]桷，行称奎[④]曜云浮，倘得赋鹿歌苹[⑤]，永戴通德大造[⑥]矣！

康熙九年十一月十五日具呈本县，随详各上宪。奉总督部院蔡批，仰如详行缴。又奉巡抚都察院卢批，改迁圣庙，如详举行缴。又奉按察司马批，仰径详学道批行缴。又奉驿粮道署学政胡批，移建学宫，重光圣庙，诚盛举也，仰候通详批示行缴。又奉分守衡永郴道黄批，改建黉宫，诚非细事，既经通详仰候院司批示行缴。又奉衡州府张批，建造学宫，原属盛举，仰该县度量酌行缴。又戎捕府蒋批，新创泮宫，以作养人才，此诚盛举，仍候各上台批示行缴。

计抵换基址丈量界至

旧学基址丈量抵换詹象鼎基址，横阔壹十壹丈叁尺五寸，前抵街，后抵石山，右抵古巷，左抵古槐树，地缩叁尺。

新学基址丈量抵换旧学基址，前抵塘，后抵墙，右抵陈云汉、詹尔鲁墙址，左抵杨姓宅后土墙。

---

①爰：于是。
②峥：高峻，突出。
③峩：同“峨”，高。
④奎：星名，二十八宿之一。
⑤赋鹿歌苹：《诗经·小雅·鹿鸣》：“呦呦鹿鸣，食野之苹。我有嘉宾，鼓瑟吹笙。”《鹿鸣》是讲述大宴群臣宾客的诗篇。这里指学校建好后，大家在这里欢宴庆祝。
⑥大造：大功劳，大恩德。

卷十

常宁县知县张问明主修

候选贡生　殷　铭纂修

庠　　生　刘　纶编订

艺文志

艺文志论

五行之气，秀者为隽[①]，感于思，发于情，经之纬之而文成焉。昌黎[②]有言曰：气，水也；言，浮物也。水大而物之浮者，大小毕浮。气之与言犹是也，故论文必以气为主。气盛则情溢，情溢则言之长短与声之高下，靡不炳蔚[③]而得其宜。使非然者，而徒拾翠敛艳，务为绮丽[④]以悦世，本根已剥，文将安施？譬之翚翟[⑤]，备色翾[⑥]翥[⑦]百步，不若鹰隼[⑧]之乏采翰[⑨]飞可戾[⑩]天也。宁之文，尚[⑪]体气[⑫]，薄[⑬]浮嚣，抗志于岳云之表，濯情于湘水之间，飘埃不能扬其波，飞尘不能垢其洁。或为孤愤直陈，或为慷慨济用，震雷霆而驰风飙者，先后继美，诚有其人，要未可以穷达论重轻也。士有志于艺文者，舍气其安归乎？作《艺文志》。

①隽：同“俊”。
②昌黎：指韩愈。韩愈的郡望为昌黎，所以称韩愈为“韩昌黎”。韩愈在《答李翊书》中说：“气，水也；言，浮物也。水大而物之浮者大小毕浮。气之与言犹是也，气盛，则言之长短与声之高下者皆宜。”
③炳蔚：形容文采鲜明华美，也指文臣。
④绮丽：鲜艳美丽。
⑤翚翟：翚、翟，皆为五彩花纹的雉鸡。据说雉鸡雌雄相守而不犯分，故在皇后的车子和服装都画有翚、翟的图形，象征妇女的美德。用以借指皇后的车服。
⑥翾：轻柔地飞。
⑦翥：鸟向上飞。
⑧鹰隼：两种猛禽。泛指凶猛的鸟。
⑨翰：长而坚硬的羽毛。
⑩戾：至。
⑪尚：崇尚。
⑫体气：禀性，气质。
⑬薄：轻视。

序

桃花洲书院会业序

张 芳

令于是邦而聚是邦之士会之，并其文选之、录之，又从而为之序。盖事有一日之勚[①]，则不能舍置之矣；物有历时之亲，则不肯疏逖[②]之矣。今夫四子之书[③]，群海内隽杰[④]，单[⑤]才尽智，代为之言，匪直一日之勚与历时之亲也。著于心本，属[⑥]于朋友。其为之也，必敬；其得之也，必庄；其往复磋切之也，必廉以慎。晦明枯菀[⑦]，非此不悦，非此不安，吾宜士[⑧]之单才尽智于此也，亦匪直一日之勚与历时之亲矣。以其前勤，劝登[⑨]后绩，吾何以益之哉？子瞻[⑩]之诗曰：冲[⑪]口出常言，法度去前轨，人言非妙处，妙处在于是。[⑫]世无不知子瞻之妙于文者，而瞻直以为常言。夫其常言者，皆至妙所存。亦孰为非常者哉？画家之工画，塑家[⑬]之工塑，非有法而可传也，意与巧会，巧与诣会，有以自効其能。故排扃[⑭]观之，而光动于远迩，花气与月魄在有无间，而蓓蕾之艳，环玦[⑮]之光不能加焉，其道全也。万物之变不可胜诘也，变

①勚：劳苦。
②逖：远。
③四子之书：即四书，《大学》《中庸》《论语》《孟子》。
④隽杰：出众的人才。
⑤单：通“殚”，竭尽。
⑥属：通“嘱”。
⑦菀：草木茂盛的样子。
⑧宜士：常宁的读书人。宜，指常宁，因常宁县治在宜阳，宜江绕其城，故常宁称“宜”。
⑨登：增加。
⑩子瞻：苏轼，字子瞻。
⑪冲：苏轼原诗为“衝”。
⑫据宋周紫芝《竹坡诗话》，苏轼此诗为：“衝口出常言，法度法前轨。人言非妙处，妙处在于是。”
⑬塑家：雕塑家。
⑭扃：门户。
⑮环玦：古玉器名。两种佩玉，圆形的玉环和环形而有缺口的玉玦。

必有法，法必有意，而法前与意外尝欲宽然其有余，洞于心，瞭于目，画于手，舒于四支[1]，其非四子[2]之言，其皆四子之言也。平生之所勚且亲者，维吾与诸子俱不能以语人也，惜其前勤以告其成事而已，吾又何以益之哉？

①支：通“肢”。
②四子：《四书》的作者孔子、曾子、子思、孟子。

蔡江门先生诗后叙

张 芳

闽蔡江门[①]先生以节介显于明季[②]。余往日道出岳麓，闻人述其授命[③]事，风烈最异，然语焉不详。已而在宜江得先生里人黄虞稷寄启[④]、祯[⑤]间遗诗，有江门诗在焉，篇章亦少，事迹别具。陈济生《小传》中予未见也。今年从都门来憩[⑥]昭潭，始晤先生门人郭金台，授以《传略》一篇，纪当时死事，并诗存五十三首。台为先生入室弟子，自鬻[⑦]田镂版[⑧]行世，文遍搜，未刻诗。示予，共得若干篇。读之，惟恐其尽。而《传略》则详言先生守潭[⑨]义信，荦荦[⑩]振于一时。会贼大至，先生握节不屈，死。贼数万人，咸咬指喈[⑪]曰：忠臣！忠臣！事遂大显湖湘间，祠曰忠烈。盖自先生授命于崇祯癸未，迄今癸卯，仅二十年，日月未久，俎豆[⑫]已湮，世且不复知有先生。何幸先生之门人，犹能硁硁[⑬]抱其遗文而传之也。世之论者谓：节介之士与功名之士有异，惜先生止以节介显。余谓真能以功名自竖立者，乃能为节介。彼寡廉鲜耻，乞哀白日，固自视须眉与虮虱[⑭]等。而血指信国[⑮]，展转无成，

---

①蔡江门（1615—1643）：蔡道宪。蔡道宪，字符白，号江门，福建晋江人，明代官吏。崇祯十年进士。初授大理推官，后补长沙推官，张献忠破长沙，拒降被杀，时年29岁，卒谥忠烈。著有《诲后诗集》。

②明季：明朝末年。

③授命：献出生命。

④启：天启，明熹宗朱由校的年号，为1621—1627年。

⑤祯：崇祯，明毅宗朱由检的年号，为1628—1644年。

⑥憩：休息。

⑦鬻：卖。

⑧镂板：本指雕刻以印书的木板，引申为雕板印刷。

⑨守潭：守，节操；潭，深。守潭，节操深厚。

⑩荦荦：显著的样子。

⑪喈：嗟叹，赞叹。

⑫俎豆：俎和豆，古代祭祀、宴会时盛肉类等食品的两种器皿。这里指奉祀。

⑬硁硁：鄙陋而顽固的样子。这里指坚持不懈。

⑭虮虱：虱及其卵。

⑮信国：指文天祥。“信国公”是文天祥的封号。

卒同沟渎之谅[①]，固不如先生从容斧碪[②]，万众就观者之为英绝也。先生之诗，百有余篇，拊兴[③]时事，辄与涕俱，耻同平流之干进。而志气所寄，磊磊[④]浩浩[⑤]。如《别友》云：终当各万里，无为笑风尘。《愤然》云：下帷[⑥]拜古人，炉烟烬复热。《君马铉》曰：何劳仰面问苍天，功成不成只如此。《五歌》云：人生出处良不易，一寸区区[⑦]千年事。《独居》云：既贫无清梦，岂非犹近名。呜呼！先生之心，盖欲有以用其所未足也。而不幸生当晚季[⑧]，委质[⑨]从时，敬奉其曾无事权之身。流丹[⑩]原野，亦既尽吾心，竭吾力，如其所贻家书，以报人君、国矣。令事权早属士民，竞乐为用，处未蹙[⑪]之疆宇，搘拄[⑫]崩奔[⑬]，岂其不能以伟绩终？而先生之所不能为者，天也！孰是孰非，必有能辨之者矣。金台亲炙[⑭]大贤，又为余称述先生一二风流轶事。如酒间善作劈窠[⑮]大书，每有挥洒，名章秀句，络绎奔奏，星月之下，不知所自，窈窱[⑯]上啸，裂云来鹤，砉[⑰]然以止，从其口入。先生固当代振奇人哉。而一冠进贤，兵解以去，盖已上升为天人，不复更谪诸异世。惟

①《论语·宪问》："岂若匹夫匹妇之为谅也，自经于沟渎而莫之知也。"后因以"匹夫沟渎"谓拘守普通人的小信小节。
②碪：同"砧"。
③拊兴：安抚，抚慰揖安。
④磊磊：形容襟怀坦白，志节分明。
⑤浩浩：指浩然正气、正大刚直的气势。
⑥下帷：放下室内悬挂的帷幕，指教书。引申指闭门苦读。
⑦区区：犹方寸，形容人的心。诚挚，这里指诚挚的心。
⑧晚季：朝代末期。
⑨委质：向君主献礼，表示献身。
⑩流丹：流血。
⑪蹙：狭窄，狭小。
⑫搘拄：支持，支撑。
⑬崩奔：崩裂的危局。
⑭炙：比喻受到熏陶。
⑮劈窠：写字、篆刻时，为求字体大小匀整，以横直界线分格，叫"擘窠"。擘，划分；窠，框格。也指大字。这里指大字。
⑯窈窱：同"杳窕"，深远、深邃的样子。
⑰砉：象声词，形容迅速动作的声音。

是授命之际，寸磔[①]至尽，犹矻矻[②]作恨声曰：独烂杀吾百姓。从是一念，行且[③]如忠孝之士，心所未竟，再生中华为奇男子，道济天下。然则万世之后，有能为先生者，其地殊，其事异。可以不为先生，而无愧于能为先生，何也？先生之人亡，而诗未亡。先生之心，耿[④]然至今在也。先生名道宪，号江门，闽之晋江人，崇祯丁丑进士，仕长沙推官。

①寸磔：碎解肢体，古代的一种酷刑。
②矻矻：极为劳苦或勤勉不息的样子。
③行且：将要。
④耿：光明，正直。

殷浴日[①]文稿叙

王夫之经魁

宋家铉翁[②]南归，以《春秋》教授，则未知其所授者，以道圣人经世之意邪？其以为所授者羔鴈[③]之技邪？夫必有辩。谢侍郎[④]卖卜[⑤]，与子言孝，与弟言弟[⑥]，则授以道矣。庖丁曰：臣之所好者，技也，而进虖[⑦]道[⑧]，技、道合，则铉翁可无河汉[⑨]于叠山[⑩]。何也？其登之技者，敬而乐也。敬以人，乐以天，进虖道矣。余初入宜江，山中有侄子之恸[⑪]，浴日拂拭而慰之。少间，无以阅日[⑫]。浴日始以帖括[⑬]见示，继此而宜江士友泛晋而与余言帖括。十年来，乍骇人以未尝，余怵然[⑭]惧，观既止，要其能敬以乐，无能度骅骝前者[⑮]。余以知浴日之天至[⑯]而人全，与之观天，与之尽人，余乃脱然释其惧于浴日。言必有所牖，意必有所肖，

---

①殷浴日：即本志纂修、候选贡生殷铭。殷铭，湖南常宁人，顺治朝贡生，官澧州训导。与王夫之交好。

②家铉翁：字则堂，眉州人（今属四川省眉山市）人，历任监司及州府官，累迁端明殿学士、签书枢密院事。赐进士出身。南宋德祐元年（1275），出使元大都，被扣留。后被流放河间，开馆授《春秋》。直至元成宗即位（1295），方放归其家乡眉州，时年八十二。

③羔鴈：鴈，古同“雁”。小羊和雁，古代用为卿、大夫答复的贽礼。《周礼·春官·大宗伯》：“卿贽羔，大夫贽鴈。”

④谢侍郎：谢枋得，字君直，号叠山，信州弋阳人（今江西上饶弋阳县），南宋著名诗人、学者。

⑤卖卜：以占卜谋生。

⑥弟：通“悌”。敬爱哥哥，引申为顺从长上。

⑦虖：古通“乎”。

⑧此语应出自《庄子·养生主第三》。原文为：“庖丁释刀对曰：臣之所好者，道也，进乎技矣。”此处所引似乎有误。

⑨河汉：比喻言语大而无当，空泛不切实际。

⑩叠山：谢枋得，字君直，号叠山。南宋末诗人。宋亡后不仕，绝食而死。

⑪恸：极悲哀，大哭。这里指王夫之侄子王敉在兵乱中遇害。

⑫阅日：度日，过日子。

⑬帖括：泛指科举应试文章，明清时亦指八股文。

⑭怵然：惊惧的样子。

⑮无能度骅骝前者：指无人能够超过殷浴日。骅骝，骏马。

⑯天至：出于天性，天生而成。

未有言意以先，谐而媟者[①]，调人于往，无敬之心，则纳其媚矣。方有言意以放怒而偾[②]者，趣人于来[③]，无乐之度，则用其争矣。今赈浴日于意泛，浴日于言，索其媚与争者亡有[④]，僩然[⑤]油然[⑥]，文非道也，而所以使有之者，岂非道哉？故余乐亲浴日而不惧，而遂忘其泛也，则是以为始基之。浴日少与余同文场[⑦]，已[⑧]与余同漂泊，今又与余同为训诂师以自给。而浴日多幸：浴日虽贫，有亲可事，有从子[⑨]之孤可恤，敬以乐，有所施矣。《书》曰：令德孝恭[⑩]，其敬之谓也；《诗》曰：子子孙孙，勿替引之[⑪]，其乐之谓也。博[⑫]意征言，将期于道。有知言者，当谓余非与浴日言技矣。

①谐而媟者：此语《姜斋文集校注》作成“谐而谲者”。见阳建雄校注：《姜斋文集校注》，湘潭大学出版社，2013年。本文在《姜斋文集校注》中题为《殷浴日时艺序》，文字基本相同，但也有差异。
②偾：扑倒。
③方有言意以放怒而偾者，趣人于来：《姜斋文集校注》作成：“方有言意以放恣而逞者，迫人于来。”疑《姜斋文集校注》为是。
④今赈浴日于意汎，浴日于言，索其媚与争者亡有：《姜斋文集校注》作成：“今求浴日于御意择言之际，索其媚与争者无有。”疑《姜斋文集校注》为是。
⑤僩然：胸襟开阔的样子。僩，宽大，博大。
⑥油然：悠然，安然。
⑦文场：科举的考场。
⑧已：后来，过了一些时间。
⑨从子：侄子。
⑩孝恭：孝顺恭谨。《尚书·君陈》：“惟尔令德孝恭。”
⑪出自《诗经·小雅·楚茨》。意思为：儿孙们，儿孙们，莫荒废，要长保。
⑫博：《姜斋文集校注》作“以”。

均徭录叙

张问明

《周礼·小司空》[①]：均土地，以稽其人民，而周知其数。均地政，均地守，均地职[②]，均人掌之其敛财也，平其养人也。固嗣是而降，制虽代更，而其优民之政，要皆因地之善恶，辨年之老幼，论岁之丰凶。非有田者不可得而使，而有田者岁可得而役焉，放富差贫无有也，就轻避重无有也，岂非均之道得乎？今国家定税以丁，定税以亩，其资于公家者，著有成书，斯固无所异同于其间。独是正赋之外，别有杂役，辅正赋而行，即所谓徭也。无经常之法，勒为一定之规。豪强专制，寡弱欺凌，不均之患，莫徭为甚！予治宁五载，事无旁及，惟思财赋邦国之大本，生人之喉命，酌盈济虚，求所为足国养民之计者，盖朝夕不遑焉。亦曰我取其陈，食我农人，期登于古有年之意也[③]。乃拮据卒瘏[④]，而民不加富，揆[⑤]厥[⑥]所由，非因国病民也，直以民病民耳。明初徭役无十年一轮之例，迨[⑦]中晚始有此制，陋习相沿，奸民渔入私囊，愚民贱售土产，始焉蠹[⑧]于民，继焉伤于国。嗟乎！祖宗立法之善，而子孙犹继之以不善，况贻[⑨]谋之不善者哉？悼旧弊之已久，冀新惠之日生，今年来，幸院宪咨询利弊兴革，予竭蹷[⑩]殚心以

---

①《周礼·地官·小司徒》：均土地，以稽其人民，而周知其数。文中“小司空”应为“小司徒”。

②《周礼·地官·均人》：“均人：掌均地政，均地守，均地职。”

③《诗经·小雅·甫田》：“我取其陈，食我农人。自古有年，今适南亩。”意思为：我来拿出那陈粮，给我的农人饱肚肠。年年都是大丰年，今岁我视察南边的田。

④瘏：疲劳致病。

⑤揆：度，揣测。

⑥厥：其，那个的。

⑦迨：等到，达到。

⑧蠹：蛀蚀器物的虫子。

⑨贻：遗留，留下。

⑩竭蹷：用尽。

从。遐[①]诹[②]广度，宁人咸为予备言大差之苦，遂有均徭之请。予参互以考之，较从前奸民渔入私囊者，省费十居其七八。谋诸邑曰善，谋诸野曰善。知其实有以利吾民，无如斯举也。裁成卷舒[③]，可不执此以定乎？总一岁徭役出入之数，权其繁简，以为丰杀。约于旧者，必求所以约之由而从之；浮于今者，必求所以浮之自而杜之。慎于用民力，即重于裕国赋，将见差赋公平，事力均一，强不能以为暴，弱不至于重困，丰亨[④]之基端在此矣。予愿宁人民勠力同心，加意奉行，为子孙计长久。譬之巨商理财，不求近效，而贵远利。而予之莅宁，其亦有以下施于民，上效于国，以仰答咨询之意也夫。康熙壬子[⑤]叙。

①遐：远。
②诹：在一起商量事情，询问。
③卷舒：卷缩盈舒。
④丰亨：富厚顺达。
⑤康熙壬子：康熙十一年，即1672年。

祝张峩翁邑侯[①]序戊申

熊伯龙

朝庭简贤良方正之士，将以义安疆土，跻[②]斯世于仁寿之域也。故典城百里而有惠和显效之德者，增秩[③]无常数。盖不以吏察吏，而以民察吏焉。司马温公[④]有言曰：民犹田也，德犹膏泽也，既种而无膏泽，苗稿[⑤]无日矣。欲求德治于今日，甚几几[⑥]乎其难之。宁治峩翁张令君，先世秦关，钟华峰之秀，继居蜀，衍洐[⑦]于瞿塘、巫峡间，甲第[⑧]云礽[⑨]，冠裳奕叶[⑩]，文章事业，素与南隆三陈、马鲜诸先达相伯仲，道德渊源有自来矣。戊申春，膺命莅宁，宁人望其丰采，温厚和平，已知为贤良方正。甫越月，悯庠序之废缺，聚诸生而训迪之，饬以德行，课以文艺，教至善也。嗟比户之凋残，取里民而董戒之。重以稼穑，蓄以桑麻，养至渥[⑪]也。催科而寓抚字，狱讼而宽解网，凡所以起凋疲而振衰残者，靡不殚心竭力以图维于其间。且也剔弊厘奸，去秕稗[⑫]以植嘉禾，发幽摘伏[⑬]，敦[⑭]明久[⑮]以照覆盆[⑯]。未期年[⑰]，而太山之

---

①张峩翁邑侯：指张问明。张问明，字还城，号峨辉，四川峨眉人，举人，康熙七年（1668）至十七年（1678）以文林郎任常宁知县。邑侯：县令。
②跻：登，上升。
③秩：古代官吏的俸禄，古代官职级别。
④司马温公：指司马光。司马光被封为“温国公”。
⑤稿：应为“槁”。
⑥几几：犹，几乎。
⑦洐：同“派”。派，水的支流，这里指谱系。
⑧甲第：科举考试中的第一等。
⑨云礽：远孙。比喻后继者。
⑩奕叶：累世，代代。
⑪渥：深厚。
⑫秕稗：秕子和稗子。
⑬发幽摘伏：揭发隐秘的坏人坏事。形容治理政事精明。
⑭敦：督促，促使。
⑮久：或为“炙”。明炙：明火，明亮。
⑯覆盆：比喻社会黑暗或无处申诉的沉冤。
⑰期年：一周年。

隈①，绝涧之曲，农夫樵父莫不诵仁人、称神君焉！夫山高则云雨起，水深则蛟龙生。君子致道则德泽长流，有厚德者必有显名，非可作而致也。公诚不负朝廷，不负所学矣。语云：磨砻砥砺，不见其消，有时而尽。②滋培灌溉，不见其长，有时而益。用公之心，行公之志，迟以岁月，其为深仁厚泽，沦肌浃髓③者，又不知当奚若也！兹值公岳降④之辰，宁人士备述治状，来乞言于余，余何能言？即以宁人士之祝公者，为公祝焉尔。然则单厚孔固不足为公荣⑤，戬穀磬宜不足为公诵⑥，冈陵川至不足为公祷。惟是德被民生，恩加黎庶，寿一邑以保太和者，其斯为久大之鸿规，不朽之盛事矣。况圣天子嘉意贤能，优崇卓异，指日丹诏，擢台垣⑦，公之运筹枢密，奠安海内，勋业纪于钟鼎，功德传于奕禩⑧。公必以寿一邑者寿天下，寿天下者寿万世矣。跻⑨公堂而称⑩兕觥⑪，愿以是为无疆之祝云。

①隈：山水等弯曲的地方。
②此语出自：《说苑·正谏》："磨砻砥砺，不见其损，有时而尽。"
③沦肌浃髓：浸透肌肉，深入骨髓。比喻感受很深。
④岳降：诞生或诞辰。
⑤此语出自《诗经·小雅·天保》："天保定尔，亦孔之固。俾尔单厚，何福不除。"意思为：老天保佑你，亦真牢靠哩。使你尽宽厚，何福不消受。
⑥此语出自《诗经·小雅·天保》："天保定尔，俾尔戬穀。磬无不宜，受天百禄。"意思为：老天保佑你，使你有福禄。没什不相宜，受天百样禄。
⑦台垣：都察院、六科，并称"台垣"，为监官、谏官机构。
⑧奕禩：世代，代代。
⑨跻：登，上升。
⑩称：举。
⑪此语出自《诗经·豳风·七月》："跻彼公堂，称彼兕觥，万寿无疆。"兕觥：中国古代盛酒或饮酒器。

寿李北山[①]先生序

廖联翼衡阳进士

衡吾见其高也，湘吾见其深也，问有测其高深者谁乎？而士之德修业裕[②]何以异兹？或曰本深者实遂，膏沃者光晔[③]，彼蔚起庙堂而声名显赫，夫固有足嘉矣。而淹抑下位者，又何以称焉？虽然，遇之丰啬存乎数[④]。譬之荆山之璞，再献而不售[⑤]，而抱朴[⑥]悬黎[⑦]，坚贞无极，终不得与燕石[⑧]同其掩袭。故天置斯人于帝王之前，辉耀一时，与置斯人于圣贤之侧，德业远施，此中厚薄隐显之故，未可为一二俗人言也！北翁先生为古黄[⑨]名宿，走班马[⑩]于笔底，驱屈宋[⑪]于楮[⑫]垣[⑬]，其文词多所著见，士相与争诵之，游其门者济济[⑭]然称盛焉。予友而农王君[⑮]，壬午与先生同事文场，常为予道先生文思高飘如华池之柳，文心孤迥[⑯]如峄阳之桐，文

①李北山：疑为李孔茂。据本志第四卷《学校志·师儒》载：李孔茂，字尔星，号北山，黄州府麻城县人，由岁贡康熙六年三月二十八日任常宁训导。本文中“古黄名宿”“司铎宜江”等语，均与此载相符。

②裕：教导。

③韩愈《答李翊书》：“养其根而俟其实，加其膏而希其光。根之茂者其实遂，膏之沃者其光晔。”意思为：有茂密的树根，就会有丰硕的果实；有充足的灯油，就会有明亮的灯光。比喻凡事从根基上下工夫，自然会有显著成效。

④数：命运，天命。

⑤再献而不售：《韩非子·和氏》记载，卞和于荆山上偶得一璞玉，先后献于楚厉王、楚武王，却遭楚厉王、楚武王的膑刑惩罚，后“泣玉”于荆山之下，始得楚文王识宝，琢成举世闻名的“和氏璧”。

⑥抱朴：保持本有的纯真，不为外物所诱惑。

⑦悬黎：会发夜光的美玉。

⑧燕石：燕山所产的一种类似玉的石头。

⑨黄：黄州府。

⑩班马：班固、司马迁。二人皆为史学家。

⑪屈宋：屈原、宋玉。二人皆善辞赋，为后世辞赋家所宗。

⑫楮：纸的代称。

⑬垣：墙。

⑭济济：形容人多。

⑮而农王君：指王夫之。王夫之，字而农，号姜斋。明末清初著名学者、思想家。

⑯孤迥：孤立，远离其他事物。

情肃穆如木鸡之养，文骨嶙峋[①]如赤城之霞，千丈绝人攀跻。乃以副车误中[②]，人莫不惜之，而先生自若也，可不愧学道君子矣！予喟然曰：潇湘楚南何时得轩轩霞举[③]、考经问道于山高水长间也？幸先生司铎[④]宜江[⑤]，距郡百里许，风规逸韵[⑥]，挹[⑦]之真移我情。其造宜江人士也，先德行而后文艺，士之浮薄佻达[⑧]、言行垢戾[⑨]者，皆争自祓濯[⑩]以砺进修。衡文一主于神气，诠理必本于传注，一时人才咸如金之在范[⑪]，玉之受琢也。考昔宜江袭氏盖卿、王氏居仁皆当日名儒，迄于今，学者仰之若山斗。溯其渊源一出于晦庵[⑫]之门，一侍于南轩[⑬]之侧。今先生设教于兹也，朱耶？张耶？诸生之受业于门也，袭耶？王耶？其流传圣贤之遗徽[⑭]，不亦远乎！且也宜江有大讼，诸生为当事所裂眦[⑮]，鯢甈[⑯]不能自安。先生镇之以宁静，处之以澹漠[⑰]，危疑震惕，竟销镕于和平乐易之中，此又先生德业之余绪，而大有造于多士也。今先生四百有

①嶙峋：一般形容山势峻峭、重叠、突兀的样子，也指人或动物消瘦露骨，如瘦骨嶙峋 。现也指人刚正有骨气。这里指人刚正有骨气。

②副车误中：汉功臣张良曾雇用杀手，采用投掷大铁椎至其座车的方法暗杀秦始皇，秦始皇准备了许多座车，结果杀手没有击中真正的座车，仅仅是砸碎了秦始皇的副车。现在常表示做事情仅找到次要目标，没有找到真正目标。

③轩轩霞举：轩轩，高扬的样子，飞举的样子；霞举，飘行，飞升。轩轩霞举，指声名远播。

④司铎：指掌管文教。

⑤宜江：指常宁。宜江流经常宁县城。

⑥逸韵：指高逸的风韵。

⑦挹：舀，把液体盛出来。

⑧佻达：轻薄放荡。

⑨垢戾：不干净，暴恶。

⑩祓：古代用斋戒沐浴等方法除灾求福，亦泛指扫除。祓濯：洗濯。

⑪范：模子。

⑫晦庵：朱熹。朱熹，字元晦，号晦庵。

⑬南轩：张栻，号南轩。南宋学者、理学家。

⑭徽：美好的东西。

⑮裂眦：谓因发怒而眼睛睁得极大，眼眶似乎要裂开。形容极其愤怒的神态。

⑯鯢甈：动摇不安的样子。

⑰澹漠：恬淡寡欲。这里指淡然。

二十甲子[①]矣，邑人士举觞[②]献觥[③]，当必尽情竭欢，为先生寿者，何必乞言于予？然予闻王君之言，思先生也深，安得不因是而言予之情暨王君之道先生不辍哉？吾知先生之身日与圣贤近，先生之心日与圣贤亲，天即位先生于帝王之前，其德业之远施，亦不越此岳峙湘渟[④]，先生之寿禄行将同其高深矣。用是以为序。

①四百有二十甲子：一甲子为60天，420甲子为25200天，乃69岁。
②觞：古代酒器。
③觥：古代酒器，腹椭圆，上有提梁，底有圈足，兽头形盖，亦有整个酒器作兽形的，并附有小勺。
④渟：古同“汀”，水边平地。

送崔右星赴试兼题近草序

艾南英字千子

韩文公[①]尝谓：五岳于中州衡山最远，而因叹其水土之所生，神气之所感，白金、水银、丹砂、石英、钟乳，橘柚之苞，竹箭之美，千寻之名材，意必有魁奇、忠信、材德之民生其间。而欧阳公[②]则谓：山川能产异物而不能畜之者，诚有利其用者尔。而疑夫其人之秀者，不能久畜于衡山之阿[③]。盖韩子之言，得欧阳子而愈全矣。然予又有以广之。言人者，必本山川，山川岂以南服[④]限哉？黄河以北注，江淮之中条[⑤]，势皆东北趋。至于岷山之阳，宜其循大江而下，而其势乃出滇黔入交广，北拆为五岭。盖山川皆北向，汇为郗湘，随大江而东北注，宜乎衡山之灵不终[⑥]于衡山，而其人不能久畜于衡山之阿也。今天下承平久，中原文献之传，半在江南。山陬[⑦]海澨[⑧]、奇才异能之士与丹砂、竹箭之美，望黄河而北注。又况于崔子右星者，具纵横俊伟之才，奔放浩渺，所谓钟衡山之秀而不能久畜于衡山之阿者，诚有利其用者尔，吾以欧阳子之言决之也。予别右星几二十年，今见之漳水[⑨]之崖，而复得阮参军[⑩]路，然班荆道旧[⑪]，追思黄子章丘之贤，不可复见矣。章丘为右星师，皆常宁产。而予尝序其文，以“天下

---

①韩文公：指韩愈。下面所引这段话，出自韩愈《送廖道士序》。
②欧阳公：指欧阳修。下面所引这段话，出自欧阳修《送廖倚归衡山序》。
③阿：凹曲处。
④南服：古代王畿以外地区分为五服，故称南方为“南服”。
⑤条：通达。
⑥终：疑为“钟”字。
⑦陬：隅，角落。
⑧澨：水边地，涯岸。
⑨漳水：即漳河。上游由两河合一，一为清漳河，一为浊漳河，均发源于山西长治，下游作为界河在经过区段划分河北与河南两省边界，到河北省邯郸市馆陶县合流卫河，称漳卫河、卫运河，进入海河水系的南运河。
⑩阮参军：疑为阮淡明。王夫之作有《阮淡明先生墓志铭》(见本卷《铭》)，阮淡明即阮参军。
⑪班荆道旧：朋友相遇于途，铺荆坐地，共叙情怀。

有道，小德役大德，小贤役大贤，天下无道，小役大，弱役强”为言者也。于崔子之行也，并及之，且以弁[1]其文焉。崇祯十五年季春月序。

①弁：书籍或长篇文章的序文、引言。

祝张邑侯寿序

车万育翰林

凡生者必其荣焉者也，而彼与此之相荣，以其相浃[1]者为之应。以一身而系群有之生，则群有之生，荣于此一人之心。群有既待生于此一人之心，则合群有而浃为心，亦必其胥[2]荣之而后信其昌矣。故荣其心者，荣以天下，而天下之所荣，其生以昌。然则介尔景福[3]，孰介之乎？隽[4]焉？润焉？乐焉？依焉？敛心以思，媚[5]而为之，摄[6]以奉[7]也。乃君子以一身系群有之生，大小因革之间，固有辩矣。美锦之制，始与休息[8]，衮衣[9]笾豆[10]，待之他日，而后及四国，将无其有涯量与？而抑非也？荣物于广远，不如荣之于仅有之真也，生物于大昌之日，不如生之于始苏之切也。此卓茂之所以洵[11]为公辅，而五袴之歌形昔之无襦[12]而盛也。[13]晋宁于楚南为小邑，咫尺之下，其为父母也易亲。其含膏指饴，以驯此士民也，晨发而夕至。然而昔之治晋宁者，吝于驯而民不亲。则孰曰晋宁小邑也？荣之有涯量，而不足以观衮衣、笾豆之鸿施哉。明府张公以雨四海、暄[14]九野之德，引其诗书之膏饴，

---

①浃：融洽。
②胥：全，都。
③介尔景福：此语出自《诗经·小雅·小明》。意思是：赐你大福气。
④隽：同“敷”。足够。
⑤媚：爱。
⑥摄：保养。
⑦奉：供养，伺候。
⑧休息：休养生息。
⑨衮衣：古代礼服，指龙衣。
⑩笾豆：古代祭祀燕享时，用来盛枣栗之类的竹器和盛菹醢之类的高脚木器。
⑪洵：诚实，实在。
⑫襦：短衣，短袄。
⑬而五袴之歌形昔之无襦而盛也：《后汉书》卷三十一《廉范传》：百姓为便，乃歌之曰：“廉叔度，来何暮？不禁火，民安作。平生无襦今五绔。”意思为：百姓感到便利，他们歌颂廉范道：“廉叔度，来太晚！不禁火，民平安。从前没有短上衣，今有五条裤子穿。”
⑭暄：温暖。

荣待命之群有而于兹乎。始之维其邑之小也，公以手拊[①]而目慰之，胥如其膝之下。抑维其摧残于不拊不慰之余而待苏于公也，公乃为方熯[②]之雨，沍[③]寒之暄，求其所以不荣之故革之，而急授之以生。士生于公之心，而弦诵[④]荣于胶序[⑤]。民生于公之心，而桑稼荣于郊原。公之荣晋宁也无吝，而晋宁生矣，匪自生之，皆公之生也。而公之生也，不已丰乎！故公方劳焉，民已润焉，民具乐焉，孰不依焉？奚此蕞尔[⑥]邑，无衮衣之九章，笾豆之八簋[⑦]哉？兹者清秋之令辰，公生申之旦也，弦者柱调，诵者带缓，桑者之素丝在筐，稼者之黄茂[⑧]登场，凡天壤大昌之气，荣以为生，而有生皆荣，其孰非公之所昭穌[⑨]？则合彼弦者、诵者、桑者、稼者之心，摄而有所奉。奚奉哉？奉公之一心而已矣。心荣而身如袝[⑩]之应征，锡之荣如几如式矣[⑪]。心生而身如绪之引，期颐[⑫]之生，携无曰益[⑬]矣。维其浃也，是以应也有是哉。君子之一身能荣天下，而天下之能荣君子也。若斯乎，其不爽夫！晋宁绅士举觞以报公之生，而乞言于余。邵，古南国也，可以歌甘棠[⑭]，可以歌衮衣也，何也？其荣君子者一也。

①拊：古同“抚”，安抚，抚慰。
②熯：干燥，热。
③沍：冻结。
④弦诵：弦歌和诵读，指学校教学。
⑤胶序：胶，周代学校。序，商代学校。胶序泛指学校。
⑥蕞尔：很小的样子。
⑦簋：古代盛食物器具，圆口，双耳。
⑧黄茂：丰美的谷物。
⑨穌：同“苏”。
⑩袝：华美的服装。
⑪锡之荣如几如式矣：赐给您的荣耀，象有预兆，有式样。“如几如式”，出自《诗经·小雅·楚茨》。
⑫期颐：年寿一百岁以上的人。
⑬携无曰益：此语出自《诗经·大雅·板》。意思为：携物莫说有阻扰。
⑭可以歌甘棠：《诗经·召南》有《甘棠》一首，怀念召（邵）伯的德政。

记

修城记

蒋学成桂阳州守

常宁据楚上游，界联郴、桂、宁远诸蛮峒[①]。前代沿革不常，或为州，为邑，邑故无城。洪武、永乐年间，峒寇作乱，奉虎晚帅其党大肆劫掠，宁民苦之。当事者乃设立守御所，奏调衡州卫官军以镇之。千户邓旺始建木栅，寻[②]垒土城，复杂以土石，然矮薄不足恃，频年议修筑。有司视官如传舍[③]者，辄虚应，旋修旋圮，无裨于事。万历元年夏，吴山陶候奉命来令是邑，毅然以身任兹事。兵宪[④]少微适公巡历兹邑，进侯谓曰：治先保障，有县无城，谓吏治何？无论其他。即仓库、狱囚在，卒[⑤]然有警，何以御之？于其亟图之可也。侯曰：卫民之政，与食信同。城缺卫弛，守土者之责也。矧[⑥]宁昔设守御所，为衡南扼塞地，宁无事则衡以北诸郡皆安枕矣，兹固湖南之屏障也，庸可以弗城耶？士君子为政，将以求宁，食君禄而无所事事，何厚颜称人臣，立民上哉？适公闻其言而壮之。檄下，议速举。侯乃相地度基，据要柘[⑦]隘。又以宁疲[⑧]邑，不欲重累吾民力，恳府帑出助九百六十二两，计县积粟可易值一千两，排年出一千五十两，所军需三百三十九两。又易其旧料，共约金三千有奇，足可支费。侯曰：吾事办矣！于是请于抚、按两台，守、巡二道，悉可其

①蛮峒：指南方少数民族聚居的地区。亦指这一地区的人。峒，山洞，石洞。
②寻：不久。
③传舍：驿站所设供行人休息的房舍。指旅馆。
④兵宪：兵备道。掌监督军事，并可直接参与作战行动。此官由按察使或按察佥事充任，是分巡道的一种。又称兵备副使。
⑤卒：突然。
⑥矧：况且。
⑦柘：疑为“拓”字之误。
⑧疲：穷困。

议，命亟行之。侯乃鸠[①]工分筑伐石甃级。以千、百户王书、崔选、张应奎十余员，典史潘永朴，董其役。侯日策马，往来环视。勤厥功者，持牛酒劳之。而又安锡[②]诸工，官悉取办于己，不以滋民扰人，益鼓舞趋事[③]。不二载，而常宁城成。起工于万历二年七月，讫工于四年六月。周遭[④]六百七十四丈，高一丈五尺，宽一丈二尺。重修四城楼、敌台、窝铺。楼橹[⑤]、雉碟[⑥]棋布星列，耸然山峙。复设永逸仓，贮[⑦]谷以备年久修城之费。于是邑之父老暨其弟子员咸诣余曰：侯自下车[⑧]以来，厪[⑨]身奉宪，孜孜[⑩]为黎庶急，邑城久倾圮，前时莫有任其责者，兹得侯创建，为千百年利，吾属可恃以无恐矣。然则后之藉安全、睹斯城者，将颂侯之功于不衰，兹不可泯[⑪]也，乞公一言以垂不朽。余与侯相知最深，侯之心事清白，每论辄有契合，故不以不文辞[⑫]。乃巅末[⑬]其说，授使者归，勒之珉[⑭]石，亦以诏后之嗣政者。若夫侯之惠政种种，则邑人固有口碑在焉，兹不具论。侯名陶敬图，别号吴山，直隶松江府华亭县人。典史潘永朴，江西广信府永丰人。

①鸠：聚集。
②锡：赐。
③趋事：办事，立业。
④周遭：四周，周围。
⑤橹：城上供防御而无顶盖的了望楼。
⑥雉碟：古代在城墙上面修筑的矮而短的墙，守城的人可以借以掩护自己。
⑦贮：储存。
⑧下车：官吏到任。
⑨厪：同“勤”。
⑩孜孜：勤勉不懈。
⑪泯：同“泯”。
⑫辞：推却不受。
⑬巅末：从头到尾。
⑭珉：像玉的石头。

新建县堂记

徐开禧[1]

我国家抚有疆土，自日出以至日入，罔不率俾[2]，念天下之不可一人治。故省会任之方伯[3]、连帅[4]，郡邑任之刺史、县令。其任之大小不齐，皆为高堂巨厦以居之，所以明有尊也。外则舆佁[5]皂隶[6]，行呼唱于庭内。内则幕僚师生，陈言事于室中。是用南面之居，闬[7]闳[8]阶序[9]，不可与寻常伍。维县令之堂，必厚栋大梁，彝庭高门，然后可以上克于揖让，下周于步武[10]。而好事者未免公庭之外，犹于穹谷[11]、嵁[12]岩、莾[13]山、石沟、涧壑，凌绝险阻，疲尽人力，以极亭池花鸟之娱。此有令之乐，无令之苦者也。若夫常宁则不然。宁于吾临[14]俱衡属。吾释褐[15]时，始得临谓邑界万山之中心，窃唾之。及谒上官道，经宁地，见其民物凋敝，风土瘠恶，比之吾临尤甚。且堂宇倾圮余年，庳[16]逼破露，令若邑者至听讼于蓬下，案牍簿书栖列无所，往往散乱不可省[17]，而狱讼、赋役失其平。闻之前令欲修，民无应者。甚矣！有令之苦，无令之乐，莫宁若也。事穷则变，遇吾寅翁刘君出，而忘其苦，遂其所

①徐开禧：临武知县。
②率俾：顺从。循教化供役使。
③方伯：一方诸侯之长。《礼记·王制》："千里之外，设方伯。"后泛称各地方的长官。
④连帅：一方诸侯之长。《礼记·王制》："十国以为连，连有帅。"
⑤舆佁：舆和佁是古代奴隶社会中两个低的等级的名称，后来泛指奴仆及地位低下的人。
⑥皂隶：旧时衙门里的差役。
⑦闬：里巷的门，又泛指门。
⑧闳：巷门。
⑨阶序：台阶与中堂两侧的厢屋。借指殿堂。又指台阶和官阶的次序。
⑩步武：跟着别人的脚步走，比喻效法。
⑪穹谷：深谷。
⑫嵁：险峻的。
⑬莾：疑为"莽"字。莽，草木茂盛的样子。
⑭临：指临武县。徐开禧为临武县令。
⑮释褐：旧制，新进士必在太学行释褐礼，脱去布衣而换穿官服。后用来比喻做官或进士的及第授官。
⑯庳：低矮。
⑰省：阅读，看。

乐。君莅宁三年，政通人和，百废俱举，大都因民之所欲为，而济以悬鱼①之橐②。至是悉破去蓬檐，而屋以取固。屋之东西，为群吏之舍，视事之厅，便坐之斋，寝庐③庖④湢⑤，靡所不新。问工焉取？则师舆是供；问材焉取？则山泽是刊⑥；问役焉取？则子来是应。而邑民周宗科实董其事。起于先年仲冬之二十有六日，而落成于今。是则不惟令居得以安，而民吏之出入、仰望者益知尊且畏之。狱讼、赋役之书悉完，则是非可倚而定也。过是邑者，见昔之疵⑦者，日以减去；而索窶者，日以富蓄，亟⑧称其县之美，莫与京⑨焉。夫然后不负吾朝家设令之意。君以高第起家，来为是县遇难为之日，而得行其志，宁独兴利除弊可师可法，尤能起难强之民而踊跃趋事⑩，果何德而臻此乎？予莅临无状⑪，不能效吾君之万一。既而以入觐⑫之行，拜君于此堂，周视再四，指而贺曰：是所为代天子出治者也。非是堂之新，不足以莅民⑬。非君之德，不足以动民。旷于往初，肇自今，兹不劳不费，成厥大功，古之遗爱，何以加此？宁之士民，相与遮道请辞，镌于金石，以示永久。坚让不获，乃忘其芜陋而就织⑭焉。君讳绍璇，别号干玄，直隶之魏县人，其善政、善教备载《桑阴集》，不复书。崇祯七年春三月记。

---

①悬鱼：《后汉书》卷三十一《羊续传》："府丞尝献其生鱼，续受而悬于庭；丞后又进之，续乃出前所悬者以杜其意。"后以"悬鱼"指为官清廉。

②橐：口袋。

③庐：房舍。

④庖：厨房。

⑤湢：浴室。

⑥刊：砍伐。

⑦疵：不好的地方。

⑧亟：屡次。

⑨京：大。

⑩趋事：办事，立业。

⑪无状：不肖，无善状。

⑫入觐：本指地方官员入朝进见帝王。这里指下级见上级。

⑬莅民：管理百姓。

⑭织：构成，建造。这里指写文章。

君子堂记

吴景明县令

常宁邑治之后堂，额曰：君子旧矣。向未有记之者。愚承乏[①]是邑，燕息[②]堂中，今且三年。顾諟[③]修省若严师焉，作而叹曰：君子之义弘矣，圣门之论，惟在于敬，而修己安人，皆不外是推而极之。尧舜犹病此圣心之纯亦不已矣。明[④]质庸陋，敢[⑤]云克念[⑥]，而愿为君子素所究心。矧[⑦]兹百里重寄[⑧]，蚤[⑨]负是忧，而己未克修，人奚以安耶？用兹战兢[⑩]惕励[⑪]，惟日匪懈[⑫]，而求所以修安者，无余力焉。爰疏其义以代箴铭[⑬]，曰：三事当官，敢谓靖[⑭]其尔位；六条奉职，庶几父母斯民。复榜其前楹曰：上帝临汝[⑮]。乃申规之曰：仰天不愧，俯人不怍[⑯]，务修在己，处事如家，爱民如子，期尽吾心，皆主敬之义也，皆求修己以安人也。粤[⑰]自履任以至今日，是故案牍亲操，微细靡怠，衣食菲[⑱]恶，寝息不遑，朝乾夕惕[⑲]之怀也；常例尽斥，浮费悉除，里甲罔侵，铺行无取，

---

①承乏：指暂任某职的谦称。
②燕息：安息。
③諟：古同“谛”，审谛。
④明：吴景明自称。
⑤敢：谦辞，“不敢”的简称。
⑥克念：能够想到这一点。克：能够。
⑦矧：况且。
⑧重寄：指担任常宁县令的重任。
⑨蚤：古同“蚊”。用在此处不成词，疑为“蚤”。“蚤”，同“早”。
⑩战兢：戒慎恐惧的样子。
⑪惕励：心存畏惧而自我激励。
⑫匪懈：不懈怠。匪，同“非”。
⑬箴铭：规诫之言。箴：劝告，劝诫。
⑭靖：恭敬。
⑮上帝临汝：上帝在你面前。此语出自《诗经·大雅·大明》。
⑯怍：惭愧。
⑰粤：文言助词，置于句首或句中，无实义。
⑱菲：微薄，使之微薄。
⑲朝乾夕惕：形容勤奋谨慎、兢兢业业，不敢稍有懈怠。

省事节财之思也；钱粮稽数而输纳时，支应[1]减旧而用度裕，视人犹己之念也；恪[2]遵法纪以革奸弊，严治教唆以惩讼端，敦本澄原之虑也；修理庙学，建制司仓，表扬节义，厘正祭祀，惇[3]教维风之义也；禁闭矿坑，疏通渠道，劝课开垦，安辑流亡，除害兴利之策也；灾旱荐[4]至，而祈祷竭诚，盗贼肆行，而缉捕殆尽，救灾弭患之方也。诸凡修己安人者，尽此心力求，亦学为君子而已。上帝其临之，否乎？今兹上供无亏，虚讼稍息，呼召必至，闾里相安，略见成效焉，圣人之训不诬矣！至于还风俗以跻古淳，兴礼乐以裨化理，则七年而可即戎[5]，百年而可去杀，自古记之矣。后之登斯堂者，寻前绪而益弘焉，务疷[6]即戎去杀之绩，庶几成德之君子哉。圣门主敬之义，先后一理，人己一心，愚固不能不厚望矣。是为记。

①支应：供应。
②恪：恭敬，谨慎。
③惇：劝勉，勤勉。
④荐：再，屡次，接连。
⑤即戎：用兵，作战。《论语·子路》："善人教民七年，亦可以即戎矣。"
⑥疷：疑为"底"，达到。

重修儒学记

黄希宪兵巡

万历岁巳卯夏仲月，予以菲劣奉玺书巡历郴、桂，抵常宁，祇谒先师庙。维时四郊亢旱，予遍祷名山，幸获甘澍①，四野举忻忻②焉。拜毕，登大成殿，周睬③廊庑，见栋宇欹④侧，瓦椽倾脱，霖潦⑤缅缅⑥然，滴于圣座之中。予心惴惴⑦若陨于深渊，乃进常尹⑧暨诸士子于堂，命之曰：基崇则业广，本固则枝茂，庠序乃吾儒根本之地，岂可俾颓坏不振若是哉！匪所以崇益圣道而端风教也。约束弗行，宪⑨之罪滋甚！常尹唯唯，请曰：工弗殷作，材匪时集，致旷违期约，景明罪矣！罪矣！敢自诿耶？乃檄之，俾功亟竣。越七月，以文告曰：景明不敏，兹奉期约，率百工兴事，功幸告成。欹者正，仆者植，丹漆辉映，百废聿⑩新，盖巍然湖南一伟观也。越十月，尹复偕学谕谢顺衮、惟庆，生员周天学、王宾等，稽首于庭曰：学宫成矣，愿申言之，以示士子向往之方。予喟然曰：予曷能文哉？尝闻先民有言曰：天下之事，恒弛于因循，而成于奋激也。因循则怠心生，而百功隳⑪矣。奋激则敬心生，而庶事康矣。丹书⑫曰：敬胜怠者吉，怠胜敬者灭，有味哉。观常宁之学，匪宪⑬躬履其地，时檄而新之，常尹踊跃

---

①澍：及时的雨。
②忻：同“欣”。
③睬：同“视”。
④欹：倾斜。
⑤霖潦：淫雨。亦指雨后的积水。
⑥缅缅：连续不断。
⑦惴惴：形容发愁害怕的样子。
⑧尹：官名。常尹，指常宁县令。
⑨宪：本文作者黄希宪自称，下同。
⑩聿：文言助词，无义，置于句首或句中。
⑪隳：毁坏，崩毁。
⑫丹书：朱笔书写的诏书。
⑬宪：本文作者黄希宪自称。

以行之，则玩[1]愒[2]岁时，颓垣破瓦，犹昔若矣，厥功未必成之速也。然则士之修身、懋学、齐家、治国、平天下之道，孰能外敬、怠二事者哉？抑又闻之，三代而上，政教出于一，而士惇[3]实行；三代而下，政教出于二，而士笃虚文。我国家稽古建官，各学设有学谕等职，以司训矣，匪以縻[4]廪饩[5]也；宪臣选俊秀弟子员以莅学矣，匪以虚岁月也。迩又屡颁诏旨，皆以惇崇实德明经之彦以黼黻[6]皇猷[7]，意殷殷[8]加焉。然士于奋励者恒少，而狃[9]于积习者恒多。欲求必为圣贤之徒者，则概未见焉！岂人心果不三代若耶？抑倡率者未尽其道耶？噫！天生蒸民，有物有则[10]，盍亦反而思之耳。常宁黉[11]序一新，正诸士子维新之会也，宪愿任司教之责者，朝夕以实学训诸士焉，为士者朝夕以实学励诸己焉。穷而在下，则孝弟、忠信修，实行于乡间，而为一乡之望达[12]；而在上，则孝弟、忠信敷实政于朝庭，而为天下之望。家无异教，士无异学，而天下治矣！故曰：为臣尽忠，为子尽孝，庶几不负今日修建至意，宪与常尹亦有光荣也。夫常宁不登乡书[13]屡矣，兹学宫一新，而李子友桂秋闱[14]之捷[15]，适相符契，岂非尔诸士向明

①玩：轻视，忽视。
②愒：疲乏。
③惇：劝勉，勤勉。
④縻：浪费。
⑤廪饩：指科举时代由公家发给在学生员的膳食津贴。廪：米仓，亦指储藏的米。饩：赠送食物。
⑥黼黻：衣裳绘绣的花纹。比喻文章。
⑦猷：计谋，打算，谋划。
⑧殷殷：恳切的样子。
⑨狃：因袭，拘泥。
⑩此语出自《诗经·大雅·烝民》。意思是：老天生下众百姓，有本体呀有法则。“蒸”同“烝”。
⑪黉：古代称学校。
⑫望达：有名望、有地位的人。
⑬乡书：周制，乡学三年大比，乡老与乡大夫荐乡中贤能之书于王，谓之“乡书”或“乡老书”。见《周礼·地官·乡大夫》。后世科举因以“乡书”代指乡试中试。
⑭秋闱：科举时代在秋季举行的乡试。
⑮捷：举，扬。

之一机乎？夫忠孝天之经也，地之义也，民之心也。味敬怠之言，崇践履之实，是在诸士一奋激而已矣，慎毋溺前闻而蹈因循之弊也。予不敏，恒以忠孝自励，而愧未有所得，故敢以鄙见相勗[1]，用以诏[2]诸来者，诸士其勉之哉！凡工费多寡、督理姓名则勒于碑阴。

①勗：勉励。
②诏：告诉，告诫。

重建起运粮仓记

袁惟庆训导

古者田以井授，兵出于农，诸侯、卿大夫、士自食其土之所入，而伍、两、卒、旅[1]之众，取之恒产，自足焉。故在九州，惟以方物[2]为贡，而田赋则成于中邦。在五服[3]，惟王畿[4]五百里纳米，而甸服[5]之外无闻焉。逮井田既坏，兵农既分，养士养兵之计不得不取诸民，而岁输大司农者有常数矣。然仓廪之设，所以储岁粮待转运，上自省会，下至郡县，其制皆不可缺。以其有关于国计而利于民生也。常宁衡属邑，万历丁丑冬，新安吴侯[6]来令，重建水次[7]粮仓于柏坊驿之左。驿去县三十里，滨大河，仓故为水次，而今更为起运云。邑额设秋粮民米八千八百零石，内派兑军米二千二百四十有奇，南京米四千四百二十有奇，赋可谓繁矣。考其转运之途，兑军运赴汉口繇县，计之一千六百余里，京米运赴南都[8]，则又三倍焉，不可谓不远矣。先是，令兹土者，忧赋之繁，则设法以催征，忧运之远，则严限以销比。至于仓储之有无、兴废，则若越人之视秦人，漠然无欣戚[9]于衷也。侯之来令，始舣[10]舟登驿而问俗焉，见其榜[11]旷[12]然，四墟皆豕童、牛

①《周礼·地官·小司徒》："五人为伍，五伍为两，四两为卒，五卒为旅，五旅为师，五师为军。以起军旅，以作田役，以比追胥，以令贡赋。"

②方物：本地产物，土产。

③五服：古代王城外围，每五百里为一区划，共分侯、甸、绥、要、荒五等，称为"五服"。

④王畿：天子都城附近的土地。

⑤甸服：为"九服"之一，指王畿外方五百里至千里之间的地区。

⑥吴侯：指吴景明。

⑦水次：指船只泊岸之处，码头。

⑧南都：即今南京。明朝初建都南京，后明成祖迁都北京，但仍实行两京制，南京亦被视为都城。

⑨欣戚：喜乐和忧戚。

⑩舣：停船靠岸。

⑪榜：屋栋。

⑫旷：疑为"旷"，荒废。

牧、蹊径之迹也。进里人于庭而询之曰：兹何地也？既非官舍，又非民居乎？里人曰，此水次仓之遗址也。岁久倾圮，木石无存，每遇征收，七里自办竹簟[①]为囤，而茅覆于上，开运则撤去。明年收粮，复造如故。雨泽连绵，水溢暴至，朽烂亏折，不可胜算，运户赔补，十家九倾。且地临猺峒[②]，盗贼出没，粮米露积，穿窬[③]劫掠相继而起，防御少疏，争相攘取。侯曰：嗟！嗟！吾闻仓廪之设，所以足国庇民,《诗》咏积仓礼[④]，谨盖藏，御廪之灾。《春秋》特书，良有以[⑤]也。邑无仓久矣，为民蠹深矣，吾能一日安乎？盖自履任之初而为是役者，已惓惓[⑥]不能释也。第[⑦]当其时，民日穷而赎锾[⑧]不可行，财日虚而帑藏[⑨]不可出。侯曰，吾其捐俸以图之乎！里人进而请曰：嘻！嘻！父母兴言，百姓之福也。与其一岁而一费，孰若一费而永全？与其一岁而一劳，孰若一劳而永逸？百姓虽愚，于此亦筹之审矣。今父母忧民之忧，吾等独无乐成之心乎？于是俱勃然喜曰：兴作之事，当顺民心。是举也，民之欲也，不可缓也。遂鸠工、饬材、诹日[⑩]、辟地而营造焉。计丈数，揣高低，量事期，计徒役，度财用，备糇粮[⑪]，咸出自侯规画。南北对列，共为八楹。邑有七里，以七为厫[⑫]，而一祠土地。抱柱际檐，咸以砖甃。周遭四塞，皆以垣[⑬]缭[⑭]。而又东上为厅者，凡五，西下为门者，凡三。体统尊严，内外整肃，盖

①簟：竹席。
②峒：古时对南方少数民族的泛称。
③窬：从墙上爬过去。
④《诗·大雅·公刘》："笃公刘，匪居匪康。乃埸乃疆，乃积乃仓。"
⑤以：原因，缘故。
⑥惓惓：真挚诚恳。
⑦第：这。
⑧赎锾：赎罪的银钱。锾：古代重量单位，亦是货币单位，标准不一。这里指钱。
⑨帑藏：国库。
⑩诹日：卜取吉日。诹：询问。
⑪糇粮：干粮。
⑫厫：同"廒"，围起的园仓。
⑬垣：矮墙，墙。
⑭缭：绕。

负山临水，焕然一新焉！经始于戊寅[①]仲春上巳，而落成于今冬长至，前后凡十余月也。邑人庆其成，征记于余。余不敏，不足揄扬盛美，然不敢不道其实。夫仓储之建，名虽不同，其有关于国计民生则均也。《周官》：理财，仓人、廪人各有职掌。后世塞下输粟，河中馈饷，亦必以积贮为谋豫。矧今国家两京并建，内多仕禄，外多兵粮，财赋倚于全楚，岁不下数十万。常宁仅七里小县，其兑粮转漕，通惠南粮，直达金陵，与巨州大邑同也。而仓储之所，乃任其倾废，至无寸株片砾之存，厥有由矣。盖以私囊为念，则视兴作为不切之谋；以避嫌为心，则谓更张为启谗之渐。以是仓之废也久，而民之蠹也深，侯奉命来，方孜孜询访，求为斯民兴废剔蠹。而是仓之废也，民患之；复也，民愿之。夫先王设官，为民也。善为政者，去其所以患，遂其所以愿，斯已矣。况宁地僻陋，民俗惰耕。加以锡砂涨流，壅荒田土。侯蚤[②]夜鳃鳃[③]，劝民耕作，疏通沟渠，均其赋役，省其材用，盖欲贻民殷盛，俾不至逋[④]负国课也。夫岁凡再征、再运，有司之勤恤，百姓之奔疲，亦甚矣！乃其交贮无所，岁岁劳费，而复有淫雨侵盗之虞，岂得为上理乎？传曰：君子不求有功，不得已而功成，则天下以为贤[⑤]，侯之谓也。且经理兹一大役，不费公帑，不资科罚，上下乐然，相与有成。至于规画调度，务期为数百年计，而不徒苟且率易[⑥]以成功。盖自是水溢不能为之患，盗贼不能肆其凶。时乎征收也，令甫下，而民争道转输矣。时乎起运也，钦限遵，而部使者移旌至矣。上裨国计，下益民生，近舒司府属邑之忧，远垂县治永赖之利，其功顾不伟欤？然非侯主之以廉静无欲

①戊寅：万历六年，1578年。
②蚤：同“早”。
③鳃鳃：恐惧的样子。
④逋：拖欠。
⑤此语出自苏洵《仲兄文甫说》。
⑥率易：轻率，随便。

之操，运之以刚明果决之识，不为利诱，不为疑阻，安能举数十年废坠之业，一旦起而更新之如此哉！虽然，余闻之：善作者，贵于善成；善始者，贵于善终。邑旧有仓，载在志籍，可考也。先后一时，兴废一机，思今日之兴，犹昔日之兴。又思异日之废，犹前日之废，则必能成作者之志，而终创始之谋矣。呜呼！有民牧[①]寄者，孰无忧国忧民之心哉？有忧国忧民之心，尚徐起而思之，以成终之道自励焉可也。兹固余应邑人为记之意也。若夫侯之功德，口碑不磨，余何能述？侯讳景明，别号中宇，弱冠登南畿[②]壬子进士，今筮仕[③]，多所建立，此特其初政云。万历巳卯[④]孟冬记。

①民牧：旧时指治理民众的君王或地方长官。
②南畿：南京。
③筮仕：古人将出外做官，先占卦问吉凶。后称初次做官为“筮仕”。
④万历巳卯：应为万历己卯，万历无巳卯年。万历己卯为万历七年，即1579年。

重建预备仓记

刘　宇训导

惟皇御极[①]，稽古[②]定制，分职设官，因材授任，无非为民命攸[③]奠[④]，职惟艰哉！新安吴侯，令常宁之三年，政通民和，百废俱兴，注意养民，固厥邦本，爰是修建仓厫以预储蓄。顷奉部札，督令州县，广贮积，备旱涝，稽察严密。盖亦上裨国计，而于惠养元元[⑤]之政，恒拳拳[⑥]焉。侯之建立，适当其时，可谓早见豫待，一举而兼得矣。事既竣，诸士民属[⑦]宇[⑧]纪其颠末[⑨]，勒[⑩]之贞石，以垂不朽。余惟古之君子，莅官[⑪]行政，凡以为民也。故曰，一命[⑫]之士，苟存心于爱物，于人何所不济？而百里之寄，又斯民之所待以立命者乎！常宁稻谷贮积，虽旧有仓厫，顾圮坏不足以蔽风雨、除鸟鼠。一有水旱，螟蝗莩殍[⑬]相望于道，流离转徙，散之四方，常民告病者甚矣。侯下舆[⑭]即有志兴举其役，乃度其费，当若干材木，当若干瓦石，钉钎当若干，毅然请于当道。得允，即捐己俸。走公输命，使者督之，经营有序，民乃乐趋。经始于庚辰年[⑮]之八月，落成于辛巳年[⑯]之九月。凡观仰者举欣欣喜

①御极：天子即位。
②稽古：考察古事。
③攸：所。
④奠：稳固地安置。
⑤元元：人民，百姓。
⑥拳拳：诚恳、深切的样子，弯曲的样子。
⑦属：同“嘱”。
⑧宇：本文作者刘宇自称。
⑨颠末：始末。
⑩勒：雕刻。
⑪莅官：到任，做官。
⑫一命：等级最低的官职，这里指官位低微。
⑬殍：饿死。这里指死。
⑭下舆：舆指车中装载东西的部分，后泛指车。下舆，即下车，意为刚上任。
⑮庚辰年：万历八年，即1580年。
⑯辛巳年：万历九年，即1581年。

色，乐观厥成。嗣是开仓赈贷，歉岁仰给者咸取诸此，不患乎备之无素矣。盖侯之德，惠及于民者多，不止此。概举其大：修学校而弘造士之地也；省供饩而去苛耗之弊也；闭锡坑而禁争夺之俗也；精听断而除凶悍之习也；举贞节而崇礼义之风也。他如新建布政司，建起运仓诸所，处置一皆以实心行实政，不为泛常趋避所为者。以故士民歌诵，当道[1]旌扬。其考绩也，复以最状称。侯诚名实显著，民之父母矣。昔者朱考亭[2]在浙东立常平一仓，而民甚便焉。侯之家学出考亭正泒[3]，发而为用，正以行其所学，与龚黄[4]卓鲁[5]古今追轶[6]。区区[7]常邑，未可以久淹骥足者矣。侯以惠常宁者惠天下，他日必有弘济宇内，声施信史，自尔特书大书，固不俟片石之镌，为侯重轻已也。然则是碑之竖，匪侯心也，是记之勒，宇则以为，后之民所感发而兴思者，必将曰：吴侯活我；必将曰：我民，吴侯所生也。深仁沛泽，常民永怀于世世，岂直惠我一时一方而已哉？呜呼！是建也，侯诚大有造于常矣！侯诚大有造于常矣！矧夫继侯者，心侯之心，时其葺治，敝复新之，甘棠[8]恩泽，万世犹在，前召后杜[9]，史不绝书。宇备员属下，何敢不纪其实！侯讳景明，字阳复，中宇则别号也，中南畿壬子科之乡进士云。万历辛巳仲冬记。

①当道：掌握政权。
②朱考亭：指朱熹。朱熹晚年讲学于建阳考亭书院，创立考亭学派。
③泒：同“派”，指人、事或学术的分支系统。
④龚黄：为西汉循吏龚遂与黄霸的并称。其事迹见《汉书》卷八十九《循吏传》。
⑤卓鲁：西汉卓茂、东汉鲁恭的并称，皆为循吏。其事迹见《后汉书》卷二十五《卓鲁魏刘列传》。
⑥轶：超过。
⑦区区：小小。
⑧甘棠：《诗经·召南·甘棠》：“蔽芾甘棠，勿翦勿伐。”该诗怀念召伯的德政。
⑨召父杜母：指西汉召信臣和东汉杜诗 。他们都曾为河南南阳太守，且皆有善政，使人民得以休养生息，安居乐业。故南阳人为之语曰：“前有召父，后有杜母。”后因以“召父杜母”，为颂扬地方官政绩的套语。召信臣事迹见《汉书》卷八十九《循吏传》；杜诗事迹见《后汉书》卷三十一《郭杜孔张廉王苏羊贾陆列传》。

廉政桥记

宗道传元进士

昔神禹平水土，经启分画而后九州之土以定。荆及衡阳惟荆州，江汉朝宗于海①，水道原委考诸经可见已。宜江之源，分而复合，顺流百有余里，贯阛阓②之中，又七十里，凿石为九曲，达其流于湘江。常宁据荆衡上游，兹水其神禹之遗迹欤？矧郡居四阳③之中，距城之南，塔山秀峙。载稽藏典，昔阿育王④建释迦真身舍利白玉净相宝塔，其在南赡部洲者十有九，此其第九也。金沙布地，百里五龙环卫，百禽遐遁⑤，下瞰灵湫⑥，清激甘洌，八功德水⑦不是过焉。郡城之西，乃车马往来之冲。宋淳祐甲辰，尝梁⑧其上以济⑨。至元丙子，半毁于兵。积有岁月，过者踧踖⑩，覆压是惧。达鲁花赤⑪金刚奴敦武，河西宁夏人也，皇庆癸丑夏，钦⑫受宣命⑬，来守是邦，始议撤而新之。首捐己粟百石以倡。公退单骑，伐石度材，不惮险远，深山穷谷，巨木坚石，非人力可

①江汉朝宗于海：江汉，指长江和汉水；朝宗，诸侯朝见天子，借喻百川入海。指江河奔流入海。
②阛阓：市场。
③四阳：常宁之东为耒阳，南为桂阳，西为祁阳，北为衡阳。
④阿育王：印度古代国王。梵语Aśoka，意译无忧。为古印度名王旃陀罗笈多之孙。公元前273年即位，在位期间，几乎统一全印度，后归依佛教，并大力推行佛教，广立碑敕。传说阿育王在华氏城举行第三次佛典结集，并派人到国外传法，对后来佛教发展影响极大。
⑤遁：同“遁”。
⑥湫：水潭。
⑦八功德水：西方极乐世界的八功德池及须弥山、七金山的内海，皆盈满八功德水。八功德谓一甘、二冷、三软、四轻、五清净、六不臭、七饮时不损喉、八饮后不伤肠。
⑧梁：桥。这里指建桥。
⑨济：渡，过河。
⑩踧踖：恭敬小心的样子。
⑪达鲁花赤：头目，领袖。元代在中外各官署主管以外都设置达鲁花赤一员，由蒙古人担任，以监视汉官。
⑫钦：恭敬。
⑬宣命：皇帝的诏命。

致者，公为具栰与舟。未踰月，毕集江浒[①]。工偿倍直，人效乐助。桥之墩叠石于洲为址，酾[②]水为六道。梁空以行，广三百尺，墩之培广者，名桃花洲，赑[③]屭中流。上建宝阁，观音大士现金色身，晏坐其中，庄严殊异。桥屋两翼，列工商之肆五十有六。异货骈集，贸易分错，丹青剞劂[④]，骇目动心。工兴，首捐以粟，次率同寅[⑤]，富室闻风，乐施恐后。又取田毛肆租之岁入，建庵桥侧，请比丘[⑥]普觉居之。复以己财置四大部经，俾其徒日夕诵之，为圣天子万寿祝。厘木公丞相闻而喜之，施长明灯。吾使君[⑦]为桥之大略也。至于莅官以勤，行事以恕，创义仓以活饥，葺黉[⑧]舍以立教，平权量[⑨]以一法，均和买以示公，垦逃业以裕贫，蠲[⑩]诡[⑪]输以苏困。户口增，政刑简，税粮自概[⑫]，圜土[⑬]屡空，此又吾使君善政良法也。适部使者至，名其桥曰廉政，且俾官图上之京都。此州自入职方[⑭]，实为星古班[⑮]大王之胙土[⑯]。王降旨护持，且命昭文馆大学士、荣禄大夫李溥老大书其额以宠之。使者归以语予记。或疑廉政之名于桥为不类，予曰：廉政之说有二，有廉能之廉，有廉察之廉。使君不数月之间，能复兴数十年之废遗，以

①浒：水边。
②酾：疏导，分流。
③赑：传说中的一种动物，像龟。旧时大石碑的基座多雕成它的形状。
④剞劂：雕刻。
⑤同寅：同僚。共事的官吏。
⑥比丘：佛家指年满二十岁受过具足戒的男性出家人。
⑦使君：汉代称呼太守刺史，汉以后为对州郡长官的尊称。
⑧黉：古代称学校。
⑨权量：权与量。测定物体大小、轻重的器具。
⑩蠲：除去，免除。
⑪诡：怪异，出乎寻常。
⑫概：刮平，不使过量。
⑬圜土：又作“圜墙”，指牢狱。
⑭职方：职官名。《周礼·夏官》有职方氏，掌天下之地图，主四方之职贡；后每沿用，如明、清兵部及民国初年内务部均有职方司。
⑮星古班：人名。
⑯胙土：封地。古代帝王分封诸侯，用五色土筑坛，一方一色，分封某方的诸侯，就用白茅包取某方的土，连同祭肉授给他，这就叫“胙土分茅”。

壮千里之形，是非廉能，能如是乎？非使者之公明，亦安能表使君廉政之迹乎？二者盖交尽其美矣，其可无辞以记？乃述巅末，俾归刻之。庶[1]斯阁、斯桥与是州江山相为无穷，以无忘使君之德。若捐镪[2]助役姓名，则具于碑阴云。

①庶：表示希望发生或出现某事，进行推测；但愿，或许。
②镪：钱。

重建廉政桥记

陈　勋县令

宁邑三面临江，而郭之西有西江焉。其源发自黄峒，其流达衡湘，上彻永、郴，通两粤，诚要津也。旧有桥，接观音阁而建。上值桃花古洲，两派合流之冲积沙为基，不可固。至万历辛卯，一夕倾圯，往来病涉者岁余。先令谭公道轩谋复建，相厥势，下旧桥数十丈，有石湍横亘连绵，若天锁长江者。喜曰：可以基矣！因而募劝邑中士大夫暨青衿[1]耆旧[2]，咸乐助。方命工，经始[3]适迁去，摄[4]篆者罔留心焉。余自壬辰来莅宁时，基甃尺许，谓前工肇启[5]，劝相靡置[6]。癸巳四月，拱始合，都人士喜。不意横流骤至，前拱复倾。且县署、学宫，修理废坠，无宁日。余亦弗暇议及。而民谓此桥必不可复矣。逮徂[7]冬，各役就绪，余念徒杠[8]岁举，亦王政一节，有司所当加意者。况募资尚半，前料犹存，苟[9]力为之，或可不至湮废，率诸会首续图之。始而受命唯唯[10]，轮班视事。不半月，浸[11]驰浸散。又半月，命老人沿乡劝借原输之数。会岁值大祲[12]，无一二应者，各工咸告匮。余弗获已[13]，量出赎锾[14]，给群工，发使归农，仅留什之四。暂撮预备仓稻谷五十

---

①青衿：旧时读书人穿的一种衣服，借指读书人。
②耆旧：年高望重者。
③经始：开创事业者。指谭道轩。
④摄：代理。
⑤肇启：初创，开始。
⑥靡置：放弃。靡，不；置，搁置。
⑦徂：开始。
⑧徒杠：可供徒步行走的小桥。
⑨苟：如果，假使。
⑩唯唯：恭敬应诺之词。
⑪浸：逐渐。
⑫祲：灾。
⑬弗获已：不得已。
⑭赎锾：赎罪的银钱。

石，资其饩廪[1]。随将自理赎谷陆续补仓，并给与匠作。民有犯，量轻重多寡收赎，以资桥费。经营数月，拱复合。然后命军民各总分泒[2]小甲[3]，逐日轮挑砂土实其中，再七月，而桥始成。兹桥也，基阔二丈二尺，面二丈，高二丈，计长一十六丈。计工[4]匠凡五千五百五十二，工计力凡二千三百四十五，工计各乡资助银谷共一千有奇，内收过五百二十两。本县助处银二百一十二两八钱四分，谷二百四十二石，经始于辛卯九月初八，落成于甲午十一月二十九。废而复兴者再，前后调度者历三年。不烦官帑，不费仓粟，不加朘削，严箕敛，亦不为群口所惑，而随力行之，竟尔卒业，此非谭[5]固莫为之始，而非不佞[6]亦无与襄[7]厥成也。自是编氓[8]遵道，商旅出途，游子寻芳，诗人踏雪，千百世永有攸[9]利，殆[10]莫知匠心之独苦矣。谨具颠末，为纪其实，以垂不朽云。

①饩廪：古代官府发给的作为月薪的粮食。亦泛指薪俸。
②泒：古同“派”。
③甲：旧时户口编制单位。
④工：工程。
⑤谭：指谭道轩。
⑥佞：同“佞”。不佞，不才，作者陈勋自谦之词。
⑦襄：完成，相助而成。
⑧编氓：编入户籍的平民。
⑨攸：所。
⑩殆：大概。

土陂桥记

刘绍璇

天下有得已[①]之役而不乏欣然从事者，如媚佛谄[②]道，金其身而碧其宫是也；有不得已之役而漠然毫不相关者，如徒杠[③]舆梁[④]，辄置若弃而视若遗，是何踊跃于神道之荒忽，而犹豫于人事之当务乎！此无他，彼有所乞灵，此无所责偿也。于是道路兴废之责，专归之为民上者，甚矣，守土者之日以艰也。去县治而西二十五里，有土陂桥，盖祁[⑤]常要迳也，其地山陡而水驶，一切木梁浮筏都无所用，独石桥为宜。桥圮于予莅兹土之先五年矣。初予自营阳谒上官，归道经而低徊留之，目击夫病涉之民，恻然心痛，思所以复之。而赋重差繁，又不忍谋之于民。俟政通人和，稍出其饮冰[⑥]之余，以为倡，傛[⑦]或有兴者。岁秋孟[⑧]，乃得黄生景星之族叔黄廉政，一旦[⑨]鸠工从事，以劻[⑩]予不逮[⑪]，予亦捐俸助之。越数月而告成。是岁之冬仲，予候守道，再经其地，见夫长虹卧波，车徒摩肩，往来掉臂[⑫]，非复向之病涉者矣。噫嘻！此岂有所乞灵而为之者耶？责偿则予不知也。然闻之欧阳子[⑬]曰：积德无不报，而迟速有时。夫所谓报者，岂尽如俗说所云，宋郊渡

①得已：谓出于自己的意愿。
②谄：奉承，巴结。
③徒杠：可供徒步行走的小桥。
④舆梁：桥梁。
⑤祁：祁阳县。
⑥饮冰：清苦廉洁。这里指微薄的薪俸。
⑦傛：同“容”，或许，也许。
⑧孟：农历四季中月份在开头的（其他两个月依次为仲、季）。
⑨一旦：忽然有一天。
⑩劻：同“匡”，帮助。
⑪不逮：不及。
⑫掉臂：甩动胳膊走的意思。
⑬欧阳子：指欧阳修。

蚁[1]而富贵立至耶？即或不富贵，而扵[2]子孙，是亦天之巧于报者也。今黄氏世有善行，其曾祖黄元曾买学田以养士，而子黄帆亦倾已囷[3]以赈饥，载在邑志，班班[4]可考，而罄[5]资建桥，迭见于廉政，溥[6]其善者三世矣。昔范文正公[7]买义田以周[8]贫乏，而其子即有麦舟之助[9]，千古以为美谈。今廉政之子若侄，青其衿[10]，而笔耕舌耒，不以贫苦易业，当必有兴者。倘亦余庆[11]之验耶？故特表而书之，以训夫乞灵者之无所乞灵，而不责偿者之有以偿也。是役也，易一拱而三拱，费四倍于前，约银三百有奇，除捐俸之外，皆廉政一人为之。崇祯癸酉[12]仲冬月记。

①宋郊渡蚁：传说宋朝的宋郊曾从水潦里救起许多蚂蚁，后来中了状元。比喻多做善事，会得到好的报答。
②扵：同“于”。
③囷：古代一种圆形谷仓。
④班班：明显的样子。
⑤罄：同“罄”，用尽。
⑥溥：盛多。
⑦范文正公：范仲淹。因谥“文正”，后世称“范文正公”。
⑧周：周济。
⑨麦舟之助：指友人间仗义资助。典故见【宋】释惠洪：《冷斋夜话》卷十：“范文正公（仲淹）在睢阳，遣尧夫（仲淹子）于姑苏取麦五百斛。尧夫时尚少，既还，舟次丹阳，见石曼卿，问：‘寄此久近？’曼卿曰：‘两月矣。五丧在浅土，欲丧之西北归，无可与谋者。’尧夫以所载舟付之，单骑自长芦捷径而去。到家拜起，侍立良久。文正曰：‘东吴见故旧乎？’曰：‘曼卿为三丧未举，留滞丹阳，时无郭元振，莫可告者。’文正曰：‘何不以麦舟付之？’尧夫曰：‘已付之矣。’”
⑩青其衿：青衿，代称秀才。
⑪余庆：更多的吉庆。
⑫崇祯癸酉：崇祯六年，即1633年。

集贤书院记

蒋学成

吴山陶公①令宁之逾年，政通人和，百废俱兴。一举而营堡建，盗寇以弭②；再举而城工完，保障以固。既卧赤子于衽席之上③矣，复虑青衿之士④居业无专所也。爰访遗迹，修邑志，得芹东书院废址于学之左。乃喜谓其学博⑤梁君曰：与其别创一院，离师保以远去学宫，孰若就黉⑥泮，依夫子之耿光⑦，俾其羹墙⑧在念，不尤愈乎？博士曰：明公言及此，固诸士百年之遭也，不亦有厚幸耶？邑彦⑨乡贡士段一鹗闻兹义举，欣然以其地出让，侯乃厚酬其价，为之卜日营建，捐俸市材。中建讲堂三间，左右号舍⑩十间，外为大门，复于基之上建祠，祀朱紫阳⑪、张南轩⑫二先生。以其徒袭盖卿⑬、王居仁⑭配享，更其名曰集贤书院。盖取多士集此有思齐先贤之意云尔。院成，邑师梁君遣其弟子员汪弘度、朱尧德、詹尚网、王民皞等，走币⑮请记于余，用垂不朽。

①陶公：指陶敬图，明朝万历初年任常宁县令。
②弭：平息，停止，消除。
③衽席之上：比喻安全舒适的地方。
④青衿之士：学生。
⑤学博："博"，原文为"愽"，于义不合，故应为"博"。唐制，府郡置经学博士各一人，掌以五经教授学生。后泛称学官为"学博"。
⑥黉：古代称学校。
⑦耿光：光明，光辉，光荣。
⑧羹墙：比喻对先贤前辈的仰慕和怀念。
⑨彦：古代指有才学、德行的人。
⑩号舍：古时科举考场分配给每位考生的小屋，白天写考卷，夜间睡觉。
⑪朱紫阳：朱熹，南宋学者，理学家。
⑫张南轩：张栻，南宋学者，理学家。
⑬袭盖卿：生卒不详，字梦锡，南宋常宁县（今湖南常宁市）人。曾与王居仁同时执经于张栻之门，潜心研究理学。
⑭王居仁：生卒不详。南宋湖南常宁县（今湖南常宁市）人。曾与袭盖卿同时执经于张栻之门，潜心研究理学。
⑮走币：奉赠礼金，送礼。

余惟古称循良[①]者，孰不先教化哉？龚遂[②]治渤海，文翁[③]化蜀郡，史称其以经术文学润饰吏治。陶侯兹举，大有造于宁士，盖希踪[④]往哲而有得者也，方[⑤]之两公何多让[⑥]欤？虽然，修教化以储材者，长吏责也；争濯磨以倡道者，多士责也。无俟远宗，即袭盖卿、王居仁以宋名进士，学问渊源一往师宋晦翁[⑦]，一执经张南轩之门，求圣贤性命之学，此两公者，乡之先哲也。夫人之良心，有所感，斯触；无所感，斯泯[⑧]。诸士居业于兹地，日游习讲肄[⑨]其间，望夫子之宫墙，睹先哲之师淑，得不有所观感而兴起者乎？涵养德性，变化气质，使经明而行修，处则为真儒，出则沛[⑩]善治，斯贤侯建院之意，为无负而[⑪]多士，亦永有闻于斯土矣。若群子弟于其中，习空文，长浮靡，以为媒利干进[⑫]阶，则非予之所敢知也。万历四年孟冬之记。

①循良：善良守法的官吏。
②龚遂：汉宣帝时，以七十余岁高龄出任渤海太守，为著名循吏。
③文翁：庐江舒人。汉景帝末年，为蜀郡守。仁爱好教化。文翁事迹见《汉书》卷八十九《循吏传》。
④希踪：谓能达到或比并。
⑤方：比拟，相比。
⑥让：逊色，不如。
⑦宋晦翁：指朱熹。朱熹，号晦庵（翁）。南宋人。
⑧泯：同“泯”，消灭，丧失。
⑨肄：学习，练习。
⑩沛：水势湍急的样子，泛指盛，大。这里引申为有利于。
⑪而：古同“尔”，代词，你或你的。
⑫干进：谋官，求仕进。

游学岩记

张 芳

出南门迳一里许，为学宫。宫西南向前，俯宜溪。溪水合黄峒诸流，输于湘江，夏秋易涸，惟宫前四时渊沦[1]，旧称茭潭，土人又称夫子潭。潭东畔，视学宫稍左，如老云数百片，炤[2]水不夜，如十丈莲花，柎[3]末丰而本杀。蛟螭之居，深不可絙[4]也。按《宜志》，茭潭石榜列八景之一。予以今秋从学博王[5]、吴[6]二君，偕吾友正持吴子及宜庠诸子，棹[7]舟其下，拟摄衣登之，灌[8]莽[9]不可上。摩抄[10]石榜，题识漫灭。石皆青章[11]白理，与古木争秀媚，又得杂华蒙络[12]，似翻堦[13]红药。惜旧时亭台徒存遗址。予与吴子延缘[14]苇间，选石命名，举酒刻韵。谓二君曰：兹潭也，阅兵燹数十年，而至今，予为吏又五年，而始有今游。相传潭上左弦右歌，风流文雅。吾宜[15]士，自为儿童时，种树钓鱼，以遨以嬉，登于乡较[16]，从其士大夫三揖百拜，通名上国[17]，何其盛也！今也岿然学宫之仅存，其以春秋有事来者，漠然徒见鱼川泳而鸟云飞，感岁月之如驰，慨功名之不立，其必有长思而三叹者矣！呜

①渊沦：潭中微波。
②炤：同“照”。
③柎：花萼，亦指草木子房。
④古同“緪”，大绳索。这里指用绳测量。
⑤王：王金，据第四卷《学校志·师儒》：王金，襄阳宜城人，时为常宁教谕。
⑥吴：吴璜。据第四卷《学校志·师儒》：吴璜，武昌江夏人，时为常宁训导。
⑦棹：划船。
⑧灌：丛生而枝干低小的树木。
⑨莽：草，密生的草。
⑩摩抄：又作摩挲、摩娑。即抚摩，抚弄。
⑪章：花纹，文采。
⑫蒙络：遮蔽缠绕。
⑬堦：同“阶”。
⑭缘：沿着，顺着。
⑮宜：指流经常宁县治的宜江。
⑯较：疑为“校”。
⑰上国：指京师。

呼，学海必至于海，学山不至于山[①]，九仞一篑[②]，昔人所训也。吾游兹潭，怪石杰立，然上不敢为峰，壹似重有礼让者。噫！近圣人之居，俯仰退逊又可尚矣。旧称石榜，字训未雅，易名学岩，以志尊尚，可乎？二君与吴子曰：然！遂记之，而镌其诗[③]于石。

①学海必至于海，学山不至于山：扬雄《法言·学行》："百川学海而至于海，丘陵学山不至于山。"这句话的意思是：百川因为奔流不息，所以才能到达大海；而丘陵静止不动，所以永远达不到山高。比喻为学要勤奋，方能有所长进，若是懒惰怕苦，则学业无成。扬雄，汉代学者。

②九仞一篑："为山九仞，功亏一篑"的略语。比喻功败垂成。

③诗见第十卷《艺文志·诗》。张芳、王金、吴璜诗皆存。

大义山碑记

张 芳

宜阳城东三十里地，有山名大义者。禅师且拙公之所建立也。师传达磨①正宗，系洞上三十四世，受弁山瑞白禅师鸿嘱，于顺治丙戌秋，探幽选胜，结茅②于此山之右腋。巳丑春，恢拓中基，初创正殿，次造前殿、山门、丈室、藏楼、左右两堂两序、厨库、僧寮③等。历春秋有五，锡洼④变作净土，沙碛尽是庄严，其义则未之或知也。嗣后癸卯冬，复乘胜缘，重起正殿、前殿，续建祖堂、塔院、周围月墙、前堤后岸，宝砌重重。而庄严圣像、经藏，置钟鼓、千僧锅，及印房，镌刻如林，种种皆为盛事。然以是为大义则非也。至于山川之秀异，天作而地藏之一经点缀更为殊胜，而大义亦不在是。予筮令⑤宜阳，入境既知有大义山，不知其义孰为大。优游退食之暇，怀香问道兼问山水。自烟竹湖溯流，深入羊肠鸟道，出者突然成崖，陷者呀然成谷。转入转⑥，幽泉秩秩⑦，而山落落⑧，抵刹徘徊四望，备见大义之局面？犹未也；佛巍乎，焕乎，僧雍雍⑨肃肃⑩，不啻如霞兴而云委也，乃显大义之规模？犹未也；入夜，辉煌火树，出冰桃雪乳，掀翻诸佛秘义，甫知大义之家风？犹未也；晨兴，香浮宝篆，法云蔽谷，狮吼地震，华雨缤纷，乃快睹大义之神通？犹未也。大道不离目前，名山巨泽，毕竟如何消归？且师笑而言曰：现成公案。遂拂

①达磨：今作“达摩”，南印度人，后来中国传教。创立禅宗。
②结茅：编茅建屋。
③僧寮：僧舍。
④锡洼：锡矿坑地。
⑤筮令：古人将做官时必先占卜问吉凶，故后称刚做官为“筮仕”。筮令，即刚做县令。
⑥此处疑漏落一“出”字。
⑦秩秩：清明的样子。
⑧落落：形容高。
⑨雍雍：和谐的样子。
⑩肃肃：恭谨的样子。

袖入方丈[①]。此与古百丈[②]之展手酬大义何殊？信乎，此山之义之不可思议也！顷之[③]，首座[④]绪庵公[⑤]把臂登峰，始就其名象而指陈之：其石曰文殊峰，曰毘卢岭，曰金刚林，曰千佛者，以法言也，是为体大；其台曰集贤，堤曰朝源，林曰安乐，曰无忧，曰解脱，有以事言也，是为用大；其石曰屏，峰曰云，台曰天鼓，曰眠牛，曰老人，曰五子行孝者，以象言也，是为相大。合而观之，益信此山之义之大无量也！归来法音洞朗[⑥]，援毫[⑦]志其景与事，乡人士并赏奇胜，且欲籍是山为久远之功德林也，遂刻石以记。

①方丈：一丈四方之室。又作方丈室、丈室。即禅寺中住持之居室或客殿，亦称函丈、正堂、堂头。印度之僧房多以方一丈为制，维摩禅室亦依此制，遂有方一丈之说，转而指住持之居室。今引申为禅林住持，或对师父之尊称。俗称"方丈"或"方丈和尚"。此处指住持之居室。
②百丈（720—814）：百丈怀海禅师，是中国禅宗史上的重要人物，唐代禅宗高僧。
③顷之：一会儿，不久，过些时候。
④首座：寺庙里地位最高的和尚。
⑤绪庵公：指智缵禅师。智缵系江南世族，明末致仕高隐，慧业超群。著有语录、诗文行世。
⑥洞朗：清彻明亮。
⑦毫：指毛笔。

无逸堂记

张问明

县治之二堂为宰所夙兴夜寐而求民之莫[①]者也。堂废于明末。及宁初入大清版图，草创伊始，建者以竹，仅蓬室焉。又历二十余年，适予莅宁之初，燕处其中，每遇风雨，攲侧[②]欲倾，而案牍淫浸，甚滋湿，不能堪。明[③]喟然曰：治平在庶功兴，矧兹谋政基化之地，机务纷繁，莫不于此豫厘[④]焉。不新恐有以隳[⑤]吾事，新之又恐有以劳吾民，用是鳃鳃[⑥]焉度之。凡瓦石、竹木、工匠、土役，悉自殚财力，一同民间建造，式[⑦]于里甲，不烦铢黍。起于巳酉春，成于是岁冬。扁云：无逸堂。曷取于无逸？盖安静之吏，悃愊[⑧]无华，周知小民之依，不作非常以骇众，故其事简。简者，心之所由正以遏欲。严以存理，寅[⑨]恭肃畏。勅[⑩]其心于非几[⑪]之贡，凛[⑫]其端于驭朽之防[⑬]，进思尽忠，退思补过，大率本乎清慎，而要之以勤，古人所以惜分阴也。明不敏，自惭铅刀[⑭]，不敢以百里之宁为易治。日夜思之，朝夕而行之，维其始而成其终。思夫民生何以蕃，民力何以惜，民利何以兴，民害何

①莫：同“瘼”。病，疾苦。
②攲侧：倾斜。
③明：本文作者张问明自称。
④厘：治理，处理
⑤隳：毁坏，崩毁。
⑥鳃鳃：忧愁恐惧的样子。
⑦式：效法。
⑧悃愊：至诚，诚实。
⑨寅：敬。
⑩勅：告诫。
⑪几：表示不定的数目。
⑫凛：畏惧。
⑬驭朽之防：《尚书·五子之歌》：“予临兆民，懔乎若朽索之驭六马。”孔颖达疏：“我临兆民之上，常畏人怨，懔懔乎危惧，若腐索之驭六马。索绝则马逸，言危惧之甚。”后因以比喻帝王治国，艰险不易。
⑭铅刀：以铅制成的刀。因为它不锐利，所以用来比喻才力微薄。

以去。月不胜日，时不胜月，岁不胜时，期于无逸而后，即安由是而民若[①]于治，庶[②]委蛇[③]退食兹堂矣。其尚有梗吾花者，则将闭户焉思之。今之新斯堂者，非以美轮奂[④]也，亦云不敢效逸焉耳！夫无逸于吏者，斯有逸于民。盖其为虑也周，而为备也远矣。《书》曰：无逸乃逸[⑤]，亶[⑥]其然乎！然究不敢以逸于民而遽[⑦]逸乃心也，凛凛乎有惧，思焉益以之勤宁治。

①若：及，到，抵达。
②庶：表示希望发生或出现某事，进行推测。
③委蛇：从容自得的样子。
④轮奂：形容屋宇高大众多。
⑤无逸乃逸：《尚书·无逸》："周公曰：'呜呼！君子所其无逸。先知稼穑之艰难乃逸，则知小人之依。'"
⑥亶：实在，诚然，信然。
⑦遽：遂，就。

改建儒学记

张问明县令

王者，正南面而治天下，立太学以教国，设庠序以化邑。故养士莫大于学，而为教化本原之地也。非学则大节不见，非学则大义不践，非学则六经四子[①]之书无由精，濂洛关闽[②]之传无由续，况乎养贤以及万民，又非仅士之自为成已也。夫人材育则《菁莪》[③]咏，学校废则《子衿》[④]刺，其地固不重哉？宁学旧建于县南城外，元宋明未之有易。其始未常不蜚声槐垣[⑤]，而其后亦少高披蟾窟[⑥]也。迄大清定鼎，来贤书概未一登。戊申岁，为康熙之七年，予承乏[⑦]兹土。越月，进多士而课之，其为文率多雅秀，而摛[⑧]词振藻、彩笔葳蕤[⑨]亦有其人，何荆山之玉不出，赤壁之祥[⑩]难起？予怪叹久之，思所为振兴宁士而不得。客有言于予曰：学得吉壤，人文斯昌。今科第之久旷，岂非地灵之未效欤？曷[⑪]迁之？予殷[⑫]然志动。遍访堪舆，闻二环游久鋂，爰走币[⑬]豫章礼聘之。游子至，顾瞻山川，迟回数日，选胜于北关内，为占子象鼎、陈子云汉之故墟，层峦叠岫，远映于前，江水夹流，萦抱于

①六经四子：六经：《诗》《书》《礼》《乐》《易》《春秋》。四子，即四书：《大学》《中庸》《论语》《孟子》。

②濂洛关闽：濂指周敦颐。因其原居道州营道濂溪，世称“濂溪先生”，为宋代理学之祖，程颐、程颢的老师。洛指程颐、程颢兄弟，因其家居洛阳，世称其学为“洛学”。关指张载，因其家居关中，世称“横渠先生”，张载之学称“关学”。闽指朱熹，朱熹曾讲学于福建考亭，故称“闽学”，又称“考亭派”。

③《菁莪》：《诗·小雅》中《菁菁者莪》篇名的简称。

④《子衿》是《诗经·郑风》的一篇。由于子衿是古代学子的服饰，故《毛诗序》认为该诗是“刺学校废也”。

⑤槐垣：考场，试院。

⑥蟾窟：蟾宫，月宫。折桂：折断桂花。攀折月宫桂花，科举时代比喻应考得中。

⑦承乏：补充空缺的职位，多为在任者的谦辞。

⑧摛：铺陈。

⑨葳蕤：草木茂盛、枝叶下垂的样子。这里指文采美好。

⑩赤壁之祥：宋苏轼作有《前赤壁赋》《后赤壁赋》，皆为文章名篇。

⑪曷：古同“盍”，何不。

⑫殷：深，深切。

⑬走币：奉赠礼金，送礼。

后，人咸称善，遂定议。丈量占子基①，横阔一十一丈三尺五寸，前塘后城，以旧学基如其数易之。右为陈子地，则义助焉。时九年冬所经营而始事者也。明年正②，择吉移建，费巨工繁。宁士多贫窭③，不能助，而予性悃愊④，无锱铢之利以敛民。冷署光寒，此中几费踌躕矣。捐俸二载，命匠鸠材、筑土、甃⑤石，圣殿成。而东西两庑，棂⑥星、戟门⑦以次第举。予志少慰，后此之规模弘备，不敢必⑧亦不敢怠，抑惟俟乎时与事之并起焉耳！夫地有至善，择之吉；学亦有至善，修之吉。予愿宁人士之应运而兴者，竭礛⑨诸之功，掇众白之腋。多闻则守以约，多见则守以卓，钻性炼情，以求才慧之日生，则断崐竹而彰凤音⑩，犹之左券⑪可偿也。如徒曰地至善矣，而无至善之学以副之，恐山川效灵，未必为不耕者获，不猎者飨⑫也。虽然，尤有进焉。心术者，文章之原也。心以藏意，意以先言，言之不得，意从而思之。思之不得，鬼神从而通之。非鬼神之能通人也，静正之极，则内聚以为泉原⑬，而又何思之弗通，何言之弗得也哉？苟徒割缀浮艳以为通籍⑭阶荣⑮，务春华而鲜秋实，奚裨哉！予愿宁人士之应运而兴者，始于正心，终于好学，以无负改建学宫之至意。

①基：地基。
②正：农历年的第一个月，即正月。
③窭：贫穷，贫寒。
④悃愊：至诚，诚实。
⑤甃：砌，垒。
⑥棂：旧式房屋的窗格。
⑦戟门：于门前立戟。
⑧必：固执。
⑨礛：打磨玉石用的青色磨石。
⑩凤音：比喻美妙的音乐。多指笙箫等细乐。
⑪在古代以左为尊，古代契约，也以左为尊，故用“左券之操”或“稳操左券”来说明有把握。
⑫飨：犒赏，赏赐。
⑬原：同“源”。
⑭通籍：做官。籍是二尺长的竹片，上写姓名、年龄、身份等，挂在宫门外，以备出入时查对。通籍谓记名于门籍，可以进出宫门。因此后来便称做官为“通籍”。
⑮阶荣：指升登高位。

重建城楼记

殷　铭邑人

宁之城为门有四，旧皆建楼于其上。明末戊寅[①]间，流寇掠城，居民房舍荡然一空，而城楼亦同付灰烬中。嗣经丧乱，兵戈扰攘无宁日。我国家太平三十载，宁僻处衡南隅，刁斗不警，烽燧久熄[②]，可幸无虞[③]。虽然，王公设险以守其国[④]，大《易》之训也。良臣殷忧，每先事而为之计，城郭沟池之固，可不备哉？我翁张父师[⑤]宰[⑥]是邑，化洽[⑦]民恬，百废具举，其所兴建，未可概述，而于城楼为首修。量功、命日、度基、平干，而成，不愆[⑧]于素[⑨]。夫实墉[⑩]实壑，有司之责也。苟徒铺张治具，大兴作，勤民力，以摇养气，浚洙[⑪]筑郿[⑫]，大伤君子之心矣。吾宁当凋疲之余，贫窭乏绝，几[⑬]无以为生，而欲使之得所，亦难矣。况力役乎？侯甫下车[⑭]，时察民情，觇[⑮]土俗，思得失之所由分，向背之所由成，恍然有会于斯邑之所以治矣。老子曰：治国如烹小鲜[⑯]，扰之则乱，侯其得之。莅宁五载，安静无华，重民事则先知小

①明末戊寅：指崇祯十一年（1638）临蓝矿寇攻常宁县城。

②烽燧久熄：烽燧，即“烽火”。古代边防报警的两种信号，白天放烟叫“烽”，夜间举火叫“燧”。烽燧久熄，指国家太平，无战乱。

③虞：忧虑。

④王公设险以守其国：语出《周易·坎卦·彖》。

⑤我翁张父师：指常宁县令张问明。

⑥宰：主管，主持。

⑦洽：谐和。

⑧不愆：没有过失，没有耽误。

⑨素：素来的计划。

⑩墉：城墙。

⑪浚洙：疏浚洙水。洙水，流经鲁国都城曲阜之北。这里指疏浚河流。

⑫筑郿：郿，地名，在中国陕西省，现作“眉县”。筑郿，这里指筑城。

⑬几：几乎。

⑭下车：官吏到任。

⑮觇：看，偷偷地察看。

⑯语出老子《道德经》第六十章：“治大国，若烹小鲜。”小鲜，小鱼。烹小鱼时不能随意翻搅，频繁地翻搅会把鱼搅烂。治理大国也不能恣意妄为。妄为会伤害民心、损害国家。

人[①]之依[②]，而无忘稼穑[③]之艰；宽民力则事举其中，敛从其薄。以故吏肃于庭，农闲于野，虽鳏寡孤独困穷之人，亦弗有阽[④]于危亡，而莫之省救者矣。侯之爱民也至，养民也深。而又躬行节俭，不尽俸以留有余，故是役之兴，出其囊橐[⑤]，给匠、鸠材而于里甲无取焉。一岁兴役，两载而后成之，不速工以动众。《易》曰：说以先民，民忘其劳[⑥]，坎而济之以兑也。盖有形之险者地，无形之险者人，以无形成有形，则斯楼之巍然分峙，虽金汤之固，莫是若也！登楼而望云物，敢忘侯之远图哉！

①小人：小民。
②依：依靠。
③稼穑：耕种收获。泛指农业劳动。
④阽：临近边缘，一般指险境而言。
⑤囊橐：钱包。
⑥说以先民，民忘其劳：语出《周易·兑卦·彖》。意思为：欣然身先百姓以任劳，则百姓亦必欣然忘劳。

李湘愚先生传

崔 弼 拔贡①

先生讳舒颜，号湘愚，邑之曲潭里人也。家世业儒，其先有讳思学者，登弘治辛酉贤书②，先生其苗裔③也。先生幼而失母，事继母无间言④。弱冠补弟子员，食廪庠序，每试高等，以数奇⑤不售。万历十九年，遂以明经任粤东琼山学训。琼固丘文庄公⑥、陈白沙⑦先生故里也。先生司铎⑧于其地，加意作人，力持名教，其一时坐春风⑨、乐化育者咸济济称多士焉。当事者嘉其才，委署琼县事。先生砺饮冰之节⑩，悬鱼⑪自矢⑫，暮金⑬罔闻。郡守李公注得上考评云：学术足贯天人，才华追奔骐骥⑭。方以其最荐之直指

---

①拔贡：科举制度中由地方贡入国子监生员之一种。清朝制度，初定六年一次，乾隆中改为逢酉一选，也就是十二年考一次，优选者以小京官用，次选以教谕用。每府学二名，州、县学各一名，由各省学政从生员中考选，保送入京，作为拔贡。经过朝考合格，可以充任京官、知县或教职。

②贤书：《周礼·地官·乡大夫》："乡老及乡大夫、群吏献贤能之书于王。"贤能之书，谓举荐贤能的名录，后因以"贤书"指考试中试的名榜。

③苗裔：后代子孙。

④间言：怨言。

⑤数奇：古人迷信，认为偶数吉利，单数不吉利，故将命运不佳、凡事无法偶合者称为"数奇"。

⑥丘文庄公：丘濬（1421—1495），字仲深，广东琼山人，明代中期著名的学者和政治家，谥号"文庄"。

⑦陈献章（1428—1500）：字公甫，号石斋，广东新会（今江门市新会区）白沙里人，故又称"白沙先生"，世称为"陈白沙"。

⑧司铎：古代宣扬教化、颁布政令时击铎警众，故称主持教化的人为"司铎"。

⑨坐春风：如同坐在和煦的春风里。比喻受到良师的教导。

⑩饮冰之节：谓清苦廉洁。

⑪悬鱼：汉太守羊续，有人送他生鱼，他将鱼挂在中庭，下次再送时即指悬挂的鱼，以杜绝再度送礼。羊续事迹见《后汉书》卷三十一《羊续传》。

⑫自矢：犹自誓。立志不移。

⑬暮金：夜间送金钱贿赂。

⑭骐骥：千里马。

使[①]，自谓花封[②]计日可待。乃一旦以内艰[③]归籍，终三年丧。高卧东山，绝意仕进，寄情于山巅水涯之间，诗酒自适，有陶靖节[④]之遗风焉。邑父母庄凤传先生高其行谊，每与商确时政，未尝不叹其人之贤有如古人者也。宪祖邓，遣使致帛赐匾：儒绅师表。启云：台[⑤]台[⑥]乡邦[⑦]交重，齿[⑧]德俱尊。昔栽桃李于公门，今对菊松于小迳，再见先民型范，洵为后进羽仪[⑨]。云霄[⑩]尸位，多惭化人无法。欲饬[⑪]道德齐礼之政，须藉廉顽立懦[⑫]之风。敬沥寸丹[⑬]，虔通尺素[⑭]，敢邀道履，为约主盟，万祈鸠杖[⑮]俯临。虎皮[⑯]高拥，语语敷扬[⑰]圣谕，共知如日而如星，人人仰照芳规，胥使革心而革面，式[⑱]庐[⑲]有待，束帛先将云云。先生优游田间，享年益永，其子若孙后先继美，何莫非积德之所遗也！《诗》曰：孝子不匮，永锡尔类[⑳]。其是之谓欤！

①直指使：官职名。朝廷设置的专管巡视、处理各地政事的官员，也称“直指使者”，因出巡时穿着绣衣，故又称“绣衣直指”，或称“直指绣衣使者”。

②花封：封建时代赐给贵妇人的封诰。这里指朝廷拟颁给李湘愚母亲封诰。

③内艰：旧时遭母丧称“内艰”。

④陶靖节：即陶渊明。东晋诗人。私谥“靖节”，世称“靖节先生”。

⑤台：用于称呼对方或与对方有关的事物。

⑥台：官署。

⑦乡邦：乡村。

⑧齿：指年龄。

⑨羽仪：比喻贤人登用，为世仪表、表率。

⑩云霄：旧时比喻极高的地位。

⑪饬：整顿。

⑫廉顽立懦：指高尚的节操可以激励人振奋向上。

⑬寸丹：一寸丹心的省称。谓一片赤诚之心。

⑭尺素：书写用的一尺长左右的白色生绢，借指小的画幅，短的书信。

⑮鸠杖：杖端刻有鸠形的手杖。相传鸠不会被食物噎到，故以鸠杖赐年高之人以扶老。

⑯虎皮：指教师的讲席。

⑰敷扬：宣扬。

⑱式：句首语气词。无实义。

⑲庐：寄。

⑳孝子不匮，永锡尔类：出自《诗经·大雅·既醉》。朱熹集传：“类善也……孝子之孝诚而不竭则宜永锡尔以善矣。”意思为：孝顺的子子孙孙层出不穷，上天会恩赐福祉给孝顺的人。

赞曰：先生之貌崖崖[1]然，其若古先生之心，洞洞[2]然其非今迹。其衣冠言动，莫得而想像其形容。处末流之季，而追踪夫往哲之芳踪，其斯为古人之与俱。

①崖崖：高洁。
②洞洞：幽深的样子。

明处士黄君调传

崔 弼

黄君调，讳鼎铉，宁世族也。派[①]出于豫章之吉州安福。先世有龙马石笋之祥，避不敢居。其祖黄元公卜居于宁，遂家焉。元子四，长帆，次帐，次帻，次帕；帆子五，皆有声庠序[②]间。而吾师章丘先生崛起湖南，为时大儒，帐子廉仕生君调，而其族浸[③]繁以昌。世谓黄氏代有隐德，如于公之高大其门，今将以此食报焉。君调生有异姿，甫成童，能记诵，每目下数十行，一过辄能了了[④]。余时从章丘先生游，先生指谓余曰：此吾家千里驹也。祖生之鞭，当有先为我着者，子不可不勉之。余唯唯而退，益自奋励。数年，君调年益进，能文章，负奇好异，高自许可，若置身先秦、两汉间，其行事亦复落落[⑤]不合世，每目之为狂。黄子曰：余非狂，谁当狂者？弱冠补弟子员，耻为家计，茹苦食贫，读书自娱，居恒[⑥]不喜见俗人。所与游者，皆旷达[⑦]磊落[⑧]之英。其子予同窗风雨，尤忘年交也。余以微名，奔走燕、赵、吴、越间，历落淹蹇[⑨]，俯仰山川，每不胜良友异地之感。而君调授徒著述，一时英俊辈出，咸游其门，每试必推冠军，自应掇巍[⑩]科名海内也。不谓数逢其奇[⑪]，使不得一脱颖而出，命已夫！黄子自是绝意进取，躬耕南亩，以尽子道。而时值阳九，孤愤莫抒，

①派：水的支流，这里指家族谱系。
②庠序：泛指学校。殷代叫庠，周代叫序。
③浸：逐渐。
④了了：心里明白，清清楚楚，通达。
⑤落落：形容跟别人合不来，孤独。
⑥居恒：日常生活。
⑦旷达：心胸开阔乐观。
⑧磊落：光明正大、是非分明的态度和坚决遵循很高的道德标准行事。
⑨蹇：穷困。
⑩掇巍：高取。
⑪数逢其奇：指命运不好。

东山之屐[1]未满，北海之尊常乏[2]。又复狂歌长啸，呼天而问，类屈子[3]之行吟，吊湘君之不返。若夫丝染而墨子悲[4]，路歧而杨朱泣[5]，《天保》[6]之什[7]继以行遯[8]，《采薇》之歌[9]埒[10]于禾黍[11]，黄子其有以发愤于斯，而直[12]欲以空言[13]存鲁史[14]之旧也耶？嗟夫！黄子独何心哉？乃于顺治庚寅年[15]六月一日遗世而去。去之日，惟以不得尽子道为恨，且惓惓[16]于继统之人，卒无一言及他事。斯其

①东山屐：东晋谢安在金陵城东筑别墅，常着屐来此游憩。淝水之战，谢玄等破苻坚，有驿书至，安方对客围棋，阅书既竟，了无喜色，棋如故。既罢，还内，过户限，心喜甚，不觉屐齿之折。事见《晋书》卷七十九《谢安传》。

②北海之尊常乏：北海，指汉代的孔融，因孔融曾为北海相，世称"孔北海"。《后汉书》卷七十《孔融传》："(融) 性宽容少忌，好士，喜诱益后进。及退闲职，宾客日盈其门。常叹曰：'坐上客恒满，尊中酒不空，吾无忧矣。'"北海之尊常乏，指因贫穷无酒招待客人，客人稀少。

③屈子：屈原。

④丝染而墨子悲：《墨子·所染》："子墨子言见染丝者而叹，曰：'染于苍则苍，染于黄则黄，所入者变，其色亦变，五入必，而已则为五色矣！故染不可不慎也！'"指易受习俗影响以及由此而发感叹。

⑤路歧而杨朱泣：即杨朱泣歧，意思是在十字路口错走半步，到觉悟后就已经差之千里了，杨朱为此而哭泣。后常引作典故，用来表达因世道崎岖担心误入歧途的感伤忧虑，或在歧路的离情别绪。亦作"杨朱哭"。

⑥《天保》：《诗经·小雅》中的篇名。《天保》是一首为君王祝愿和祈福的诗。《毛诗序》云："《天保》，下报上也。君能下下以成其政，臣能归美以报其上焉。"

⑦什：诗篇。

⑧行遯：出走，逃去。谓避世隐居。

⑨《采薇》之歌：即《采薇歌》。《采薇歌》传说是由叔齐、伯夷饿死前所作的一首先秦古歌。这首歌谣的一、二句写二人在首阳山采薇充饥，字句看似平淡，却包含了"不食周粟"的坚决态度。三、四句说明不食周粟的原因。五、六句写个人遭遇，表达生不逢时的感慨。最后两句表达了他们宁赴黄泉也决不妥协的态度。

⑩埒：等同。

⑪禾黍：即禾黍之悲，亡国的悲伤，出自《诗经·王风·黍离》。《诗经·王风·黍离》序："周大夫行役，至于宗周，过故宗庙宫室，尽为禾黍，闵周室之颠覆。"这里指悲明朝的覆亡。

⑫直：只，仅仅。

⑬空言：谓只起褒贬作用而不见用于当世的言论主张。

⑭鲁史之旧：孔子修《春秋》，是因鲁史之旧文。这里指史书。

⑮顺治庚寅年：顺治七年，即1650年。

⑯惓惓：真挚诚恳。这里意为耿耿于怀。

入孝出弟[①]，守先待后[②]，不于盖棺之际而益信先后之一揆[③]哉？无如[④]世处离乱，从者寥寥。即平居称莫逆如余，亦偶有风鹤之警，寄迹僻壤，死无与于哭泣之位，葬无以致夫赙[⑤]赠之诚，其何能无愧于里也耶？因是即其行事与生平之不戾[⑥]于古者，谱而传之，以俟尚论者之凭吊云。

赞曰：黄君之文，蔚然凤麟，黄君之行，皎然日星。常不偶于俗，变不辱其身。生有令名[⑦]，殁[⑧]有余荣，其与九有、天植二李君并垂不朽，而卓乎庠序之仪型[⑨]。

①入孝出弟：指回家要孝顺父母，出外要敬爱兄长。同“入孝出悌”。
②守先待后：犹继往开来，承先启后。
③揆：度，揣测。
④无如：无奈。
⑤赙：拿钱财帮助别人办理丧事。
⑥戾：违背，违反。
⑦令名：指美好的声誉，好名声。
⑧殁：死。
⑨仪型：做楷模，做典范。

书

与王而农[①]书

张　芳县令

王先生香名飞于大江南。某[②]龊龊[③]湖湘且十年，书筒未一相及。虽私心愿言，难觊[④]识面，而鄙人之不足与纳履[⑤]结韈[⑥]，固可知矣。顷幞被[⑦]雁峰，有客持姜斋《落花诗》至，初不知姜斋何许人。展读一终，见其绮绣[⑧]嶙峋[⑨]，浏漓[⑩]顿挫，中浑体十诗，尚在徐山阴[⑪]、袁公安[⑫]以上。揜[⑬]卷长思，当非而农王子不能。已而又念，王子玅[⑭]解河上公[⑮]单传庞蕴[⑯]及第之旨，或不好为此种

---

①王而农：王夫之。王夫之，字而农，号姜斋。
②某：作者自称。
③龊龊：局促。
④觊：希望得到。
⑤纳履：穿鞋。
⑥《史记》卷一百二《张释之冯唐列传》："王生者，善为黄老言，处士也。尝召居廷中，三公九卿尽会立，王生老人，曰'吾韈解'，顾谓张廷尉：'为我结韈！'释之跪而结之。既已，人或谓王生曰：'独柰何廷辱张廷尉，使跪结韈？'王生曰：'吾老且贱，自度终无益于张廷尉。张廷尉方今天下名臣，吾故聊辱廷尉，使跪结韈，欲以重之。'诸公闻之，贤王生而重张廷尉。"后因以"结韈"为士大夫屈身敬事长者，或士人蔑视权贵之典。这里意指前者。
⑦幞被：指用包袱裹束衣被，意为整理行装；铺盖卷，行李。
⑧绮绣：彩色丝织品。这里形容辞藻华丽。
⑨嶙峋：形容山石等突兀、重叠。这里形容刚正有骨气。
⑩浏漓：流利飘逸的样子。
⑪徐山阴：徐渭。徐渭（1521—1593），字文长，浙江绍兴府山阴（今浙江绍兴）人。明代文学家、书画家、戏曲家。
⑫袁公安：指明代晚期三位袁姓的散文家兄弟，分别是袁宗道、袁宏道、袁中道。由于三袁是荆州公安县（今湖北省公安市）人，其文学流派世称"公安派"。
⑬揜：同"掩"。
⑭玅：古同"妙"。
⑮河上公：中国历史上的隐士，其为老子《道德经》作注的《河上公章句》流传很广、影响很大，但是其姓名、地望以及生卒年无人知晓。
⑯庞蕴：生卒不详。字道玄，又称庞居士，唐朝衡阳郡（今湖南省衡阳市）人。禅门居士，被誉称为达摩东来开立禅宗之后"白衣居士第一人"，素有"东土维摩"之称。

笔墨。次日，遇君家恺六①，乃谛知方平②仙人不妨戏掷长爪姑丹砂③也。落悴④而花荣，落今而花昔，此龙树⑤论所千言未竟者耳！何必寓禅于诗，乃为禅理哉！恺六又极言姜斋近日著述渊广，覃精⑥经苑。弟昔年尝欲博搜明代经传，汇为一编，谓经传之性情血脉，即读书种子也。世运有晦冥⑦，而此未绝之种子，可以维持天地，敷诸事业，则与星日同照，河山并峙，否则即为七十子⑧口授与壁内之遗音⑨。绍往开来，统绪不泯，贵乡仕隐两途之先正⑩，弟止见山草堂赫氏遗书，其余未见者何限！而末学之徒，各是俗师，轻非往古，太抵英人灵智半耗于科名，才士淫思多耽于诗赋，彼义疏之雅故，《彖》《繫》⑪之微言，不堕虫鱼，即沦象

①恺六：王恺六，衡阳人，王夫之同姓好友，两人常以诗文相往还。
②方平：王远，东汉人。葛洪《神仙传》卷三《王远》：王远，字方平，东海人也。举孝廉，除郎中，稍加至中散大夫。学通五经，尤明天文图识河洛之要。逆知天下盛衰之期，九州吉凶，观诸掌握。后弃官入山修道，道成。
③《神仙传》卷三《王远》："麻姑望见，乃知之。曰：噫，且止，勿前。即求少许，未至，得米，便以撒地，谓以米袪其秽也。视米皆成真珠。"长爪姑即麻姑，"真珠"，又作"丹砂"。
④悴：衰弱，疲萎。
⑤龙树：著名的大乘佛教论师，在印度佛教史上被誉为"第二代释迦"，大约活跃于150至250年。他首先开创空性的中观学说，肇大乘佛教思想之先河。著作以《中论》及《大智度论》最为著名。
⑥覃精：潜心。
⑦晦冥：昏暗，阴沉。
⑧七十子：孔子弟子著名者有七十二人，七十是以整数而论。《史记》卷四十七《孔子世家》："弟子盖三千焉，身通六艺者七十有二人。"
⑨壁内之遗音：《汉书》卷三十《艺文志》："武帝末，鲁共王坏孔子宅，欲以广其宫，而得《古文尚书》及《礼记》《论语》《孝经》凡数十篇，皆古字也。"这些书都藏在孔子宅之墙壁里，汉武帝时，鲁共王欲拆孔子宅，才被发现，故称"壁内之遗音"。
⑩先正：前代的贤人。
⑪《彖》《繫》：皆《周易》中的内容。

罔[①]。宇宙大矣，岂无静修仁山[②]、伯原[③]之徒，好学深思，潜持风运，不必尽如圣予[④]、皋羽[⑤]、亿翁[⑥]诸君子，见志词章。以王先生学解深拔，物莫之窥。年未五十，著述大就，藏之名山，传诸其人，旦暮遇之必可期也，虽井中铁[⑦]函不以易河汾[⑧]之论著矣。何时得一，披帷[⑨]启秘[⑩]，极论天人之际耶？

①亦作“象网”。《庄子》寓言中的人物。含无心、无形迹之意。也有不真切、模糊不清的意思。《庄子·天地》：“黄帝游乎赤水之北，登乎昆仑之丘而南望，还归，遗其玄珠。使知索之而不得，使离朱索之而不得，使吃诟索之而不得也。乃使象罔，象罔得之。”一本作“罔象”。王先谦集解曰：似有形若无形，故眸而得之，象而实无，盖无心之谓。后用为典故。

②仁山：指宋、元之际学者金履祥。金履祥（1232—1303），字吉父，号次农，婺州兰溪（今浙江省兰溪）人。为浙东学派、金华学派的中坚，“金华四先生”之一，称“仁山先生”。著有《尚书表注》等书。

③伯原：指元代文学家、理学家杜本。杜本（1276—1350），字伯原，清江（今江西樟树市）人，称“清碧先生”。著有《四经表议》《六书通编》等书。

④圣予：龚开，宋末元初画家，字圣予。

⑤皋羽：谢翱，南宋诗人，字皋羽，曾参与文天祥抗元。兵败，脱身避地浙东，与方凤、吴思齐等结“月泉吟社”。

⑥亿翁：亿或为“忆”。忆翁，即郑思肖，宋末诗人、画家，连江（今福建省福州市连江县）人，字忆翁。著有《心史》。他将该书封于铁盒中，藏于井中。该书沉埋井中达350余年，直至明崇祯十一年（1638）始被发现。“井中铁函”应指此书。

⑦铁：同“铁”。

⑧河汾：隋河代王通设教河汾之间，受业者达千余人。后以“河汾”指称王通及其学术流派。

⑨披帷：拨开帷幕。

⑩启秘：打开秘密。

文

祭汉寿[1]圣诞文

张问明县令

呜呼！人有与天地寿，与日月明，祠宇遍天下而不以为僭[2]，尸祝[3]极尊亲而不以为荣，自孔子而外，惟神[4]与释氏、老氏，盖并峙而永贞[5]。释慈悲度世，为圣之仁；老清净无为，为圣之智；神则磅礴入乎人心，为圣之义。义于行为金，天地之坚贞激烈气也，故独浩然发其精英。今夫蠢如妇女而知敬，强如盗贼而知拜，此非畏神而服教，岂物之所能强？而教之所能，令阅世以来忠臣义士多矣，如吴子胥[6]，唐睢阳[7]，宋武穆[8]，指不胜屈，至今籍籍[9]光乎史乘，而或祀乎其乡，或存乎其名。不如神之尊崇，震烈无不赫赫[10]而轰轰[11]。童子持炬而谈秉烛之事[12]，田父聚会而识桃园之盟[13]，此则义气之在古今，而神总其大成。呜呼！宜江于汉为古桂阳，神足迹之所未至。而岁时肃事，巫史奔驰，谓神之揆览[14]而

①汉寿：指关羽。关羽被汉廷封为汉寿亭侯，故称“汉寿”。关羽死后逐渐被神化，被崇为“武圣”。中国古代，各地关公庙遍布，人们对其顶礼膜拜。
②僭：超越本分，古代指地位在下的冒用在上的名义或礼仪、器物。
③尸祝：祭祀。
④神：指关羽。
⑤永贞：谓长享正命。
⑥吴子胥：即伍子胥。春秋末期吴国大夫、军事家。
⑦唐睢阳：指张巡、许远。安史之乱时，唐朝将领张巡、许远率军誓死保卫睢阳，英勇殉国。
⑧宋武穆：指岳飞。岳飞为南宋抗金将领，被陷害，后被追谥“武穆”。
⑨籍籍：形容名声盛大。
⑩赫赫：显赫的样子。
⑪轰轰：盛大的样子。
⑫秉烛之事：即秉烛达旦。旦，早晨。手持点燃的蜡烛直到天亮。罗贯中《三国演义》第二十五回：“操欲乱其君臣之礼，使关公与二嫂共处一室。关公乃秉烛立于户外，自夜达旦，毫无倦色。”
⑬桃园之盟：刘备、关羽和张飞三位志士，为了共同干一番大事业，意气相投，言行相依，选在一个桃花盛开的季节在一个桃花绚烂的园林举酒结义，对天盟誓，有苦同受，有难同当，有福同享。
⑭揆览：览，观也；揆，度也。览揆，观察。

诞生。盖生之日而[①]在，死之日而亦在；足迹所至而在，足迹所未至而亦在，此苏子[②]所谓如水之在地中，与浩气而流行。世有义男子，亦有负心人。今日无不拜神祠下，慕与愧而俱有，则神之生，千万世而化乎有情与无情。明[③]忝吏兹土，仗神之灵，民无蟊贼，实覆实帡[④]，雨旸[⑤]孔[⑥]时，既优既盈，兆为丰年。维神之祯[⑦]，明水[⑧]告虔，鉴[⑨]此精诚。

①而：同“尔”，这里指关羽。
②苏子：苏轼。苏轼《潮州韩文公庙碑》：“公之神在天下者，如水之在地中，无所往而不在也。”
③明：张问明自称。
④帡：古代称帐幕之类覆盖用的东西。
⑤旸：晴天。
⑥孔：很。
⑦祯：吉祥。
⑧明水：古代祭祀所用的净水。
⑨鉴：明察。

募修三皇祠雨华堂文

殷　铭邑人

佛合七①，盖遍覆恒河沙国，而一无所遗者，心至有以应之也。心无所生，因众为生，故聚千百万亿之心而成心，即散千百万亿之心而成性。佛具②如大权智③，如大仁慈，梯航④众生于妙喜⑤金色琉璃世界。尽人见性，尽人有以见佛也，尽人见佛，尽人有以报佛也。欂栌⑥节棁⑦不足以称丽，一笠片瓦抑岂以名菲⑧乎？惟由明断爱，从因至果，一气到底，为不二法门。即俗即真，即五浊⑨，即三乘⑩者也。予幻昧终身，信悟俱泯，但声闻孽缘⑪，旋静标实慧，以故履尘脱尘，虽寄迹⑫，不敢苟，假舍于僧之从训二十有余载。僧每以寺之颓圮为虑。予曰：当处是静土，毛端现宝刹，亦何必尔尔，僧寂然止。越数年，而风雨飘摇，浸浸⑬乎有云篱山屏之势矣。夫蜃影变现者，意相也；栋宇绣错者，眼相也。意可忘眼，而眼足摄意。垣椽之颓圮，葺之其可已乎。虽然，予虑甚，虑我邑人士，肘露踵决，庞然奔逐无已时，安得

---

①合七：佛教中“合七支的因”，七支指受用圆满、和合、大乐、无自性、大悲遍满、利生无间、永住无灭。

②佛具：又称为法器、法具等。从广义而言，凡是在佛教寺院内或非寺院所设佛堂等，设有庄严佛坛，并且用于祈请、修法、供养、法会等各类佛事活动的器具，或是佛教徒所穿所带的衣物、念珠乃至锡杖等辅助修行用的器物，都可称之为佛具。就狭义而言，凡供养诸佛、庄严道场、修证佛法，以实践修行佛法或举行佛事活动所用器具即为佛具。佛具如果以用途来区分，一般含有庄严、供佛、报时、容置、携行及密教法具等几种。

③权智：佛教语。观照万法差别以普渡众生的善巧、方便之智，与实智相对。

④梯航：梯与船。登山渡水的工具。引申指有效的途径。

⑤妙喜：佛学术语，界名，维摩居士之国土。

⑥欂栌：柱顶上承托栋梁的方木。

⑦节棁。节，屋柱上端顶住横梁的方木；棁，梁上的短柱。

⑧菲：微薄，使之微薄。

⑨五浊：大乘佛教在佛经中提出的劫浊、见浊、烦恼浊、众生浊、命浊。

⑩三乘：三种交通工具，比喻运载众生渡越生死到涅槃彼岸的三种法门。

⑪孽缘：一种不该有的缘分。其种子一开始就不该发芽。不该有的，有缘但很可能无分。

⑫寄迹：寄托自己的踪迹。

⑬浸浸：渐渐。

裕其囊橐[1]，为斯举助殷勤哉？而非也，出有余以市慷慨，微独贤智可昭德色，虽庸众亦能沽名。作平等观，犹不应如是，况于菩提实境，而以如梦幻物转我性真者乎？当知邑人士，由明断爱，从因至果，如霁日朗月，贫富各有受用，其所为济良多耳。且诸法无边，随在皆证神通感触，发四方檀旃[2]新喜者，又未可量也。兹修也，僧之勤其事乎，抑非僧之勤其事也。佛有先僧而示予者矣。忆巳酉季夏夜，梦予客僧舍，僧乞修建言于予，顷现月轮照耀弥室，予拈一偈以授僧为述。其偈曰：万古巍巍有亘宗，大千如今道更崇，月圆水静澄彻后，换出从前旧家风。

①囊橐：袋子，腰包。
②檀旃：檀香。

募修白衣庵前殿文

殷　铭邑人

忆予往昔读书听鹂园，鹫峰[①]对峙，为白衣庵。野色城阴，钟声从烟树接几席间，悄然引人远思，遂觉分禅心以成诵也。游息之余，登临其上，襟江带河，岚[②]霞飞映，四山景色若相敌争胜者然。绀园[③]缭绕，隐矣神栖。而游人过客，或为寻芳看□，或为吟咏纪胜，心情惝恍[④]，于焉永日[⑤]。泊[⑥]明末，苦兵寇，纳子[⑦]远涉，颓垣破壁，雨剥苔浸，庵废几[⑧]二十载。戊申岁[⑨]为邑张父师莅任之初，城内外无复作曩时[⑩]飞鸣气象[⑪]。僧曰慧珠，庵中旧主人也，欲再续佛火，矢志创修，爰披荆棘，辟龙茸[⑫]，不逾年而旃林成，石级□□悉完结于邑父师，浸浸乎盛矣。今年来，汛防杨公驻旌庵前，闲性适情，常向庄严精舍，喜住色[⑬]之有缘，叹缔鼎之犹缺，呼僧而前曰：庵之旧建止此乎？僧曰：否！否！杨公殷然欲益前殿，就裁邑父师，乐许其成，出饮冰[⑭]之余以资之，一时之响应者，犹虑其功之未易竟[⑮]也。托予管城，代彼道铎。嗟乎！兴废存亡之故，亦自有其时焉。时至而事起之，则亡

---

①鹫峰：灵鹫山，亦借指佛地。
②岚：山中的雾气。
③绀园：佛寺的别称。借指道教宫观。
④惝恍：失意，伤感。
⑤永日：从早到晚，整天。
⑥泊：疑为“洎”字之误。洎，到，及。
⑦纳子：应为“衲子”，出家人。
⑧几：将近，相去不远。
⑨戊申岁：为康熙七年（1668），这时是张问明任常宁知县（康熙七年至十七年），后面的“张父师”指张问明。
⑩曩时：以前。
⑪飞鸣气象：惊扰不安的样子。
⑫龙茸：蓬松。
⑬色：佛家语。指一切物质的存在。
⑭饮冰：清苦廉洁。
⑮竟：完成。

者可存，废者可兴，况乎鹿苑[①]宝月，道安金云，而顾冷落于荒草长林中，废之而不兴，兴之而不具为兴乎？所云钱刀[②]长物[③]，当推翻踢倒，不遂入悭[④]痴井中，为赤斑蛇毒，惊异诸檀越[⑤]同转愿轮[⑥]。由是积粒成仓，积勺成海，则翚飞[⑦]革翼，浑[⑧]结选佛道场矣。用是为文以募之。杨公讳应荣，字康侯。

①鹿苑：僧园，佛寺。
②钱刀：钱币，金钱。刀，古代一种刀形钱币。
③长物：原指多余的东西，后来也指像样的东西。
④悭：不舍得把自己的东西施给人家。吝啬，小气。
⑤檀越：施主。
⑥愿轮：菩萨的誓愿很坚固，能摧破一切怨敌，好像轮王的轮宝一样，所以叫做轮。
⑦翚飞：形容宫室的高峻壮丽。
⑧浑：全，满。

建学捐助文

张问明县令

侯之学曰泮宫①，言其半天子之宫也。人才于是乎育，贤能于是乎升。其间规模之弘远，相乎地脉之灵长，选胜而建，容可忽欤？宁之学宫在南郊，明因之，清亦因之。虽然，事之宜因者，利用，因；事之宜创者，利用，创。天时人事并至而起，因、创之故，岂偶然哉？予承简命②，来莅兹土，谒先圣文庙，察其地形势，促③以④隘，知宁之科甲寥寥，盖有由也。用是鳃鳃⑤然念之，特未得精地脉者而决之耳。或以宝庆⑥之改建学宫者告，访其人则二环游子也。爰修尺一⑦聘请焉。幸游子不远千里，惠然肯来。详视旧学，甚非所宜。不得不以向之所因者，亟起而图创建矣。游子登峰审势，相其阴阳，度其流泉，择吉于北关内。予往视其地，层峦远峙于前，二水合抱于后，选胜地者舍此而谁？宁人士咸欣喜从事焉。两载捐俸，不费民财，幸成圣殿，而东西两庑、戟门、棂星门，次第兴举矣。尚有明伦堂、启圣祠及诸亭阁，命匠鸠材、筑土、甃⑧石，营建之费，亦非易易⑨。愧予力凉薄，弗克⑩肩荷⑪，当亦宁人士所共谅者。敬告同人，随分尽力，集众腋

①泮宫：周代诸侯的学宫。
②简命：简任，选派任命。
③促：小，狭窄。
④以：及。
⑤鳃鳃：忧愁恐惧的样子。
⑥宝庆：指宝庆府，今湖南邵阳市。
⑦尺一，亦称“尺一牍”“尺一板”。古时诏板长一尺一寸，故称天子的诏书为“尺一”。亦指一般书信。
⑧甃：砌，垒。
⑨易易：很容易。
⑩克：能
⑪肩荷：负担。

以为裘，聚川谷而成海，则栋桷[①]榱[②]楹[③]计日可待壮丽矣!《诗》曰：于万斯年，受天之祜[④]，有志诗书者勉之!

①桷：方形的椽子。
②榱：椽子。
③楹：堂屋前部的柱子。
④祜：福。此语出自《诗经·大雅·下武》。意为：万年都能这样啊，接受老天赐的福。

募修北桥文

刘　纶

宁邑群山拱峙，众水环流，盖郴、桂、衡、长之通衢也。莅兹土者，徒杠舆梁，因时建造，鲜有废政。邑北郭不数武[①]，有桥如虹，通车马便往来，咸赖乎斯。建于成化之二十二年，重修于天启之七年。为力綦[②]劳，为费不约，甚矣，兴作之难也！月累岁积，桥左忽塌寻[③]丈。附近居民忧之，谓春水一泛，势必蹲鸱莫砥[④]，雁齿[⑤]俱颓，将何以通车马、便往来乎？即更新之，难为功矣。议欲完甃而苦无资。思于邑父母捐助之外，兼藉众力以勷[⑥]厥成。乃丐余文为募。余曰：是役也，诚不容以姑[⑦]待。千金之隄，坏于一隙，君子惧其渐矣。虽十月成梁，考诸《夏令》，固于农功之既毕。然成于未成之日者，宜量时之孰急而孰缓。修于既成之后者，宜计费之孰简而孰繁也。且宁人士，值抚字多方追呼不扰之余，凡玉局[⑧]精蓝[⑨]皆能以其余力而种善果于杳冥[⑩]之中，矧[⑪]昭昭[⑫]然通车马而便往来者哉！余固知宁人之好义而喜为之劝。

---

①武：半步，泛指脚步。
②綦：极，很。
③寻：古代的长度单位，一寻等于八尺。
④蹲鸱莫砥：谓农人种的大芋不能过桥来磨了。蹲鸱，大芋。因状如蹲伏的鸱，故称。砥，磨。
⑤雁齿：常比喻桥的台阶。
⑥勷：古同“襄”，助，帮助。
⑦姑：苟且。
⑧玉局：道观名，在四川成都。传说李老君曾于此坐局脚玉床讲经，因而得名。此指道观。
⑨精蓝：佛寺，僧舍。精，精舍；蓝，阿兰若。
⑩杳冥：奥秘莫测。
⑪矧：况且。
⑫昭昭：明白，清楚。

儒籍碑

黄　宗元知州

儒者之业，所以讲先圣之道，明人伦之纪。其于治国之体，化民成俗，非小补也，故士居四民之首，非有农工商贾之劳，而其道甚尊。圣元肇兴，世祖①皇帝混一疆宇，崇儒重道为政治之本，凡业儒之家，悉蠲②其役。中统、至元之治，宪章具存。元统二年三月，德音飞下，所以尊崇学校、进贤待士之礼甚至。仍俾业于儒者，蠲其差徭，遵祖制也。州庠旧有儒籍，岁久简编蠹③蚀，莫得而考。于是核实其故家暨后之俊秀者，列其姓名，一新其籍，复镵④之坚珉⑤，为不朽计。碑成，进多士而告之曰：诸生蒙圣天子莫大之惠，得自异于编民，复⑥其身以及其家，所以使之逸其心以习其业也，其将何以报耶？其必曰诵其《诗》、读其《书》，切磋砺磨，明夫修己治人之方，无负国家作养人才之意，其亦庶乎其可也。予故衷⑦其姓名而刻诸石，俾来游来歌之士，视此得以自警焉。元统三年乙亥三月望日⑧碑。

①世祖：元世祖忽必烈。建立元朝，消灭南宋、大理，统一全国，首创行省制度。
②蠲：除去，免除。
③蠹：蛀蚀器物的虫子。
④镵：刺，凿。
⑤珉：像玉的石头。
⑥复：免服徭役或纳赋税。
⑦衷：核实。
⑧望日：农历每月十五或十六。

惠政纪实碑

衮盖卿宋邑人

常宁自数十年来，令之得遂始终者，盖不多见。矧戊戌煨烬[①]之余，更代尤为不常。或半载而去，或数月而去。狱滥而不知决，年凶而不知救，民将安赖？自昭武侯来宰是邦，听狱甚宽，惜民甚切，人无桎梏之虐，吏绝舞文之奸，消异时[②]争班之习，还三代礼义之风。百里之民咸乐其政，果谁之安耶？佇[③]春徂[④]夏，人以艰食为病，侯夙夜不遑，加意赈给，仁恩浸孚，此又惠政之大也。历五载之久，始终如一，如侯者，宁多见耶？是诚不可不记也！侯名闲，字诚大，时庆元二祼[⑤]七月初吉书。

①煨烬：火灾。煨：在带火的灰里烧熟东西；烬：物体燃烧后剩下的东西。本文写于庆元二年（1196），在这以前的戊戌年为1178年。在1178年常宁县城很可能发生过一场大火灾或兵灾。
②异时：往时，从前。
③佇："伫"的讹字。伫，积聚。
④徂：往，到。
⑤祼：中国殷代指年。

去思碑

李永敷兵部郎中

去思碑者，常宁士民为其令许公云山立也。许公令宁有善政，甫六载，以高致归田。宁之士民，蒙遗泽[①]而追思之，相与刊不磨文。国学生朱子表、刘子价、詹子孔禄，走书致介，以记请于予。夫古今为令者亦多矣，操刀能割者，或病于簠簋之弗饰[②]；饮冰[③]自励者，或苦于盘错之纷纭。故民之于令，有悲其来而幸其去；有来不喜而去不怀。至相赞者，自公之莅宁也。初至则安之，既久则慕之，惟惧其征拜[④]弗获留也。噫！是岂以非道干哉？宁于衡为属邑，界四阳之中[⑤]，据南岳之镇，俗悍而讼繁，旧号难治。公至，叹曰：昔人谓邑无剧[⑥]易，视令为剧易，某请试之。始视篆[⑦]，辄条十事，布告邑人。大要期[⑧]相与避恶趋善，为东南一美邑。且令曰：尔辈顽[⑨]弗率[⑩]，某不敢贷[⑪]；某或纵[⑫]弗检[⑬]，官议亦弗贷。尝闻其政之大，凿凿[⑭]可据者，首课农桑，痛惩游惰，民生厚矣；大阿[⑮]自持[⑯]，藻鉴[⑰]自照，吏安戢[⑱]矣；供应不劳于里

---

①遗泽：遗留给后世的恩惠德泽。
②簠簋之弗饰：簠簋：古代祭祀盛稻粱黍稷的器皿。青铜制，长方形，有四短足，有盖。簠簋不饰，是一个成语，比喻做官不廉洁。
③饮冰：清苦廉洁。
④征拜：征召授官。
⑤界四阳之中：常宁位于衡阳南、桂阳北、祁阳东、耒阳西。
⑥剧：厉害，猛烈。
⑦视篆：意思是掌印视事。官印例用篆文，故称。
⑧期：希望。
⑨顽：顽劣，不守规矩。
⑩率：法令，条例。
⑪贷：宽恕，饶恕。
⑫纵：放纵。
⑬检：约束，限制。
⑭凿凿：确实。确实可作依据。
⑮大阿：太阿，权柄。这里指官吏。
⑯自持：控制自己的欲望或情绪。
⑰藻鉴：评量，鉴定。这里指评量或鉴定的标准。
⑱戢：收敛。

甲，游费省矣；征科必审乎贫富，寡弱安矣；食廪[①]必预乎储蓄，凶荒备矣；养济必时乎衣粮，孤穷恤矣。弭灾捍患，祀典隆矣。崇正抑邪，古礼复矣。至于兴学校而倾颓以整，重儒生而膏火是资。谳[②]狱详明，活死囚者四；廉奸照晰，获漏印者三，涕泣请于当道。原聚众盗谷者数百，好言谕[③]乎，冥顽息。屡年健讼者，八九而纸[④]。价不私乎一钱，俸金不吝乎膏费，虽古之赵清献[⑤]、杨伯起[⑥]不足多也。是故公之来也，宁之民安得而不喜？公之去也，民安得而不思？其刊石纪德也，又岂情之伪哉？公履政六载，贤声峻耸，抚按[⑦]藩臬[⑧]，奖檄沓来，荐章交上，登崇陟[⑨]要，可立待焉。而顾有积薪之叹[⑩]，或者不满于舆论。然召棠之爱[⑪]，莱相[⑫]之垂，隆名令望，与宁之江山同永久者，其所得孰多也？予乐道人之善，又重以诸君子之请，故次其说，俾刊诸石，以为民牧者劝。幸而蹑[⑬]公之后者，有刘公重庵之贤，嘉公之为人，而乐观其成。庠生王子旦、朱子文山，乃董厥功。公名肇，字应元，别号云山，维阳人，以国学生授任。时嘉靖甲辰仲冬朔日碑。

---

①廪：粮食。
②谳：审判定罪。
③谕：告诫。
④八九而纸：纸：文契，字据。指以前那些喜欢打官司的人，现在八九成宁愿私下息讼，订立契约。
⑤赵清献（1008—1084）：赵抃。字阅道，号知非子，衢州西安（今浙江省衢州市）人。北宋名臣。官至右谏议大夫、参知政事。谥“清献”。
⑥杨伯起：即杨震。杨震，字伯起，为官清廉正直，为东汉名臣。被称为“关西孔子”。
⑦抚按：明、清巡抚和巡按的合称。
⑧藩臬：藩司和臬司。明清两代的布政使和按察使的并称。
⑨陟：晋升，进用。
⑩积薪之叹：积聚柴草。比喻喟叹选用人才时先有功业者未被征用，而后来者却居上。语本《汉书》卷五十《汲黯传》：“黯褊心，不能无少望，见上，言曰：‘陛下用群臣如积薪耳，后来者居上。’”
⑪《诗经·召南·甘棠序》：“《甘棠》，美召伯也。召伯之教，明于南国。”孔颖达疏、朱熹集传并谓召伯巡行南土，布文王之政，曾舍于甘棠之下，因爱结于民心，故人爱其树，而不忍伤。后世因以“召棠”为颂扬官吏政绩的典实。
⑫莱相：指北宋宰相寇准。寇准（961—1023），字平仲，华州下邽（今陕西渭南）人。真宗朝曾出任宰相，封为莱国公，故称“莱相”。
⑬蹑：追踪。这里指继任。

甘棠遗爱碑

黄鼎铉

粤稽《虞典》，三载考绩。三考，黜陟幽明①，庶绩咸熙②。凡以吏久安而后可长治也。久安则民性之刚柔、民情之向背、民俗之贞淫，知之明，处之当，而吏之才具于是乎张。或曰：不然，雷雨解而草木生，霜露降而百物成。天以作长敛藏运于上，吏以仁温义肃应于下，礼、乐、刑、政，其极③一也，同天道而出治道也，未可为一二俗吏言也。繄④维其人，其在德盛化神之时乎。我薛太公，祖之摄篆⑤于宁，则类是。公以别驾官于衡，纯粹之德，冰玉之操，其所庇于州邑者，不可胜述。然兼制则难为功，专任则易为德。故其莅宁也，出其谟猷⑥以弘施济，咸得为所欲为。严以正民性，和以协民情，端以驯民俗，若夫维正之供，止于足国，无杂敛以贫财。五刑之辞，期于简孚⑦，不口佞⑧以折狱。鸡犬不惊，桑麻如故，未期年⑨而治道成焉。屠牛垣⑩一朝解十二牛，而芒刃不顿⑪者，其排击割剥皆中理解也。公之莅宁亦犹是，是则其治民也夫。而其所以待士者，尤深且挚焉。父之于子也，尊而亲，祖之于孙也，尊而不亲，亦曰礼在则然耳。公曰：否！循分御士，非予之所乐行。月取多士而课之，评文一归于大

①黜陟幽明：黜退昏愚的官员，晋升贤明的官员。
②庶绩咸熙：各项事业都振兴起来了。庶绩，各项事业。咸，都；熙，振兴。
③极：原文为“岁”，疑误。《礼记·乐记》：“礼、乐、刑、政，其极一也，所以同民心而出治道也。”
④繄：相当于“是”。
⑤摄篆：指代理官职，掌其印信。因印信刻以篆文，故名。
⑥谟猷：谋略。
⑦简孚：简核而信实。
⑧佞：善辩，巧言谄媚。
⑨期年：一周年。
⑩垣：场地。
⑪顿：疑为“钝”。

雅，语必尽言，言必尽意。降公祖之尊，下而谋函丈[①]几席之亲，抑何其勤勤恳恳若斯也。今岁公主童子试，所拔前矛，皆乐泮水，莫不颂公之衡文，若合券而取者。然至其百废具举，他如城郭、署舍焕然更新，未可悉数。而捐俸之广，用工之繁，不劳民力，以成惠政，莫北桥若也。今新任徐侯至，借寇[②]再难愿矣。犹得分润于湘水之波，以吸其无尽之泽也乎。公讳之奇，号□□。时崇祯丙子仲春望日撰。

①函丈：对老师的尊称。因旧时讲席间相隔一丈，以容人听讲，故有此称。
②借寇：寇，指汉朝寇恂，典出《后汉书》卷十六《邓寇列传》。光武帝南征，寇恂跟随，直至颍川，盗贼见寇恂到来，全部投降，根本不用任寇恂为太守。光武所经之处，百姓们纷纷遮道请求，说“愿从陛下复借寇君一年”。光武帝只好命寇恂暂驻长社县，镇抚吏民，受纳余降。后遂以“借寇”表示地方上挽留官吏，含有对政绩的称美之意。

重修曲潭桥碑

李良樗庠生

宜阳无大泽，洪潴①汇而为江者，类皆溪峒②源流。一二日雨，即有撼山拔岸之势。其自南而东者，奔放数十里，至此盘旋委拆如蜿蜒。然水势幽深黝黑，杳③不可度，所云曲潭，良有由也。旧有石桥，为宜④、郴⑤诸郡邑官道，傍列古树数株，阴翳蔽日，盛夏行人咸憩⑥息焉。壬子春，为溪水泛涨，倾塌一拱，邑长张大父师⑦以振作有为之才，兴衰起敝，五载之内，靡所不周。慨然以修复此桥为任，捐资给⑧助。予暨我族人无不乐有是命，而闻声赴事，俨若⑨响应。故五阅⑩月，而厥功告成。是役也，集众腋以成裘，萃羽毛而织锦，诸长者之力不可忘，而于族之劳亦不可泯。至于润天汉之波，辉斗极之曜⑪，事无不成，功无不著，则张大父师位育之德。用⑫镌于石，以垂不朽。

①潴：水积聚。
②峒：山洞。
③杳：幽暗，深广。
④宜：宜章。
⑤郴：郴州。
⑥憩：休息。
⑦张大父师：指常宁知县张问明。张问明康熙七年至十七年任常宁知县。文中说“壬子春，为溪水泛涨，倾塌一拱”，壬子为康熙十一年（1672），修桥一事正发生在张问明任内。
⑧给：疑为“贻”。给，乃欺骗之义，用于此处不合。
⑨俨若：恭敬。
⑩阅：经历。
⑪曜：照耀，明亮。
⑫用：因此。

铭

座右铭

张 芳

戏言出思，戏动出为[①]。甚戏为虐，虽悔可追。玩人丧德，玩物丧志。玩实细娱[②]，而诒[③]身累。敬斯有立，百福以基。不敬尔身，神怒其庳[④]。惟神集明，惟福积祐。乾知大始[⑤]，迁善[⑥]则寿[⑦]。

①北宋哲学家张载《东铭》曰：“戏言出于思也，戏动作于谋也。发乎声，见乎四支，谓非己心，不明也。”意为平日偶然戏谑的话本是出于心中的思想，平时偶然戏谑的举动本是出于心中的谋虑。由声音发出来，由四肢显现出来，还认为不是出于自己的本心，这是不明。

②细娱：游乐。

③诒：给予。

④庳：低下。

⑤乾知大始：此语出自《周易·系辞上传》：“乾知大始。坤作成物。”乾知大始，万物资始也；坤作成物，万物资生也。

⑥迁善：从善。

⑦寿：长寿。

阮淡明先生墓志铭

王夫之经魁

昔岁在癸未，余兄弟随计吏[①]北上，烽屯陆阻，舟次[②]章江，腊酒[③]春灯[④]，过市问俗，莫不言阮参军者。摄[⑤]奉新，所治如专吏加虔。顾深惘然[⑥]，以其岳云肤寸[⑦]，未面交也。戊子[⑧]夏，芒屩[⑨]踏暑雨，晤公山中，古貌深情，名言玉屑[⑩]，听者莫不神怡，无几[⑪]而谢世。卒之四年，嗣君[⑫]文学鄂，以状请志，礼也。

按阮得姓于陈留，后徙临江之清江镇，其再迁来常宁者，处士公朝益，生冠带[⑬]乡宾公仁山，生赠文林郎公文化，配赠太孺人[⑭]汪氏，生参军公，讳志道，字路然，别号淡明。早岁著韶令[⑮]薄[⑯]里，读书太学，儒侠远负，尽交吴越名流，散千金为文酒会，每岁不辍。释褐[⑰]，授中城兵马副指挥，凡三楚巨公大卿，折节[⑱]重其谊。宦游新者，资闻见焉，声溢京邸。时威庙[⑲]励精，钳折

①计吏：职官名。古代掌管会计簿籍的官员。
②次：旅行所居止之处所。
③腊酒：腊月酿制的酒。
④春灯：凡是用于庆贺新春的花灯，均泛称“春灯”。
⑤摄：代理。
⑥惘然：失意的样子，心情迷茫的样子。
⑦肤寸：寸：古代长度单位，一指的宽度为寸，一肤等于四寸。肤寸，这里指肤寸而合。肤寸而合是个成语，形容云气密集。
⑧戊子：顺治五年（1643）。是年，王夫之会晤阮淡明于山中。
⑨芒屩：芒鞋，一种草鞋。
⑩玉屑：比喻美好的文词。
⑪无几：没有多久，不久。
⑫嗣君：阮淡明的儿子。
⑬冠带：官吏。这里指做过官的人。
⑭太孺人：太夫人。
⑮韶令：聪慧，美好。
⑯薄：周围，附近。
⑰释褐：旧制，新进士必在太学行释褐礼，脱去布衣而换穿官服。后用来比喻做官或进士的及第授官。
⑱折节：屈己从人。
⑲威庙：指崇祯皇帝。崇祯皇帝被南明隆武帝谥庙号“威宗”。

赇[①]籍[②]，厂卫[③]束湿[④]，刑名沓迭于司城所李官，十九获谴，非然，则法罗[⑤]告以媚内狱也。公仁恕矜全，复远诘擿[⑥]，古称徐李。彼大僚浃汗，此散秩[⑦]游刃，地异心并，且轶[⑧]之。已，守都城，市积煤，先后以勋。蒙温旨[⑨]，赉[⑩]金宴，课满，膺貤封[⑪]焉。升华州同知，河潼岩险，流氛[⑫]旁午[⑬]，葺戎[⑭]以佐州将，惟允[⑮]，摄朝邑、兴平二县务。有逆贼猝起，斩关称号，舆服[⑯]旂[⑰]冕[⑱]皆备，公乘间擒磔[⑲]之，不烦染甲，以最当殊擢[⑳]。公稔[㉑]知都门要津[㉒]，不一致请谒[㉓]，只用例升江西按察司经历，摄奉新。大江以西，濯浴[㉔]于公之遗爱，犹关内也。抚军旷公，深才公，檄[㉕]治棘舍[㉖]，场毕，遂假归[㉗]。焚黄太华仙掌，西山爽气，枕袖名山，映庞眉，作

---

①赇：贿赂。
②籍：某类人。
③厂卫：明朝设东厂、西厂，职司缉捕诏狱之事，与锦衣卫并称为“厂卫”。
④束湿：捆扎湿物。形容旧时官吏驭下苛酷急切。
⑤罗：罗织。
⑥擿：挑剔；指擿
⑦散秩：无一定职守的官
⑧轶：通“逸”。安闲逸乐。
⑨温旨：温和恳切的诏谕。对帝王诏谕的敬称。
⑩赉：赐予，给予。
⑪貤封：旧时官员以自身所受的封爵名号呈请朝廷移授给亲族尊长。
⑫流氛：流寇，流浪人群。
⑬旁午：四面八方。
⑭葺戎：修造武器。
⑮允：公平得当。
⑯舆服：车舆及冠服。
⑰旂：同“旗”。
⑱冕：中国古代帝王及地位在大夫以上的官员们戴的礼帽，后专指帝王的皇冠。
⑲磔：古代一种酷刑，把肢体分裂。
⑳擢：提拔，提升。
㉑稔：熟悉，习知。
㉒要津：比喻显要的地位。
㉓请谒：请求谒见。对人有所干求。
㉔濯浴：沐浴。
㉕檄：信函。
㉖棘舍：棘：古同“戟”，兵器。棘舍：兵器库。
㉗假归：告假归乡。

林外风味，萧瑟[1]十载，绝意尘氛[2]，以养天真，抑可谓皭[3]然不滓者矣。公以万历戊子十二月二十日亥时生，以今壬辰二月初七日未时卒，卜葬于东塘之菜花岭。系之铭曰："晞[4]发兮王女盆[5]，流目[6]兮帝子阁，司城归来兮湘闉[7]鹤，万祺[8]千秋兮永宅其壑。"

①萧瑟：形容环境冷清、凄凉。
②尘氛：尘俗的气氛，红尘。
③皭：洁白，洁净。
④晞：干，干燥。
⑤王女盆：疑为地名。
⑥流目：放眼随意观看。
⑦闉：城。
⑧祺：殷代人指年。同"年"。

五言古

山堂义尊

张　芳县令

中衢①可置尊，授醪②当锡爵③。而我适其私，义亦资泂④酌⑤。所愧非民牧⑥，挹注⑦供杯杓⑧。往者玉局翁⑨，雪堂偶栖托⑩。酒自桑落⑪移，樽是匏瓜⑫作。无烦瓮吏留，聊谢钱神醵⑬。风味杂酸辛，品第齐醇⑭簿。黄州美云涛，人情亦不恶。弄水过一春，踏舟出城郭。有时卧醉乡，传说跨仙隺⑮。先生抚掌笑，寝食舒戏謔。毫从意蕊⑯鲜，墨以眉山泼。风月自清峭⑰，文章有歌咢⑱。富贵事偶然，神仙景如昨。予也磊落人，怀古气无怍⑲。所嗟才性疏，闭关

---

①中衢：四通八达的大路。
②醪：醇酒。
③锡爵：赐酒。
④泂：远。
⑤酌：斟酒，饮酒宴会。
⑥民牧：旧时指治理民众的君王或地方长官。
⑦挹注：比喻从有余的地方取些出来以补不足的地方。
⑧杯杓：亦作“杯勺”。酒杯和杓子。借指饮酒。
⑨玉局翁：宋苏轼自称。
⑩栖托：寄托，安身。
⑪桑落：桑叶凋零。
⑫匏瓜：在古文中常指所有的葫芦，有长形、圆形、扁圆形及亚腰形等四种形状。现在一般特指果形如梨形的葫芦变种。
⑬醵：凑钱喝酒。泛指凑钱，集资。
⑭醇：酒味厚。
⑮隺：古同“鹤”。
⑯蕊：花苞。
⑰清峭：指清丽挺拔。
⑱咢：击鼓而歌。泛指无伴奏而歌唱，歌唱。
⑲怍：惭愧。

学禅缚。畏垒①良嶕峣②，蘧庐③信萧索。佳蔗谁能啖，精铁真成错。山边老黄石，林下悬芒爝④。褰裳⑤一往⑥从，洗心接寥廓⑦。春风又吹回，涧户松花落。问字音跫然⑧，俊气尊⑨前烁⑩。二屦⑪来联翩，醉醒失吾诺。岂复问升斗，舂⑫粮更精凿⑬。从兹戒僮仆，勿用妨酬酢⑭。肇⑮锡⑯以佳名⑰，好事追前䂓⑱。妙语入瓯⑲香，谐词尽更柝⑳。时复一中之，白眼空楼阁。客去曲肱眠，刁调㉑散林壑。

①畏垒：山名。借指乡野。
②嶕峣：峻峭，高耸。
③蘧庐：古代驿传中供人休息的房子。犹今言旅馆。
④芒爝：火之小者，即爝火。
⑤褰裳：不辞劳苦，急于为国事奔波。
⑥往：以往。
⑦寥廓：空旷，深远。
⑧跫然：走路时的脚步声。
⑨尊：通"樽"。古代盛酒的器具。
⑩烁：光亮的样子。
⑪屦：古代用麻葛制成的一种鞋。这里指穿草鞋的人。
⑫舂：把东西放在石臼或乳钵里捣掉皮壳或捣碎。
⑬精凿：舂去谷物的皮壳。亦指舂过的净米。
⑭酬酢：宾主互相敬酒，泛指交际应酬。
⑮肇：开始。
⑯锡：通"赐"。赐给。
⑰肇锡以佳名：此语出自屈原《离骚》："肇锡余以嘉名"。意为：一开始就赐给我美好的名字。
⑱䂓：尺度，用秤称，标准。
⑲瓯：杯。
⑳柝：古代打更用的梆子。
㉑刁调：形容风声。

次山堂义尊韵呈鹿牀[1]先生

刘　纶庠生

秩秩[2]惟宾筵，不识戒三爵[3]。当其浇块垒[4]，一斗悠然酌。乌孙畀[5]我壶，鹊尾[6]供予杓[7]。醉醒枳棘[8]场，鸾凤乃来托。花看桃李植，琴听宫商[9]作。为谱池上酣，不事杖头[10]醵[11]。道味若醪[12]醇[13]，宦情如水薄。乐只[14]歌何年，能回风土恶。敷政[15]侔召杜[16]，谈理屈王郭[17]。海岸恰投簪[18]，萧寺解留鹤。青毡[19]云衲偕，妙语齐庄[20]谑[21]。飞跃狎朝晖，眼明收活泼。咳唾九天[22]风，四座相向咢[23]。鹿床亦非今，玉局[24]亦非昨。佳事总合符，易地两无作。义尊协

---

①鹿牀：指张芳。字菊人，号鹿牀，江南句容人，顺治十一年（1654）以进士知常宁县事，在常宁居官八年。

②秩秩：积聚众多之貌。众多。

③三爵：三杯酒。爵，雀形酒杯。

④块垒：泛指郁积之物。也比喻胸中郁结的愁闷或气愤。

⑤畀：给与。

⑥鹊尾：鹊尾炉的略称，亦泛指香炉。

⑦杓：同“勺”，一种有柄的可以舀取东西的器具。

⑧枳棘：枳木与棘木。因其多刺而称恶木。常用以比喻恶人或小人。亦比喻艰难险恶的环境。

⑨宫商：古代音律中的宫音与商音，后人用其泛指音乐。

⑩杖头：“杖头钱”的省称。指买酒钱。泛指少量的钱。

⑪醵：凑钱喝酒。

⑫醪：醇酒。

⑬醇：酒味厚。

⑭乐只：和美，快乐。

⑮敷政：施政。

⑯召杜：即“召父杜母”。召，指西汉召信臣；杜，指东汉杜诗。召信臣与杜诗先后任南阳太守，行善政。用以称赞地方官政绩显赫 。

⑰王郭：王戎与郭泰。王戎乃魏晋时期名士，竹林七贤之一，长于清谈；郭泰是东汉末年著名的人才评论家、大名士，善清谈。

⑱投簪：丢下固冠用的簪子。比喻弃官。

⑲青毡：指青毡制品。如帐篷、帽冠等物。

⑳庄：严肃。

㉑谑：开玩笑。不庄重。

㉒九天：天之中央与八方，谓天空最高处。

㉓咢：通“愕”。惊愕。

㉔玉局：人名。宋苏轼曾任玉局观提举，此“玉局”指苏轼。亦称“玉局仙”。

风流[1]，吏部笑成縳[2]。左史[3]吾侪慕，负剑坟与索。金土资范闸，玉刀受砻[4]错。闭户谢冯驩[5]，慎蹑[6]侯门□。薇路濯尘埃，丹元[7]增式廓[8]。招朋卜未央[9]，坐花飞不落。有句刻烛成[10]，龙煤[11]骄闪烁。索和前盟在，无为听责诺。诗道塞蚕丛[12]，敢忘五丁凿[13]。吴兴贾耘老[14]，斗石难为酢[15]。铉亭载壶来，谁复同榘獲[16]。贫仕问酒泉，遑云宜击柝。毫凭白随挥，笔许青莲阁。陶陶[17]思千古，一夜满云壑。

①风流：风度，仪表。
②縳：卷，裹束。
③左史：官名。春秋时晋、楚两国设置。《礼记·玉藻》谓：动则左史书之，言则右史书之。
④砻：磨。
⑤冯驩：为齐国孟尝君田文门下食客，曾替田文到封邑收取债息，把不能还息的债券烧掉，替田文收买民心。冯驩事迹见《史记》卷七十四《孟尝君列传》。
⑥蹑：踩，踏。
⑦丹元：道教语。心神。指赤诚之心。
⑧式廓：规模，范围。
⑨未央：未尽，没完。
⑩有句刻烛成：此句来自成语“刻烛成篇”。《南史》卷五十九《王僧儒传》：“竟陵王子良尝夜集学士，刻烛为诗，四韵者则刻一寸，以此为率。”
⑪龙煤：龙脑香焚烧后的余烬。
⑫蚕丛：相传为蜀王的先祖，教人蚕桑。借指蜀地。
⑬五丁凿：五丁是秦国的五个大力士。五丁凿道，指事情艰辛，难度很大。
⑭贾耘老：贾收。北宋湖州乌程人，字耘老。有诗名，喜饮酒。
⑮酢：客人用酒回敬主人。
⑯榘獲：规矩法度。
⑰陶陶：欢乐、广大的样子。

游莲花岩

李千秋选贡

天上无凡骨，人间有异居。异居讵[①]索价，难逢卖者如。今朝驰驷马，昨日驾高车。玉堂兼金屋，到此转趦趄[②]。森森[③]千丈松，荡荡[④]一池蕖[⑤]。黄鹤青鸾鸟，乌龙赤鲤鱼。沆瀣[⑥]烟霞水，精华日月稰[⑦]。瑶台[⑧]晓露清，阆苑[⑨]晚风疏。忽有白头翁，呵呵倒骑驴。手将羽扇摇，指与不识书。

①讵：岂，怎。
②趦趄：行走困难。也比喻犹豫徘徊。
③森森：形容繁密。
④荡荡：广大。
⑤蕖：古书上指芋头。
⑥沆瀣：夜间的水气，露水。
⑦稰：同“胥”，全，都。
⑧瑶台：美玉砌的楼台。亦泛指雕饰华丽的楼台。
⑨阆苑：传说中神仙居住的地方，诗文中常用来指宫苑。

四言古

来日大难行

张　芳县令

来日大难，口燥唇干。今日相会，皆当喜欢以上四句古词。仰观弦望[①]，焉知燠[②]寒。东兔西乌[③]，妖淫无端。骊驹在门，远游卜日。弹丝鼓簧，怵惕[④]恐失。说礼敦诗，大冠朱韠[⑤]。慨慷颂言，澄清狂獝[⑥]。灵鸟生罗，珍木生柯[⑦]。人知其一，莫知其佗。贾儿[⑧]牧竖[⑨]，甘死风波。神既醉止，巫儛[⑩]觋[⑪]歌。牵犬呼鹰，毛血蔽野。万岁千秋，乐不可写。北郭先生[⑫]，音高和寡。浊酒横琴，风扉雪瓦。麟摧鉏商[⑬]，龙阨豫且[⑭]。《书》亦有言，洚洞[⑮]警余。天命不又，我吟我歔[⑯]。载纫我裳，载葺[⑰]我庐。

---

①弦望：指农历每月初七、八，廿二、廿三和十五（有时是十六、十七）。借指时日、岁月。
②燠：暖，热。
③东兔西乌：谓月亮东升，太阳西落，表示时光不断流逝。古代神话中说太阳中有三足金乌，月亮中有玉兔，因以乌、兔代指日月。
④怵惕：恐惧警惕。
⑤韠：蔽膝，古代一种遮蔽在身前的皮制服饰。
⑥狂獝：精神失常，狂放。
⑦柯：斧子的柄。
⑧贾儿：商人。
⑨牧竖：牧奴，牧童。
⑩儛：同“舞”。
⑪觋：男巫。
⑫北郭先生：指隐居不仕的人。
⑬鉏商：春秋鲁国叔孙氏的车夫名。狩猎时曾获麟。《左传·哀公十四年》：“十四年春，西狩于大野，叔孙氏之车子鉏商获麟，以为不祥，以赐虞人。”
⑭豫且：春秋时宋国渔人。曾射中龙的眼睛。汉刘向《说苑·正谏》：“昔白龙下清泠之渊，化为鱼，渔者豫且射中其目。白龙上诉天帝……天帝曰：‘鱼固人之所射也，若是，豫且何罪？’”
⑮洚洞警余：洞，疑为“水”。此句应为“洚水警予（余）”。洚水：洪水弥漫。《孟子·滕文公下》：“《书》曰：‘洚水警予。洚水者、洪水也。’”
⑯歔：欷歔，悲泣抽噎的样子。
⑰葺：原指用茅草覆盖房子，后泛指修理房屋。

七言古

与刘梦白、邹绍闻寻狮子岩

张　芳县令

距春十日风含晖，绀[①]岩开满红蔷薇。扪葛嶔崟[②]得幽邃，穿石诘曲忘旋归。意行指顾多异色，身到转觉所历非。亦有屐齿结伴进，惜无毛羽乘空飞。山中老僧劝且住，前路棘刺骨人衣。烟霭万状幽涧渡，冈峦秀合平田肥。摩抄[③]蕙带[④]选石踞[⑤]，尔我一笑情尘微。小摘波稜[⑥]饭云子[⑦]，挥毫颂古书山扉[⑧]。

①绀：红青，微带红的黑色。
②嶔崟：高峻奇特。亦指高峻奇特的山石。
③摩抄：同“摩挲”，指用手轻轻按着并一下一下地移动。也作“摩娑”“摩莎”。也有摸索之义。
④蕙带：以香草做的佩带。
⑤踞：蹲，坐。
⑥波稜：菠菜。
⑦云子：米粒，米饭。
⑧扉：门扇。

乞米行呈鹿床师

鲁澂龙长沙举人

宜阳五月水淙淙，杵臼①苔生未宿舂。晓出荷钼②流淥急，稻花带湿开蒙茸③。旧谷半红囷④已破，园丁织妇艰朝饔⑤。我公五载真神明，调爕⑥阴阳风雨从。市无昂价米未贱，满目青葱看崇墉⑦。作客萧然日晏起，苍头⑧举火声喁喁⑨。老僧持钵未归院，罂⑩瓶罄尽黄尘封。垂帘⑪那得卖卜⑫直，抱膝⑬宁余写书佣。冰衙⑭卧起无长物，分来玉粒斗与钟⑮。走送似同九日酒⑯，踏破彩云凡几重。

①杵臼：舂捣粮食或药物等的工具。
②荷钼：荷，用肩扛或担，背负。钼，古代同“锄”。
③蒙茸：蓬松，杂乱的样子。
④囷：古代一种圆形谷仓。
⑤饔：早饭。
⑥爕：同“燮”，谐和，调和。
⑦墉：城墙，高墙。
⑧苍头：奴仆。
⑨喁喁：形容人语声。
⑩罂：古代大腹小口的酒器。
⑪垂帘：指潜心致力，不预闻他事。也指放下帘子，闲居无事。
⑫卖卜：以占卜谋生。
⑬抱膝：以手抱膝而坐，有所思的样子。
⑭冰衙：形容为官清廉如冰的衙门。
⑮钟：量词。古代容量单位。
⑯九日酒：陶渊明老穷，遇九日重阳，正在东篱下赏菊，有白衣人送酒至，乃是地方官一番好意，于是尽醉而归。

五言律

过曲潭桥

许 肇知县

回龙山有脉，流泛曲潭深。病涉怜耆旧，飞虹为架涔[①]。天空云霭瑞，槛净水浮金。题柱多贤俊，惊看驷马临。

过曲潭桥

赵 泮知县

云根分派[②]远，肱折曲潭深。野鹤归何处，苍龙跨石涔。枫飘霜叶赤，日射酒杯金。迎送劳贤俊，千年几度临。

游学岩

张 芬知县

何处临流好，无如泮[③]壁东。题名依石丈，余事托诗翁。水曲青枫外，天容碧漪中。多君能济[④]胜[⑤]，劲笔几人同。

---

①涔：连续下雨，积水成涝。
②派：古代同“脉”，水的支流。
③泮：学校。
④济：渡，过河。这里指抵达。
⑤胜：名胜古迹。

次前韵

王 金广文

夙昔临流兴，相翔泮水东。题诗怀漫士[①]，举酒属坡翁[②]。碧岫[③]来天外，青云漾渚[④]中。宜江多胜迹，此地几人同。

次前韵

吴 墴广文

石壁烟霞古，渊沦[⑤]万仞东。濯缨[⑥]歌孺子[⑦]，鼓櫂[⑧]问渔翁。鹊起苍藤上，猿啼红树中。非公能合道，洄溯与谁同。

次前韵

崔 弼拔贡

古窟灵根合，巍然学舍东。凭栏无俗士，题句有仙翁。笑傲烟云里，徘徊石镜中。风流千载事，相继有谁同。

①漫士：泛指不受世俗约束的文人。
②坡翁：苏轼，即苏东坡。
③岫：山。
④渚：水中小块陆地。
⑤渊沦：潭中微波。
⑥濯缨：比喻超脱世俗，操守高洁。
⑦孺子：指清贫淡泊、隐居不仕者。《孟子·离娄上》："有孺子歌曰：'沧浪之水清兮，可以濯我缨。'"
⑧櫂：同"棹"，划船的一种工具，形状和桨差不多。

次前韵

刘登瀛选贡

探幽寻石壁，一苇泝[1]流东。伴结知名士，琴调得道翁。嶙峋[2]看直上，吐纳任虚中。千载传佳胜，吟篇我亦同。

次前韵

段廷衮选贡

闻道命题好，争传泮水东。受知名下士，可忆主人翁。新句嶙峋上，故园荆棘中。当年眼底迹，景态几能同。

次前韵

邹是礼贡生

平泉佳石在，半割到潭东。地受濂溪派[3]，人偕栗里翁[4]。嵌寄宜物外，游泳见虚中。旷代搜奇胜，挥毫兴自同。

次前韵

刘　纶庠生

桃洲访胜概[5]，引棹碧湾东。跽[6]钓风前代，流觞记此翁。石虹飞泮侧，玉笋漾波中。题识犹堪问，才高不肯同。

①泝：同“溯”。逆着水流的方向走。
②嶙峋：山石奇兀耸峭的样子。
③濂溪派：北宋周敦颐等人创立的理学学派，也称“濂学”。周敦颐原居道州营道（今湖南道县）濂溪，世称“濂溪先生”，因而称所创学派为“濂溪学派”。
④栗里翁：指陶潜（渊明）。栗里，地名，在今江西省九江市西南。晋陶潜曾居于此。
⑤胜概：美景，美好的境界。
⑥跽：长跪，挺直上身两膝着地。

次前韵

阮　鄂庠生

云侵苔石古，磊落聚江东。山水凭佳士，乾坤付醉翁。虹纵蜿蜒出，浪触溯洄中。画壁沧洲①满，临流漱欲同。

次前韵

崔　瓒庠生

疑是补天石，何来碧水东。章缝②思鲁叟③，篛笠问江翁④。鳌舞孤舟外，声流断岸中。唱酬无俗侣，选胜我从同。

题至圣寺

释净讷

一尘飞不到，长在此山中。玉殿清光满，危楼紫气笼。钟声和梵呗⑤，香氲贯兹风。重重无尽藏，幽僻岂能穷？

①沧洲：滨水的地方。古时常用以称隐士的居处。
②章缝：章甫缝掖，指儒者或儒家学说。
③《礼记·儒行》："鲁哀公问于孔子曰：'夫子之服，其儒服与？'孔子对曰：'丘少居鲁，衣逢掖之衣；长居宋，冠章甫之冠。丘闻之也：君子之学也博，其服也乡，丘不知儒服。'"鲁叟指孔子。
④篛笠问江翁：柳宗元《江雪》："孤舟篛笠翁，独钓寒江雪。"勾画独钓寒江的渔翁形象，借以表达诗人在遭受打击之后不屈而又深感孤寂的情绪。
⑤梵呗：和尚念经的声音。

次前韵

释智缵

掬水香浮谷，地灵天正中。佛开日月面，僧任雾霞笼。轮毂三千界[1]，金珰一夜风。大功浑[2]不滓[3]，任运乐无穷。

湘山晓钟

刘登瀛选贡

一刹[4]倚南天，疏声带月传。公庭停夜角，比户发寒烟。佛老慵开静，僧闲浪习禅。高轩[5]待旦者，危坐听啼鹃。

西桥夜月

刘登瀛选贡

虹杠[6]今未断，更静几人过。玉管吹寒魄[7]，冰轮[8]落浅波。读残题柱句，误著授书魔。更上南楼望，狂歌撼汉河。

①三千界："三千大千世界"的省称。
②浑：天然的，淳朴的。
③不滓：不受污染。
④刹：梵语"刹多罗"的简称，指寺庙佛塔。
⑤轩：有窗的长廊或小屋。
⑥杠：小桥。
⑦寒魄：指月光。
⑧冰轮：指月亮。

桃洲春浪

刘登瀛选贡

山城雨水合，春色一洲赊[①]。掩映河阳令[②]，留连邺下车[③]。客心千树雨，人面半天霞。可惜看花者，夜深未到家。

次鹿床先生题学岩韵

殷　铭邑人

道南今五载，似邑泰山东。笭箵[④]俦[⑤]渔父，川岩识澹[⑥]翁。龙门窥泮左，石室扣天中。佳胜埋烟雨，经题便不同。

①赊：长，远。
②河阳令：指潘岳。潘岳曾为河阳令，故称。潘岳为西晋著名文学家、政治家。
③邺下车：曹操建都邺城（今河北临漳县邺北城），这里聚集了大量名流学士，形成了以曹氏父子为中心的“邺下文人集团”。
④笭箵：是渔具的总称。亦指贮鱼的竹笼。
⑤俦：伴随，伴侣。
⑥澹：恬静、安然的样子。

七言律

柏坊驿

管大勋

大江秋尽泛鸣椰①，一息西风渡柏坊。侯吏不知官艇去，长年谩②道客心忙。缘涯白鹭随流水，隔岸青山带夕阳。鸿雁不来乡信杳③，几回惆怅赋潇湘。

观音阁

陶敬图知县

久酣簿领④违高阁，今日来游兴倍新。百尺玉虹⑤明月夜，四围碧障艳阳春。从来吏隐宜山县，始信浮名解误人。莫向凭栏瞻故里，此时茱菊是佳辰。

游金龙岩

刘自省知县

萦纡⑥石洞金龙眠，古观苔荒不纪年。百尺云根悬峭壁，千寻瀑布泻飞泉。嶙砇⑦攒⑧笋疑无地，幽壑铺银别有天。路锁烟霞萝径杳，深溪莲露带珠涎。

---

①椰：古书上说的一种树，可以做手杖。
②谩：莫，不要。
③杳：无影无声。
④簿领：官府薄记。指公务。
⑤玉虹：诗词中常比喻像虹一样的事物。喻明洁的瀑布或流水。
⑥萦纡：盘旋弯曲，回旋曲折，萦回，盘曲环绕。
⑦砇：同“珉”，像玉的石头。
⑧攒：积聚，积蓄。

天开石榜

陈　绎训导

石榜高悬学舍边，不施斧凿出天然。烟笼远讶鲛綃[①]薄，苔蚀浑疑御[②]墨鲜。浯水磨崖堪伯仲，齐安[③]赤壁隔天渊。此中好展如椽壁，何必名从雁塔联[④]。

次前韵

刘绍璇知县

科甲从来尺五连，自应石榜挂天边。三秋吐凤[⑤]琳琅显，五百吟龙玳瑁鲜。声价早膺仙笔定，恩光时逐士途迁。紫苔高护青云迹，留取芳名寄翰[⑥]篇。

湘寺晓钟

车大聘训导

高悬慧日涌莲台，佛号钟声绕殿雷[⑦]。五百偏宜三昧品，八千浑教九因回。境并瞿昙[⑧]空色相，心同水月映如来。霜天晓日随音彻，夜气初回带曙开。

---

①鲛綃：亦作"鲛绡"。传说中鲛人所织的绡。亦借指薄绢、轻纱或毛帕之类的。

②御：帝王所作所为及所用物的敬称。

③齐安：唐代的海丰郡。

④雁塔联：雁塔题名，指考中进士。唐代，考中进士的人在大雁塔内题名，题名一个接一个相连。雁塔，指唐代长安（今西安）大慈恩寺内的大雁塔。

⑤吐凤：典故名。典出《西京杂记》卷二。扬雄曾"梦吐凤凰，集《玄》之上"。后因以"吐凤"称颂文才或文字之美。亦作"吐白凤"等。

⑥翰：文章。

⑦绕殿雷：宋代大朝会时，廷下禁卫高声山呼，响声如雷，称为"绕殿雷"。

⑧瞿昙：印度刹帝利种之中的一个姓，瞿昙仙人之苗裔，即释尊所属之本姓，又作裘昙、乔答摩、瞿答摩、俱谭、具谭。意译作地最胜、泥土、地种、暗牛、牛粪种、灭恶。

南岭霁雪

陶敬图知县

历历[1]南天一望遥，醉看琼絮舞层霄。冰花点缀苍还素，玉粉凝华色自娇。入树影移窗外美，赏心人在个中饶。凭虚远眺倍多兴，梅绽枝头满树瑶。

桃洲春浪

阎继芳知县

遥临清汇甚纡洄[2]，日激风涛起怒雷。浪拥波中如漱玉，桃红天外似装苔。幽怀载酒传佳会，放胆凌虚[3]倚翠隈[4]。明良[5]交泰乘风起，物我同归大造垓[6]。

西桥秋月

陈敦仁知县

炉烟漠漠[7]水浏浏[8]，派溯长虹跨上游。垂壑似宽初月饮，凌虚不逐暮云收。寒莲荻苇[9]流修影，彩映芦花锁急流。千载津梁凭帝力，无劳碧玉引箜篌[10]。

---

①历历：（物体或景象）一个一个清清楚楚的。
②纡洄：曲折，回旋。
③凌虚：升向高空或高高地在空中。
④隈：山水等弯曲的地方。
⑤明良：贤明的君主和忠良的臣子。
⑥大造垓：垓，八极之内的广大土地。大造垓，即大造化，大自然。
⑦漠漠：云烟密布的样子。
⑧浏浏：清明的样子。顺行无阻的样子。
⑨荻苇：荻苇草，也叫荻尾草、地尾草，一种植物。
⑩箜篌：一种中国古代传统的弹弦乐器。

泉峰夕照

庄祖诏知县

城南峰岭隐流泉，高耸□□更自然。远涧围田宽眼界，落霞绕洞广人烟。空中几见玉飞屑，静里常闻树噪蝉。何日游僧来结社，随风花鸟舞蹁跹①。

茭潭晚鱼

崔　弼拔贡

寒潭澄净镜中天，彻底光涵月影圆。垂柳舞风枝袅岸，飞花点水片流川。渊源龙卧腾春浪，欸乃②鱼歌乐夜舡③。此景可通银汉④近，泛槎⑤常到斗牛边。

初冬过浆田寺

张　芬知县

阿育浮图未可攀，问人端只在前山。何时芥子开高壁，几个狮儿⑥过古关。岩屋光生云月白，石床藓湿鼎彝⑦班⑧。荒碑岁月题淳祐⑨，拭眼都如一瞬间。

①蹁跹：飘逸飞舞的样子。常用以形容轻盈的舞姿。
②欸乃：象声词。摇橹声。
③舡：同“船”。
④银汉：银河。
⑤槎：木筏。
⑥狮儿：比喻雄视一世的俊杰。
⑦鼎彝：亦作“鼎彝”。古代祭器，上面多刻着表彰有功人物的文字。
⑧班：同“斑”，指斑斑锈迹。
⑨淳祐：南宋理宗赵昀的第五个年号。这个年号共12年，即1241—1252年。

赠残书

李日思庠生

摒挡箱箧意犹频，屋漏钗痕满袠[①]匀。谁使藏山[②]留蜕骨[③]，犹同焦尾[④]惜余薪。文章慧命[⑤]争求旧，风雨精灵戒喜新。可是久要存不朽，缥缃[⑥]历劫几微尘。

陆舫落成

刘　纶庠生

清时莫漫学严光[⑦]，似隐渔舟荻苇旁。蛟挟何来休问璧，龟文[⑧]是处更宜床。浮沉不逐双流涨，栖泊能恬万顷洋。把酒临风多感慨，沙头䴙[⑨]䴘自飞翔

①袠：同“帙”。书、画的封套，用布帛制成。
②藏山：藏之名山，意思是把著作藏在名山传给志趣相投的人。形容著作极有价值。
③蜕骨：灵魂升天后的骸骨。多用于道教徒。
④焦尾：是东汉著名文学家、音乐家蔡邕亲手制作的一张琴。蔡邕在“亡命江海、远迹吴会”时，曾于烈火中抢救出一段尚未烧完、声音异常的梧桐木。他依据木头的长短、形状，制成一张七弦琴，果然声音不凡。因琴尾尚留有焦痕，就取名为“焦尾”。“焦尾”以它悦耳的音色和特有的制法闻名四海。后遂用“焦尾琴，焦尾，焦桐，焦琴”等指美琴，或比喻历尽磨难的良才、未被赏识的宝器等。
⑤慧命：弘传的佛法。引申指人的智慧所注。
⑥缥缃：指书卷。缥，淡青色；缃，浅黄色。古时常用淡青、浅黄色的丝帛作书囊书衣，因以指代书卷。
⑦严光：字子陵。东汉著名隐士。与东汉光武帝刘秀同学，亦为好友。刘秀即帝位后，多次延聘严光，但他隐姓埋名，退居富春山。
⑧龟文：龟背的纹理。泛指古文字。
⑨䴙：一种水鸟，比鸭稍小，脚近尾端，翅短小，不善飞行，极会潜水，常成群游于水面，受惊即潜入水中。亦作“䴙䴘”，俗称“油鸭”。

次前韵

殷 铭邑人

兰桡[①]未试击流光，水浅沙横古木旁。公子当年应下钓，散人此日欲赍[②]床。侵蓬滴沥疑江泊，匝[③]牖[④]冥蒙[⑤]幻海洋。堂上杯胶湏[⑥]力厚，乘风万里等鹏翔。

次前韵

刘焘智邑绅

不用风牵锦缆[⑦]光，虚窗洞敞绿溪旁。吹来柳浪如移棹，送到松涛半拂床。野外莲歌声细细，轩[⑧]中琴操韵洋洋[⑨]。浮沉我亦忘平陆[⑩]，珍重梧枝看凤翔。

春日鹿床先生招饮

李千秋选贡

春寒帘外掩疏棂[⑪]，玉笛梅花彷佛听。鼓瑟于堂兄次父，开书在库甲盈丁。香消座上一炉雪，风美人间几树青。彩凤傍云应不寐，会逢梧引乍舒翎[⑫]。

---

①兰桡：小舟的美称。
②赍：旅行的人携带衣食等物。
③匝：环绕。
④牖：窗户。
⑤冥蒙：幽暗不明。
⑥湏：同“沫”。
⑦锦缆：锦制的缆绳，精美的缆绳。
⑧轩：房屋。
⑨洋洋：舒缓的样子，迟缓的样子。
⑩平陆：平原，陆地。
⑪棂：旧式房屋的窗格。
⑫翎：鸟翅和尾上的长而硬的羽毛。

登祝融峰

释净讷且拙

轻衣横掠万山烟，直上孤峰好问天。石屋宽于尘世界，金人疑是活神仙。拂碑浩气凌千古，振锡①长空落半边。七十二巅②齐拜首，高僧出定在何年？

酬客尘隐者来韵

释智缵

翛然③云外寄孤踪，未许时人狭路逢。爱勒移文④驰陇北，羞言弹剑过山东。机前勘破七斤重，喝下赢来三日聋。闻说双林春正好，肯容杖屦⑤衬花风。

和彭兵宪⑥题云阳署

释智修

今时谩说赵州茶，且共良朋娱岁华。最喜文心⑦符白凤，却怜战骨拥黄沙。江头有客频敲楫，门下何人素笼纱。昨夜金风⑧生紫岫，庭前乱落竺乾⑨花。

①振锡：谓僧人持锡出行。锡，锡杖。
②七十二巅：相传南岳衡山共有七十二座山峰。
③翛然：无拘无束的样子，超脱貌或自由自在的样子。
④移文：旧时文体之一。指行于不相统属的官署间的公文。亦泛指平行文书。
⑤杖屦：手杖与鞋子。
⑥兵宪：武职，又称兵备副使、兵备道，隶属巡抚，节制都司和守备。彭兵宪：彭而述。
⑦文心：指文章或文思。
⑧金风：秋风。
⑨竺乾：天竺。古印度的别称。又指佛，佛法。

五言绝

桃洲春浪

李　穆训导

蛟龙得云雨，卷起桃花浪，烂熳散不收，满江春浩荡。

西桥夜月

李友桂举人

宜水涵秋色，平桥卧夕阳。碧云开玉宇，冰鉴放清光。

题潇湘八景

山市晴岚

张　芬知县

暮汲云峰袅，朝春雾岭开。三湘初过雨，不是望章台①。

渔村夕照

无限斜阳意，花源几处家。一声长笛晚，沽酒坐星槎。

烟寺晓钟

起灭归何处，苍苍七十峰。空山猿鹤静，朝日上青松。

江天暮雪

南郡失青苍，寒辉篠壑共。渔镫②何处明，江花载船重。

远浦归帆

鸥鹭汀③边舍，芙蓉江上山。客舡如倦鸟，欲傍夕阳还。

---

①章台：秦都咸阳在渭水南岸的主要宫室建筑之一，秦国的许多重要外交活动都在这里举行，比如历史上著名的完璧归赵的故事就发生于此。一说章台，即章华台，春秋时楚国离宫。
②镫：疑为“灯”。
③汀：水边平地，小洲。

平沙落雁

惨淡[①]啣[②]芦下，翩翻啄稻来。楚天有罗[③]弋[④]，清唳[⑤]过苍苔。

潇湘夜雨

山鬼[⑥]萝衣暮，江妃[⑦]蕙带[⑧]阴。苍梧祠下水，一夕出为霖[⑨]。

洞庭秋月

孤鹤低难过，严霜湿欲微。君山一点碧，柔橹夜双归。

新秋友人过访

殷云鹤庠生

云浪横天际，新秋忽尔赊[⑩]。凉风催客屐，和雨到山家。

①惨淡：艰苦地，苦费心力地。
②啣：同“衔”。
③罗：罗网。
④弋：用带绳子的箭射鸟。
⑤唳：鹤、雁等鸟高亢的鸣叫。
⑥山鬼：一般所说的山神。
⑦江妃：古代神话传说中的神女。
⑧蕙带：以香草作的佩带。
⑨霖：久下不停的雨。
⑩赊：长，远。

七言绝

天开石榜

刘自省知县

维石岩岩[①]壮水滨，可知深处隐龙鳞。榜中自有真消息，为报凤凰池[②]上人。

地拱魁星

徐兆奎知县

一拳石出星天巧，簇簇多生飞殿绕。峤[③]起宫墙肖若神，地灵人杰应秋晓。

古柏

段一鹗举人

鲁闻遗爱蔼巴封，惭我金枝尚未浓。谁向峰头饶劲节，苍鳞冉冉[④]欲成龙。

题白衣庵

释净讷且拙

残冬踏雪到宜阳，紫竹林中晚饭香。满钵盛来同一色，大千沙界尽克肠。

①岩岩：高大，高耸。
②凤凰池：唐代宰相称同中书门下平章事，故多以“凤凰池”指宰相职位。
③峤：山尖而高。
④冉冉：渐进地，慢慢地，缓慢地。

茅塘夜话

张　芬知县

景阳才思愧龙宾①，老大横编羡斲轮②。何处书声如玉笛，惊回二十四番春。

次前韵

刘　纶庠生

儿童楚楚③看留宾，他日犹能御李轮。从此灯光茅舍煖④，谢家塘草梦中春。

①龙宾：守墨之神。
②斲轮：砍木头做车轮。《庄子·天道》："是以行年七十而老斲轮。"后来称对某种事情富有经验的人为"斲轮老手"。
③楚楚：娇柔纤弱的样子。
④煖：同"暖"。

题宜江八景

天开石榜

张问明县令

谁识娲皇炼石初，碑镌宰相暗中储。溪头宿雨苔藓湿，好拭苍崖淡墨书。

地拱魁星

灿灿[①]文星结一胎，斗[②]杓上接五云开。殷勤[③]拱立山头望，直待群英入彀[④]回。

湘寺晓钟

谁将路铎振甜[⑤]余，雾冷烟迷夜气初。几杵声从云外彻，穿棂触幔破华胥[⑥]。

茭潭晚鱼

潭深碧藻水鳞鳞，傍晚掉舟放钓纶。饵得鱼来须换酒，明朝共醉蓼花滨。

①灿灿：闪闪发亮的样子，色彩鲜艳的样子。
②斗：星名，二十八宿之一，亦泛指星。又特指北斗星。
③殷勤：情意深厚。
④入彀：唐太宗在端门上看见新进士鱼贯而出，高兴地说："天下英雄入吾彀中矣。"后因以"入彀"比喻人才入其掌握，被笼络网罗。亦指应进士考试。
⑤甜：梦乡。古人谓做梦为入黑甜乡。
⑥华胥：胥，片刻，一阵。华胥，指美好的时刻。

桃洲春浪

雨打桃林片卷空，碧溪银浪染深红。休言此去朝宗远，一息长乘万里风。

泉峰夕照

危[①]峰秀出四山卑，俯瞰宜城若挂眉。早是江头多暝色[②]，却余飞练晚来奇。

西桥秋月

长虹百尺跨津渠，荻苇水魂两岸舒。一碧天光身上下，疑从掷杖到清虚[③]。

南岭霁雪

积雪经春未肯残，峩眉此地一齐看。云林霁雪[④]开新样，应作城中画屏观。

湘行次兵宪彭公[⑤]韵

张　芳县令

碧山如雾掩金铺，画苑神楼海上图。著我扁舟谁是伴，踏歌声里有人呼。

---

①危：高的，陡的。
②暝色：暮色，夜色。
③清虚：太空，天空。
④霁雪：雪止放晴。
⑤兵宪彭公：指彭而述。

次前韵

吴　奇江南人

石出湘江竹翠铺，阿谁画出远游图。却怜[1]日暮晴霞起，百尺寒稍绿风呼。

原诗

彭而述兵宪

清潇两岸绿如铺，碧水中分好画图。颇柰扁舟忙里去，春山欲尽鹧鸪呼。

舟归望岳怀故

殷　铭邑人

云透衡山天半枝，归帆畏起近乡思。为怀物外峰头客，野鹤孤松别有诗。

舟行即景

殷　铭邑人

黄花回媚碧天秋，风动香根到叶舟。瓮映潭清纤指露，湘江汲尽暮云愁。

①怜：爱。

次前韵

殷五鹄庠生

梧高叶滴渡江秋，野水闲云泛客舟。寄语石尤①鸥睡稳，雁回峰顶带烟愁。

古柏

刘　经庠生

毫社移来古干传，千年黛色饱云烟。虬②枝风里清商奏，谁辨孔弦与宓弦。

虎头石

刘　纶庠生

鸾③集雉④驯禾足奇，宜江异政系人思。何年猛虎溪头卧，化石犹如欲渡时。

次前韵

阮　鄂庠生

何年没羽伏江干，露冷苍原夜色看。可识探头听鼓节，至今风雨未曾残。

---

①石尤：逆风，飓风。
②虬：拳曲。
③鸾：凤凰一类的鸟。
④雉：鸟，雄的羽毛很美，尾长；雌的淡黄褐色，尾较短。善走，不能久飞。肉可食，羽毛可做装饰品。通称“野鸡”。

卷十一

常宁县知县张问明主修

候选贡生　殷　铭纂修

庠　　生　刘　纶编订

祥异志

祥异志论

人事作于下，天道应于上，天人之际，大可畏也。然往往天之兆吉者常疏，兆凶者常数。故休征[①]百年一觏[②]，而谴告[③]所垂，每频示于十余岁之中。非先事而为之豫，后事而为之备，其何以顺五行而回天变哉？宁邑远不可考矣，数十年来，祯祥不概见[④]。其间，或疾疫，或兵火，或旱潦、虫蝗，叠形屡告，民不乐生。岂维挽之无人耶，抑有其心而苦无其力耶？天之爱民甚矣，景星[⑤]庆云[⑥]，灵芝醴泉[⑦]，畴[⑧]非盛世之瑞？常秘惜珍重，惧其骄人志，而无以动修省[⑨]也，何可讳言咎征[⑩]而不详为采录乎？作《祥异志》。

灾异

崇祯十一年戊寅正月二十七日，临蓝矿寇攻城。城内外房屋尽皆灰烬，居民杀死数千，财物悉掠，宁邑伤残自此始矣。十六年癸未七月，土寇猖獗，士民起义灭之。八月，大疫，先死于兵，继死于病，共以万计。

顺治十五年戊戌七月，有游兵千余，劫掠西南东三乡，烧毁房屋，杀伤人民甚众。

---

①休征：吉祥的征兆。
②觏：遇见。
③谴告：谴责警告。
④概见：谓概略的记载。不概见，指很少见到。
⑤景星：星名。相传常出于有道之国。
⑥庆云：五色云。古人以为祥瑞之气。景星庆云：比喻吉祥的征兆。
⑦醴泉：甘甜的泉水。
⑧畴：古同“俦”。表示疑问，相当于“谁”。
⑨修省：修身反省。
⑩咎征：过失的报应；灾祸应验。

康熙三年，桂寇扰南乡，居民苦之，旋请兵捕灭。八年七月，大疫。八月，县北城外火灾。十一月，西城内火灾。九年五月，内城北复火。

水旱

嘉靖二十四年乙巳，大旱，竹生实，民采以活生。

天启六年甲子，大旱，民采蕨根作粉以食，知县王梯捐俸赈济，所活甚众。

崇祯十七年癸未，大旱，民不聊生，乱因以起。

顺治三年丙戌，旱。丁亥春，加以郝兵掳掠，斗米一两二钱，民茹草食木，死亡过半。自古之饥，未有甚于此者。九年壬辰，旱，斗米三钱，民采蕨根以食。十三年丙申七月十九夜，山崩水涌，平地深二丈余，近江居民房屋，淹推无存，死者千计。十四年丁酉，旱复疫。

康熙四年大旱，奉旨蠲[①]饷三分。六年，蝗，民无半收。八年春夏，旱。七月十八日，大水。八月望[②]，复水，三日乃退。

赈恤

修德可以回变，其应捷于影响。桑枯[③]星退[④]之类是也。然而，

---

①蠲：除去，免除。

②望：月圆，农历每月十五前后。

③桑枯：《史记》卷三《殷本纪》载：商朝帝太戊时，亳有祥桑谷共生于朝，一暮之间大可合拱，这被认为是灾异。帝太戊修德，此祥桑谷乃枯死。

④星退：《史记》卷三十八《宋微子世家》载："(宋景公)三十七年，楚惠王灭陈。荧惑守心。心，宋之分野也。景公忧之。司星子韦曰：'可移于相。'景公曰：'相，吾之股肱。'曰：'可移于民。'景公曰：'君者待民。'曰：'可移于岁。'景公曰：'岁饥民困，吾谁为君！'子韦曰：'天高听卑。君有君人之言三，荧惑宜有动。'于是候之，果徙三度。"意思为：宋景公三十七年（公元前480年）宋国司星（看星相，研究天文之官）看出星辰之相不利于国君，有国君当亡之兆，宋景公相当忧愁。司星子韦建议，可以作法，使灾殃转移于宰相。宋景公说：宰相相当于我的手足股肱啊，怎能伤害他呢？司星又建议可以作法把灾殃转移于人民。宋景公说：国君是因人民而存在的，责任就是保护人民，怎能祸害人民呢？司星又建议，可以把灾害移至岁收，宋景公说：人民是靠岁收生活的，如果农作物收成不好，人民就会困苦。司星说：天高听卑，国君能有这种君人之言，星相也会受感召而动移。不久，星相果然移动三度。宋景公安然无恙。

七旱九潦，岂其德之不足，抑亦郑相所云天道实远者[①]哉？而卒未闻为尧、汤累，人事修也。吾宁水旱频仍，能以人力为补救，饥者饱之，病者起之，离者合之，几使造物无权，德固潜通，政尤实举，而天道不外人事矣。君相造命之说，古人洵[②]非欺我。

考洪武三十六[③]年，建预备仓于县治之东。正统七年，知县赵忠增设于下液保、西阳保、官板保、枯江保，每乡仓各三间，以备赈恤。废驰已久，前任知县张芳建仓三间于布政司内。顺治十四年，旱，民饥，给米施粥两月，活人甚众。

康熙七年八月，有民吕尧，饥寒负债，拆卖子媳钱氏，事闻知县张问明，捐俸十两，俾尧媳得不嫁。

康熙九年二月，有民彭元一负债，将发妻谢氏嫁卖祁阳，事闻知县张问明，差壮星夜赶至地名落山，追转谢氏归彭，捐俸代完礼银十两。

康熙十一年二月初二日，东门外火灾，灰烬五十余家。先岁苦旱、蝗，民饥不得食，至是栖身无所，苦益甚。知县张问明，除一面买米给发日食外，具文详上，奉巡抚都察院卢发赈银三十两，布政司安发赈银二十两，按察司马发赈银五两。灾民由是得复廛舍[④]。

康熙十年夏，大旱。秋，复蝗。是岁禾稼不登[⑤]。次年，饥。四月，内奉布政司安、按察司马，转奉督部蔡、抚院卢，委辰戌厅王廷栋来县监赈，出豫备仓谷二百六十二石七斗五升，又领院司所发银一百两，籴[⑥]谷二百五十石，共赈饥民四千五百一十八口外，知县张问明捐俸四十五两有奇，买米施粥，所活益众。

①是郑国大夫子产（郑相）关于天道问题的著名论断。据《左传·昭公十八年》记载：夏五月，心星在黄昏时出现，刮起大风，宋、卫、陈、郑诸国发生了火灾。郑国大夫裨竈及国人请求把国宝拿出来祭祀鬼神，以免郑国发生第二次大火。子产不答应。他说："天道远，人道迩，非所及也，何以知之？竈焉知天道？是亦多言矣，岂不或信？"没有把国宝给他，也没有再发生大火。

②洵：诚实，实在。

③洪武三十六：洪武（明太祖朱元璋年号）只有三十一年，无三十六年，此处疑有误。

④廛舍：居住。

⑤登：谷物成熟。

⑥籴：买进粮食。

卷十二

常宁县知县张问明主修
候选贡生　殷　铭纂修
庠　　生　刘　纶编订

列女志

列女志论

男女分而刚柔别，其性然也。乃亦有丈夫而妾妇，女子而丈夫，而刚柔顿易者。邑之中，月吉①有读，遒铎②有警，其为谆复而劝戒闺阁之秀，不闻焉！子而孝，臣而贞，丈夫而烈，男子之美名，往往于粉黛③独著。夫家无孝子，而妇之孝乃成。世鲜义夫，而妇之贞烈多显。媳之事姑④，犹子之事亲，孝也，而媳道兼乎子道；妻之事夫，犹臣之事君，贞也，烈也，而妻道全乎臣道矣！宁岂无其人乎？谁谓以柔质负刚肠者，不克与孝子、贞臣、烈丈夫争名哉？作《列女志》。

孝妇

陈氏官板保民陈寿女，年十九岁，嫁石羊保民彭万理。未期⑤而万理死，陈以死自誓，孝养舅姑⑥，四十余年，沐蘖⑦如一日。父老请白有司，为上其事，陈氏闻而力辞，士谕⑧，免以为难。

陈氏中所崔宪妻。年十六适⑨宪，举⑩丈夫子一，甫⑪七岁，而夫亡。门

①月吉：农历每月初一或指正月初一。《周礼·地官·族师》："各掌其族之戒令政事，月吉，则属民而读邦灋，书其孝弟睦婣有学者。"郑玄注："月吉，每月朔日也。"
②遒铎：语出《尚书·胤征》："遒人以木铎徇于路。"孔传："遒人，宣令之官。木铎，金铃木舌，所以振文教。"后以"遒铎"喻警世。
③粉黛：妇女化妆用的白粉和青黑色的颜料。借指妇女。
④姑：旧时妻称夫的母亲。今称婆婆。
⑤未期：期，预定的时间，选定的日子。未期：或指未到成婚的日子。
⑥舅姑：称夫之父母。俗称公婆。
⑦蘖：此字疑为"栉"。沐栉：指风梳发，雨洗头，形容人经常在外面不避风雨地辛苦奔波。出自于《庄子·天下》："沐甚雨，栉疾风。"
⑧谕：明白，理解。
⑨适：旧称女子出嫁。
⑩举：生育。
⑪甫：刚刚，才。

闾[①]萧然，度日惟艰。陈矢[②]柏舟之节[③]，殷勤纺绩，事姑以孝闻，教子读诗书，知礼义。及长，为之择配佳偶，其子所与游，皆邑名士。享年七十有五。崇祯八年，合邑士民以其行具呈前任刘绍璇，申请道府，载入邑志。

贞妇

钟氏西阳保民钟昊女，年二十一，适枯江保民刘恩，生男刘尚志。未一周，而恩死。钟誓不嫁，纺绩资生，事姑抚子，始终无二。孀居五十六年，年已七十八岁。万历七年，里老儒生举其行，知县吴景明力申院道，兵巡房公资给布粟，代巡郭公特为题请礼部奏可，行文司府，竖坊旌表[④]其门。

胡氏官板保生员谢恩赐妻，年十九岁嫁赐。二十七岁，夫亡，全无子女。矢不再适。竭力奉姑，终始无二。师生里老呈之县，知县谭可教、陈勋，历申院道，提学熊公，守巡董公、章公，按院李公，抚台郭公，节行优奖，扁其门曰：节孝双全。

廖氏本县黄石廖万场女，年二十四岁，字[⑤]增广生员聂文明第三☐娶嫡妻，二十七岁，夫殁[⑥]，闭闬[⑦]自缢。姑彭觉，破门救之，矢志守节，同姑寝处。有孤燕巢其室，经年不去，人以为异。院司道府俱各送扁以旌。临武知县徐公开禧作《墓志》，桂阳州守韦公泰福作《行状》，远近乡绅敛资刊录。

烈妇

聂氏斛林保罗文绣妻也。父廷凤，尝授以《内则》[⑧]《女诫》[⑨]诸篇。年十六，归[⑩]罗氏。秉心塞渊[⑪]，家室宜之。万历二十六年春，罗视欧阳大夫于衡麓，而以娥[⑫]来，娥于大夫妻兄弟也。已而舟回，抵月浦，而罗失步，沉于河。娥援之不及，遂持其半岁子赴诸水，舟子投竿往救，娥张目摇头，叱之，竟死，盖四月二日事

①闾：门户，人家。
②矢：矢志，立下誓愿和志向，以示决心。
③柏舟之节：亦作“柏舟节”。旧时谓夫死不嫁的节操。
④旌表：封建统治者用立牌坊或挂匾额等表扬遵守封建礼教的人。
⑤字：旧时称女子出嫁。
⑥殁：死亡。
⑦闬：门。
⑧《内则》：即《礼记·内则》，为《礼记》的第十二篇。
⑨《女诫》：东汉班昭撰写的一部教导班家女性做人道理的书。
⑩归：古代称女子出嫁。
⑪秉心塞渊：用心周全又深远。秉，操；塞，充实；渊，深。
⑫娥：美女。指聂氏。

也。越七日，而三尸并出车江，娥独颜面如生，一时远近闻之，震惊悲恻，咸曰：呜呼！宋谢[①]后之死崖渚也，君耶；汉曹娥[②]之死章渍也，父耶；明聂妹之死月浦也，夫耶。谢耶，曹耶，聂耶，盖所谓女丈夫者也。知县陈劭从士庶请，申报院道，竖碑于月浦之涯，曰：明懿烈庄愍聂氏女殉夫处。志列也。按台白送帛银一两，候题旌表，刊《列女录》。

邓氏峒傜官之女，秉性端方[③]，年十六，嫁庠生李在公，中道夭亡。姑亦以孀居。妇无出，妾生一子，抚之若己出，誓不再醮[④]，杜门守节，事姑以孝闻。崇祯十二年，矿寇攻城，各家逃难，各不相依。妇为贼所掳，贼欲污之，以死拒，拥至北关桥。时江水泛涨，贼不提防，跳入江心。贼退，越五日，家人觅寻尸首，其尸逆流三里许。检视之，凛凛[⑤]如生，一时观者如堵，莫不感叹流涕，合邑士民具呈前任知县徐兆奎，深嘉叹赏，申详院道，载入邑志。

刘氏系庠生吴鸿名庶母。顺治十五年，同媳王氏俱被游兵所掳，欲污，不从，同媳杀。

王氏系庠生吴鸿名妻。出衣冠族[⑥]，秉性坚贞，素娴懿[⑦]。矩[⑧]顺治十五年，游兵掠境，妇仓卒莫能避，遂掳。兵手执之，妇口碎兵手，怒声詈[⑨]曰：贼奴，贼奴，敢污我！兵加白刃挟之，妇骂不绝口，乃杀。

张氏年十六，适官板保泉塘民彭自兴。三年有孕，未及产而夫殁。张不欲独生，誓死以殉。姊姒[⑩]频劝之。获苏后，诞得儿张冰心，鞠[⑪]养。家贫，绩纴[⑫]以事舅姑。及卒，黾勉[⑬]治丧。抚其子成立。坚贞守节，不改初度，今年七十矣。族人里老，嘉其节，具闻知县张问明，旌表之曰：矢节冰霜。

---

①谢：疑为“杨”字。祥兴二年（1279年）崖山海战，南宋军队被元军打得全军覆没，南宋丞相陆秀夫背八岁的皇帝赵昺投海自杀。张世杰希望奉杨太后（杨淑妃）的名义再找宋朝赵氏后人为主，再图后举。但杨太后在听闻宋帝昺的死讯后亦赴海自杀。故“死崖渚”者或为杨后。

②曹娥：东汉时期会稽上虞人，其父曹盱在五月五日迎神活动中溺死江中，不见尸体。时曹娥年仅十四岁，昼夜沿江号哭。十七天后，曹娥也投江而死。县长度尚为曹娥立碑，并令弟子邯郸淳撰碑文。曹娥事迹见《后汉书》卷八十四《列女传》。

③端方：正直，端庄。

④再醮：再婚。醮，古代婚娶时用酒祭神的礼。

⑤凛凛：严整而令人敬重、害怕的样子。

⑥衣冠族：缙绅，名门世族。

⑦懿：美好（多指德行，指有关女子的）。

⑧矩：疑为“讵”。讵，岂，怎。“矩”在句中不通。

⑨詈：骂，责骂。

⑩姒：古代称丈夫的嫂子。

⑪鞠：养育，抚养。

⑫纴：纺织。

⑬黾勉：勉力，努力。

卷十三

常宁县知县张问明主修

候选贡生　殷　铭纂修

庠　　生　刘　纶编订

方外志

方外志论

古者事亲而习温清[①]之谊，从王而修耕读之业。其在海以内者，天子不敢外之矣；其在国以内者，诸侯不敢外之矣；其在一邑内者，邑宰不敢外之矣。则曷于隶我版图者而规规[②]焉外之哉？夫同此八口[③]，而其人独不艺[④]稷黍，固自托于八口之外也；同此三征，而其人乃不供赋役，又自遁于三征之外也。乃朝廷正不必收而编之户口之中，则以此游于方之外者，往往有至人出焉。知天下游闲之民，恩不可结，法不能加，故其为教，以戒律调其嗜欲，以修炼养其性情，安在玉局[⑤]精蓝[⑥]内不大有助于政治者乎？则外也，而无妨内之矣。其人其地，宁可无纪其详耶？作《方外志》。

释

净讷禅师字且拙，安仁王氏子。童真[⑦]入道，参[⑧]弁山[⑨]瑞白[⑩]师得法。明

①清：凉。
②规规：见识浅短拘泥的样子。
③八口：八口之家。指一家人，一般特指有老人和小孩的大家庭。《孟子·梁惠王上》：“百亩之田，勿夺其时，八口之家可以无饥矣。”
④艺：种植。
⑤玉局：道观。
⑥精蓝：佛寺，僧舍。
⑦童真：儿童天真的本性。这里指儿童时。
⑧参：进见，拜见。
⑨弁山：又名卞山，在浙江湖州城西北九公里，雄峙于太湖南岸。
⑩瑞白（1584—1641）：明雪，字瑞白，别号入就，安徽桐城杨氏子。年二十入九华山聚龙寺剃落。为曹洞二十八世、云门二世法嗣。曾主浙江湖州弁山龙华寺。为一代禅宗高僧。

崇祯间，探幽于宁之西南隅，得贯公山乳峰僻地。地险而邃[①]，豺狼虎豹集其中，人迹罕到，诛茅结静，孑[②]立焚修。猛兽驯狎如家常狗马者。然火食亦在断续有无间。越三载，道风传播，衲子智宁等请住宁东烟竹湖幽谷中，选胜开基，题曰大义山。大阐宗风，四方参谒者云集不绝。建至圣寺，造载经阁及祖堂、塔、院诸楼台，规制恢弘，详鹿床翁《义山碑记》[③]。其著述甚富，不专作一家禅语，传洽儒书，旨无异同，脍炙行世。法嗣三十三人，绪庵智缵、寄庵智修为首座[④]。师于康熙庚戌春，受弁山请，赴浙主法座。命缵、修二嗣，先后继席住持兹山，亦有法录匡时，问答宗门，别调玄霜草语录等刻流通，诚当代之名禅也。

观

北真观在北城外，连步云桥，成化二年重建。既颓，康熙二年道士徐元遴[⑤]会首萧息美募建。

金龙观在县南六十里石羊保，邑民彭玄同道士雷鸣初募建。

清溪观在县北六十里枯江保，弘治十二年道士祖寿募建。

回龙观

寺

能仁寺在县南六十里，夙称阿育王塔，藏佛舍利于中，名曰塔山。顺治七年僧宕玉募修。

湘山寺在东城内盘龙山下，训导李秾记，入《艺文志》。

至圣寺在县东三十五里，即大义山释净讷禅师建造。丛林[⑥]规制恢弘，宗人府高珩题曰：真狮子窟。知县张芳有记。田粮载入僧户，自纳免差。

绍圣寺在县南法云山，距城三十里，僧智贤创建。康熙十二年迎义山嫡嗣

①邃：深远。
②孑：单独，孤单。
③见本志第十卷张芳所撰《大义山碑记》。
④首座：寺庙里地位最高的和尚。
⑤遴：谨慎选择。
⑥丛林：和尚聚居修行的处所，后泛指大寺院。

第二代住持智缵禅师住锡[1]。师系江南世族，明末致仕高隐，慧业超群，缁素[2]依止[3]，遂成法社[4]，著有语录、诗文行世。

资福寺在西城半里，元至正间立，久废，惟石碑存。至嘉靖辛酉，僧楚珊、山主李迎表等重建。

浯洲寺在县治西三十里，西阳保河洲驿傍。

景星寺在县东三十里斛林保。僧正觉成化癸巳年建。寺前路砌一小刻，有云：咸淳壬申岁砯砌。咸淳乃南宋度宗年号。寺之始创则又前乎此也。

龙王寺在县西十里东塘保，景泰三年僧克颙募修。

东塔寺在县南三十里石羊保，天顺元年僧嗣理建。

高山寺在县南三十里官板保，洪武十四年僧正谱建。

东城寺在县东二十里斛林保，弘治十六年僧圆普建。

松林寺在县北二十里，洪武初年僧正祥建，弘治元年僧嗣妙重修。

莲花寺在县东二十里枯江保，景泰年造。

西岩寺在县西二十里，洪武初年僧祖恭建。

烟竹寺在县南三十里东塘保，洪武年间僧绍闰建。

罗江寺在县西三十里西阳保，成化年间建。

多宝寺在县东四十里斛林保，洪武初年僧嗣钟建。

观音寺在县南二十里官板保，正德己巳年僧正山建。

浆田寺在县南三十里官板保，永乐年间僧履真建。浆田岩有石壁，可玩。岩外有寺曰兴龙寺，唐宋以来已有之。康熙十一年，庠生彭益升纠众重修。

寿福寺　龙山寺　六合寺

万福寺康熙九年知县张问明重修。　白阳寺　梁水寺

庵

白衣庵在湘山寺左，僧智恬创建，明末毁于兵。徒慧珠、本能康熙七年建，

①住锡：指僧人在某地居留。锡，锡杖。
②缁素：黑和白。指僧俗。僧徒衣缁，俗众服素，故称。
③依止：即依存而止住之意。或以某事物为所依而止住或执着。
④法社：为修道所结之会社也。

接纳十方众场。

玉洁林在县南一里，崇祯五年邑民易加荐建，明末废。顺治十一年僧智灿重建，精修静业。

直指庵在县西六十里小祇园，僧智踊开蓁[①]、辟莽[②]、诛茅结小庵，并置常住田若干亩。清初智恬弘建丛林。恬受三昧和尚戒，后得法于义山，卓锡[③]兹地。

西莲庵在县东六十里，于顺治四年青原下智达创建。丛林嗣法于大义山，有语录流行。

大圆庵在城西二里资福寺后。康熙八年知县张问明捐俸建，僧庄临苦志焚修[④]，接众弘禅。

宝林庵在县西十五里，于顺治五年僧德美创建。

地藏庵在县北四十里，地名凉水麂角峰下，山主刘登瀛建。竖额名小鹿苑，为要路接众之场。康熙十一年，有住持僧□灿，系南岳荆紫峰法嗣，领徒德恒，苦志焚修，募建精舍，塑地藏像，改名地藏，禅林大兴，接纳缁素络绎。

观音庵在柏坊驿，兵宪彭而述，知县张芳有诗。

永福庵在县北十五里乌紫峰下，系义山法嗣智琮募建。

继贤林在县东二十里，于顺治十年僧慧珠、徒本能同建。丛林一所，山主邓智建。

镇宁庵在县北二里。

千华林在城南二里，顺治十年僧智体募建。

泉峰庵在县南三十里，泉峰之巅。

广济庵在县南四十里，顺治七年僧匡维募建，嗣法义山。

蟠龙庵在县西三十五里，阮公志道建，以侍祖茔[⑤]香火前。貤封内给假焚□黄即兹山也。

栖隐庵在县南三十里，顺治十八年僧了然募建，嗣法于义山。

①蓁：荆棘丛生的样子。
②莽：草，密生的草。
③卓锡：卓，植立。锡，锡杖，僧人外出所用。法师云游时皆随身执持锡杖。因此名僧挂单某处，便称为“住锡”或“卓锡”，即立锡杖于某处之意。
④焚修：焚香修行。
⑤祖茔：祖坟。

万善庵在县南二十里，顺治十四年道元僧募建。

法会庵在县南二十里，崇祯十年僧渡洋募建。

法云庵在县南二十里，顺治十二年僧募建。

继学林在县南二十五里，顺治十年僧庄实、山主崔吴二姓同建。

东华庵在县东三十里，康熙九年禅僧德湛募建。

五台庵在县东二十里。如磬禅师，字体幻，弘成宜江，三十年不事文字，惟笃真修。圆寂先五日，告语大众，拜佛礼忏[①]。是日，著袈裟，端坐方丈而去。

西华庵在县北十五里，顺治十六年，山主贡士刘登瀛建。

三贤庵在县东二十里，康熙九年僧一默建。

象王庵在县西十五里，僧慧□募建。

三峰林在县西五十里，僧慧性募建。

存心庵在县西五十里，顺治十二年生员王士元兴建。

圆明庵在县南十五里，僧智慧修建。

永福庵在县北十里乌紫峰下，嗣法大义山，禅僧德宗募建。

观音庵在县南十五里，禅僧智通建。

观音庵在县东三十里，庵主生员李良枢建创，住持僧寂印。

朝阳庵在县南十里，地名千家湾，山主刘龙楚、僧自成募建精舍。

祇树林在县东二十里，地名高岭，僧念持募建。

三多林在县东五里，地名曲潭桥，庵主廪生李良槱、良枢、长舒、长秋、长旦、山主李廷鹤同建。

曲潭桥茶亭住持僧自间。

---

①礼忏：礼拜佛、法、僧三宝，忏悔所造的罪业。

县志跋

李孔茂训导

常宁之为邑也，广袤几①百里，是亦古侯伯之国也。其山川土俗自成一风会焉。集邑而郡，集郡而省会，集省会而天下。天下者，邑之积也，一邑之纪载弗备，而天下阙如②，邑志所系诚重哉！丁未间，叨③邑学务，辄遍索遗书不获，每值诸生课艺④之暇，访人情，咨土俗，稍闻其略，未悉其详。兹邑父母奉列宪⑤宗师修志之命，搜求旧文，与绅衿⑥耆硕⑦互订编缉。帙⑧成，捧读再四，觉前此之诹⑨询而未尽者，瞭然在楮⑩墨中，乃叹居宁之四载，不如披⑪志之一日也。已而复喟然曰：是志也，岂徒纪事，是大有裨于吏治者乎！昔贤谓：人民社稷，其学在诗书之外。圣人非其人而未尝不是其言一行。作吏而不能取一邑之往事遗踪，熟识于心目，则凡所为修废举坠、造士便民、立惩示劝者，何以因地而施，随时而措？其为吏治之疏也，可胜言耶？而咸备于十三卷，则夫起敝维衰、训方型俗，父老将扶杖而观德化之成矣！而且使后之读之者，一举目而如历百里之内，如见百年之远，皆得因地随时而成雅化，是又以一人之吏治，而为后人吏治之则者，志之所系，不更重哉？是为跋。

①几：将近，差一点。
②阙如：空缺，缺然，欠缺。
③叨：承受。
④课艺：研读制艺（八股文）。
⑤宪：旧时属吏对上司的尊称。
⑥绅衿：泛指地方上体面的人。
⑦耆硕：高年硕德者。
⑧帙：书。
⑨诹：在一起商量事情，询问。
⑩楮：纸的代称。
⑪披：翻开，翻阅。

二百八十五篇

共计印板壹伯伍拾柒块